HILDE UND WILLI SENFT

DIE SCHÖNSTEN ALMEN ÖSTERREICHS

Hilde und Willi Senft

DIE SCHÖNSTEN ALMEN ÖSTERREICHS

Brauchtum & Natur – erwandert und erlebt

Leopold Stocker Verlag

Graz – Stuttgart

Umschlaggestaltung: Reproteam GmbH., Graz; Thomas Hofer

Bibliografische Information Der Deutschen Bibliothek
Die Deutsche Bibliothek verzeichnet diese Publikation in der Deutschen Nationalbibliografie; detaillierte bibliografische Daten sind im Internet über http://dnb.ddb.de abrufbar.

Zeichenerklärung

 Zufahrt mit Auto möglich

 Zu Fuß erreichbar

 Jausenmöglichkeit

 Gasthaus

 Nächtigung möglich

 Seilbahn oder Sessellift

FW Ferienwohnung

Abkürzungen und Erläuterungen

AP:	Ausgangspunkt
P:	Parkplatz
F & B:	Freytag & Berndt
WK:	Wanderkarte
Galtvieh:	trockenstehende Kühe oder nicht melkende Jungkühe bzw. Kalbinnen
Eine Alm „bestoßen"	= beweiden

Hinweis:
Dieses Buch wurde auf chlorfrei gebleichtem Papier gedruckt.
Die zum Schutz vor Verschmutzung verwendete Einschweißfolie ist aus Polyethylen chlorfrei und schwefelfrei hergestellt. Diese umweltfreundliche Folie verhält sich grundwasserneutral, ist voll recyclingfähig und verbrennt in Müllverbrennungsanlagen völlig ungiftig.

ISBN 978-3-7020-1226-7
Grafik & Layout: Werbeagentur „Christina", A-8071 Dörfla bei Graz, Hauptstraße 27
Litho, Druck und Bindung: Gorenjski tisk, Kranj – Slowenien

Inhalt

Wissenswertes zu Österreichs Almen 239

Die Pflanzenwelt unserer Almen

Exkurse

Literatur 284

Bildnachweis 284

Kartografische Übersichten zu den im Buch genannten Almen . 285

Vorwort

*E*ingebettet in das letzte Grün der Hochtäler, zwischen der Wald- und Felsregion, sind die Almen ein prächtiges Stück Kulturland in der oft feindlich scheinenden Welt des Hochgebirges.

Fast wie selbstverständlich ducken sich die Almhütten in die Geländefalten. Oft bilden sie mit der Umgebung eine derartige Einheit, daß man glauben könnte, sie waren hier schon immer. Ein besonderes Geschenk für unsere stadtgeschädigten Sinne sind die harmonischen Holzbauten der Almhütten: Sonnengebeizte Lärchenholzwände, holzschindelgedeckte, flache Satteldächer, oft mit Steinen gegen die Gewitterstürme beschwert.

Auf den Almen können wir noch uraltes Brauchtum erleben. Über offenem Feuer wird die Milch in blankgeputzten Kupferkesseln erhitzt, und über offenem Feuer werden auch oft noch Muas und Sterz gekocht.

Gelassen grasende Rinder vermitteln uns ein selten beruhigendes Bild, und unübertroffen ist für uns Städter auch das Erlebnis der Blütenpracht der Bergflora.

Die Menschen auf der Alm sind schlicht; manchmal scheinen sie auch grob und hart. Für seichtes Geplapper haben sie wenig Verständnis. Das „Du", das die meisten auch dem Fremden gegenüber selbstverständlich verwenden, ist keine Anbiederung, sondern ein besonderer Vertrauensbeweis an den, der den oft mühevollen Aufstieg zur Alm auf sich genommen hat.

Die Almleute scheuen keine harte Arbeit und sind auch unverzagt bereit, nach Lawinenkatastrophen die Hütten wiederaufzubauen: „Dem Urgroßvater hat die Lahn die Hütten weggerissen, in der Generation des Vaters ist das Unglück ausgeblieben, aber mich hat es halt wieder erwischt", kann man fast gleichmütig hören.

Vor allem dort, wo noch Kühe aufgetrieben werden, kann man das echte Almleben erfahren. Es ist bewegend, zu erleben, wie hier oft die Tradition von Jahrhunderten in unsere Zeit hereinreicht.

Am „Nenzinger Himmel", wie die Einheimischen die Gegend treffend bezeichnen, liegt das Almdorf der Gamperdona-Alpe (s. auch S. 35).

Wir wollen unsere Leser vor allem auf solche Almen führen, die ein hervorragendes Ausflugsziel darstellen, und mit den kurzen Erklärungen, Daten und Fakten des Buches auch Verständnis für die besonderen Umstände des Almlebens wecken.

Wir haben die letzten drei Sommer dazu verwendet, an die 400 Almen aufzusuchen, dort zu fotografieren und zu dokumentierten, und hoffen damit, einen informativen Überblick über das Almleben in Österreich zu vermitteln.

Hilde und Willi Senft

Bregenzerwald

Vorarlberg

Von den rund 560 Almen liegt der größere Teil im Bregenzerwald und in den Walsertälern; 96 liegen im Rheintal und 150 im Bereich Walgau – Klostertal – Montafon. Unter den Begriff reine „Kuhalmen" fallen 17%. Im Bregenzerwald und in den Walsertälern sind 21%, im Rheintal hingegen nur 6% der Almen nur durch Kühe bestoßen. Auf den vorarlbergischen Almen weiden rund 10.000 Kühe.

Foto umseitig: Laguz-Alpe.

Im Bregenzerwald liegt der Schwerpunkt der Kuhalmen Österreichs

Die Walser brachten die individuelle Almnutzung ins Land. Sie legten Privat- und Gemeinschaftsalmen an, auf denen jeder Besitzer eigene Gebäude hatte und das Vieh einzeln betreute. Diese Almnutzungsform zeigt sich auch im Landschaftsbild, denn durch die vielen Bauten und Feuerstellen war der Holzverbrauch der Almen so hoch, daß in den von den Walsern besiedelten Gebieten der Wald sehr stark zurückgedrängt wurde.

Der wirtschaftliche Entwicklungsstand der Almen ist zweifellos in Vorarlberg am höchsten; so begann man im Bregenzerwald zum Beispiel schon am Ende des 17. Jahrhunderts mit der Fettkäserei, welche an die Kenntnisse des Almpersonals die größten Anforderungen stellt. Ursprünglich hat man sich aus dem benachbarten Appenzell sogenannte „Schweizer" als Almpersonal herübergeholt. Üblicherweise wurde früher ein äußerst hochwertiger, auch für den Export bestimmter Hartkäse nach Emmentaler Art produziert, und vielfach hatten sich wegen der besseren Arbeitsauslastung und einer für die Erzeugung eines Käselaibes benötigten Mindestmenge von 700 bis 1.000 l Milch einzelne Almbesitzer zu Produktionsgemeinschaften zusammengeschlossen.

In vielen Gebieten des Bregenzerwaldes zieht im Sommer die gesamte Familie auf die Alm hinauf, wobei in Form einer Art „Zweithofwirtschaft" die Alm während des Sommers zum

Tradition wird im Bregenzerwald noch immer groß geschrieben: Festlich geschmückte Kuh beim Almabtrieb.

Hauptbetrieb des Unternehmens wird. So fährt man tagsüber zum Heuen zu den „Heimaten" zurück oder auch – heute mehr als früher – zu den anderen außerlandwirtschaftlichen Arbeitsstätten. Wegen der vielen Mähwiesen rund um die Almen ist es möglich, zusätzlich Futter zu gewinnen und Vorräte an Heu einzubringen. Diese werden erst nach der eigentlichen Weidezeit an das eingestellte Vieh verfüttert, wodurch die „Alpperiode" auf vier, fünf oder gar sechs Monate ausgedehnt werden kann. Aufgrund dieser langen Alpperiode sind auch die Wohnbauten wesentlich besser ausgeführt, es gibt u.a. blumengeschmückte Fenster, Balkone usw.

In den letzten zwanzig Jahren hat sich jedoch auch in Vorarlberg in den industrienahen Gebieten die Galtviehhaltung (Jungvieh; Kühe, die keine Milch geben) stärker durchgesetzt.

Vor allem rund um den Arlberg und im Kleinen Walsertal hat der Fremdenverkehr zu einem tiefgreifenden Wandel in der Almbewirtschaftung geführt; den Almen wurde laufend Personal entzogen, so daß sie heute viel extensiver geführt werden als seinerzeit.

Im Montafon wurde die Almwirtschaft durch den Kraftwerksbau und den Fremdenverkehr schon bald nach dem Zweiten Weltkrieg negativ beeinflußt, obwohl man sich heute wieder bemüht, Gemischtalmen zu führen, auch um die Attraktivität der Almen als Wanderziel aufrechtzuerhalten.

17

1 GSCHWENDSWIES-ALPE

AP ist Hittisau, von wo man die Straße nach Balderschwang bis nach Sippersegg beim Bauernhof Lipburger fährt (P). Von hier folgen wir der Almstraße lediglich 20 Min. aufwärts bis zum ansprechenden Gebäude der 1996 neu errichteten Alpe auf 1.150 m, die trotz ihres Niederalmcharakters voll mit Kühen bewirtschaftet wird.

Bewirtschaftungszeit: Anfang Juni – Ende September.

Besitzer: K. Lipburger, Sippersegg 270.

Viehbestand: 24 Kühe, das Jungvieh wird auf der Oberen Hobel gehalten. Die gesamte Milch wird zu Bergkäse, Romadur und Butter verarbeitet und lokal abgesetzt.

Wandervorschlag: In 1 Std. auf den Koppachstein (1.532 m) und in 1 weiterer Std. zum Lecknersee (1.027 m).

Karte: F & B Nr. 364.

Die sanften Formen des Vorderen Bregenzerwaldes bieten ideale Voraussetzungen für die Almwirtschaft.

2 HOCHLECKACH-ALPE

AP ist der Lipburger in Sippersegg (s. oben), von dem aus man der Almstraße über die Gschwendswies- und Untere Hobel-Alpe bis zum großen Gebäude der Hochleckach-Alpe auf 1.400 m folgt (1 Std.). Die Weideflächen liegen im weiten Almgebiet unterhalb des Koppachsteins. Von der 1993 neu errichteten Hütte hat man einen Prachtblick auf den Hohen Ifen, Kanisfluh usw.

Bewirtschaftungszeit: Anfang Juni – Ende September.

Besitzer: Fidel Feurstein.

Pächter: Fam. Winder, Fehren 125 bei Lingenau.

Viehbestand: 29 Kühe, 30 Stück Jungvieh (die Tiere gehören dem Pächter). Die Milch wird zu Bergkäse und Tilsiter verarbeitet. Wanderer erhalten Almprodukte.

Wandervorschlag: In $^1/_2$ Std. auf den Koppachstein (1.532 m), in $1^1/_2$ Std. zum Leckersee (1.027 m).

Karte: s. oben.

3 UNTERE HOBEL-ALPE

AP ist die Gschwendswies-Alpe, von der man über eine gute Almstraße die Untere Hobel auf 1.300 m in weiteren 20 Min. erreicht. Das sehr ansprechende, neu errichtete Almgebäude liegt auf einer von Wald umgebenen Geländestufe mit Blick auf die Berge des Hinteren Bregenzerwaldes.

Bewirtschaftungszeit:
Anfang Juni – Ende September.

Besitzer: Fam. Schwärzler, Hof 31, Lingenau.

Viehbestand: 26 Kühe. Die Milch wird täglich ins Tal geführt und in der Talsennerei von Hittisau zu Käse verarbeitet.

Wandervorschlag:
s. Hochleckach-Alpe.

Karte: F & B Nr. 364.

Auch die Almgebäude sind im Stil dem Bregenzerwälderhaus ähnlich.

4 OBERE HOBEL-ALPE

AP: 10 Minuten westlich der Hochleckach-Alpe liegt die Obere Hobel mit ihrer urigen Hütte. Hier weiden 40 Stück Jungvieh der Gschwendswies-Alpe (Pacht).

Wandervorschlag:
s. Hochleckach-Alpe.

Karte: s. oben.

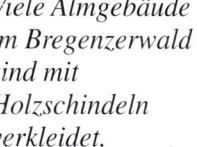

Viele Almgebäude im Bregenzerwald sind mit Holzschindeln verkleidet.

5 ALPE JULIANSPLATTE

AP ist Hittisau, von wo wir die Mautstraße in Richtung Lecknersee bis zum P befahren. Knapp vor dem See zweigt linkerhand, gut beschildert, ein Almweg ab, der die Juliansplatte und die oberhalb gelegene Glockenplatte sowie die Alpe Rohne miteinander verbindet. Bereits in 1/2 Std. erreichen wir die auf einer freien Fläche am Waldrand auf 1.200 m gelegene Hütte.

Bewirtschaftungszeit: Anfang Juni – Ende September.

Besitzer: Heinz Rietzler, Muselbach 317.

Viehbestand: 12 Kühe (die Hälfte Zinsvieh, Lehnvieh). Die Milch wird zu Bergkäse verarbeitet. Wanderer erhalten Almprodukte.

Wandervorschlag: Alpe Juliansplatte liegt am Weg zur Alpe Glockenplatte, der dann weiter zur Rohne-Alpe mit großer Käserei führt (1 Std.). Von dort in 1 1/2 Std. zum Staufener Haus (1.640 m) auf deutschem Staatsgebiet.

Karte: F & B Nr. 364.

Alpe Juliansplatte.

6 ALPE GLOCKENPLATTE

AP: Nur 1/4 Std. oberhalb der Juliansplatte liegt die Glockenplatte auf der nächsten Geländestufe auf 1.276 m. Die Hütte wurde 1996 neu erbaut (vom alten Haus existiert noch ein Türstock aus dem Jahre 1795). Prachtblick auf den Hohen Ifen und Kanisfluh.

Bewirtschaftungszeit: Anfang Juni – Ende September.

Besitzer: Pfarre Hittisau. (Der Name „Glockenplatte" hat sich daraus ergeben, daß die Alpe aus dem Erlös der Kirchenglocken, die im 1. Weltkrieg abgeliefert werden mußten, gekauft wurde.)

Pächter: Fam. Köss, Hungen 134.

Viehbestand: 34 Kühe von verschiedenen Kleinbauern. Die gesamte Milch wird zu Alp- und Frischkäse verarbeitet. Die Wanderer erhalten Almprodukte.

Wandervorschlag: s. oben.

7 | UNTERE UND OBERE FALZ-ALPE

Beide Hütten liegen am „Alphütten-Rundwanderweg Schetteregg", der in Amagmach bei Egg seinen AP hat. Im Uhrzeigersinn erreichen wir bei der zweistündigen, leichten Wanderung im welligen Almgelände unterhalb der markanten Winterstaude (1.877 m) zuerst die Eggatsberg-Vorsäß (Niederalm) mit mehreren Hütten und nach ingesamt einer ³/₄ Std. die Untere Falz-Alpe mit ihren drei Gebäuden auf 1.150 m. Wanderer werden mit eigenen Produkten verköstigt.

Bewirtschaftungszeit: Anfang Juni – Ende September.

Besitzer: Gemeinschafts-Alpe mit 9 Mitgl. und 78 Weiderechten (Alpmeister: Hans Hammerer, Egg). Senner und Käsemeister: Milton Freiberg, Schwarzach.

Viehbestand: 75 Kühe. Die gesamte Milch wird zu Bergkäse verarbeitet und an die Fa. Alma verkauft.

Am „Alphütten-Rundwanderweg Schetteregg" liegen die Untere und Obere Falz-Alpe.

10 Minuten oberhalb liegt die Obere Falz-Alpe auf 1.216 m, in deren uriger, sehenswerter Hütte die Wanderer alten und neugereiften Bergkäse, Bachensteiner (eine Art Limburger) und Sig (s. S. 22) erhalten.

Besitzer: Gemeinschafts-Alpe.

Bewirtschafter: Georg Schneider, Vögin bei Egg.

Viehbestand: 42 Kühe. Die gesamte Milch wird auf der Hütte verarbeitet und teilweise an die Fa. Alma verkauft.

Wandervorschlag: Fortsetzung der Wanderung zur Brongen-Alpe (1.150 m), von dort alpiner Steig in 2¹/₂ Std. auf die Winterstaude (1.877 m, Trittsicherheit erforderlich).

Karte: F & B Nr. 364.

Obere Falz-Alpe.

8 VORSÄSS SONDERDACH

AP ist Bezau, von wo man mit der Gondelbahn zur Mittelstation „Vorsäß Sonderdach" auf 1.208 m hinauffährt. Auf einer begrünten Geländestufe mit der steilen Winterstaude im Hintergrund stehen hier 7 Hütten (davon mehrere noch im urigen, alten Baustil), eine Kapelle sowie ein „Alpen-Gasthof". Die Aussicht ist prachtvoll, mit Blick zur Kanisfluh und vielen anderen Gipfeln.

Bewirtschaftungszeit: Mitte Mai bis Mitte Juni und Anfang bis Ende September.

Besitzer: Alp-Gemeinschaft mit 100 Weiderechten. Auf manchen Flächen wird im Juli Heu gewonnen.

Viehbestand: 60 Kühe. Die Milch wird teilweise verkäst, teilweise ins Tal geliefert. Auf einer der Hütten erhalten Wanderer Almprodukte.

Wandervorschlag: In $\frac{1}{2}$ Std. zur Wildmoosalpe, in 1 Std. zur Bergstation der Seilbahn (1.620 m).

Karte: F & B Nr. 364.

Die Vorsäß Sonderdach ist bequem mit der Seilbahn zu erreichen.

9 WILDMOOS-ALPE

AP ist Bezau, von wo man mit der Gondelbahn über „Sonderdach" zur Bergstation auf die Baumgarten-Höhe (1.620 m) hinauffährt. Von dort folgen wir einem aussichtsreichen Weglein – ständig mäßig abwärts – in das prachtvolle Almtal, das sich unterhalb von Winterstaude und Hoher Kirche erstreckt. Bereits nach $\frac{1}{2}$ Std. gelangen wir zur Hütte der Wildmoosalpe (1.390 m), umgeben von weiten Almböden. Daneben Kapelle (hl. Martin und Wendelin).

Bewirtschaftungszeit: 5. Juni bis 20. September. *Besitzer:* Almgemeinschaft mit 5 Bauern.
Pächter: Fam. Eberle, Bezau 403.

Viehbestand: 29 Kühe, 30 Stück Jungvieh, 14 Schweine. Die Milch wird zu Bergkäse, Bachensteiner und Butter verarbeitet. Hütten-Spezialität ist „Sig", ein aus Molke hergestelltes konfekt-ähnliches Produkt. (Molke wird unter Rühren 4 Std. lang eingedickt, sodann werden Rahm und Zucker beigesetzt. Es entsteht eine karamelfarbige, knetbare Masse.)

Wandervorschlag: In $1\frac{1}{2}$ Std. zur Stongerhöhe (1.750 m), in $1\frac{1}{2}$ Std. auf die Winterstaude (1.877 m, nur für Geübte).

Karte: s. oben.

Im Bereich der Winterstaude liegt die zünftige Wildmoos-Alpe.

10 SCHREIBERE-ALPE

AP: Von der Wildmoos-Alpe erreicht man die Schreibere – vorbei an der Stonger-Alpe – in etwa 20 Min. Das große (1999 neu erbaute) Gebäude liegt sehr reizvoll am Ende des Talgrundes unterhalb der markanten Hohen Kirche. Ein kurzes Stück darüber liegt die alte Hütte, die der modernen Käserei nicht mehr entsprochen hat.

Bewirtschaftungszeit: Anfang Juni – Ende September.

Besitzer: Almgemeinschaft mit 4 Besitzern.

Bewirtschafter: Jodok Denz, Bezau.

Viehbestand: 33 Kühe. Die gesamte Milch wird zu Bergkäse verarbeitet und an Privatkunden verkauft.

Wandervorschlag: In 1½ Std. auf die Winterstaude, in 1½ Std. zur Bergstation Baumgarten-Höhe der Seilbahn, in ½ Std. auf den Schreibere-Sattel (1.526 m).

Karte: F & B Nr. 364.

11 ALPE STOANGERHÖHE

AP ist entweder die Bergstation der Bezauer Seilbahn Baumgarten-Höhe, von der aus man die Stoanger-Alpe über den aussichtsreichen Höhenrücken (Blick zum Bodensee), der sich bis zur Winterstaude nach hinten zieht, in einer ¾ Std. erreicht, oder man steigt von der Wildmoos-Alpe in einer ¾ Std. zur Hütte auf 1.649 m hinauf.

Bewirtschaftungszeit: 7. Juli – 15. September (die zugehörige Vorsäß ist Sonderdach).

Besitzer: Jakob Innauer, Bezau.

Viehbestand: 28 Kühe, 13 Stück Jungvieh. Die Milch wird zur Gänze zu Bergkäse verarbeitet und teilweise an die Fa. Alma verkauft. Jausenstation.

Wandervorschlag: In ½ Std. zum Gipfelkreuz der Stongerhöhe mit Blick über den Bregenzerwald, in 1 Std. zum Gipfel der Winterstaude.

Karte: s. oben.

Alphütte Stoangerhöhe.

Die Klausberg-Vorsäß ist im Mai und Juni und im September Wohnort für 22 Alp-Bauern.

12 KLAUSBERG-VORSÄSS

AP ist Schwarzenberg, von wo aus man mit einem „Berechtigungsschein" (erhältlich beim Haus nahe der Fahrverbotstafel) die Klausbergstraße bis zur Alm auf 1.180 m hinauffahren kann. Das Almdorf besteht aus zwei Teilen, von denen am „Vorderstück" 12 und am „Hinterstück" 10 Almhütten stehen; dazu kommt noch je eine Sennhütte. Die „Hütten" sind – wie fast überall im Bregenzerwald – richtige Häuser, die bis vor Jahrzehnten noch der gesamten Familie während der Weidemonate zum Aufenthalt dienten. – Wanderer erhalten Verpflegung und Unterkunft auf zwei nahe gelegenen Alpenvereinshütten.

Bewirtschaftungszeit: Mitte Mai – Ende Juni und Ende August – Ende September. Dazwischen weiden die Tiere auf der Alm Mittel-Argen.

Besitzer: Agrargemeinschaft (Obmann: Franz Anton Kaufmann aus Reutte).

Viehbestand: 100 Kühe. Es wird Bergkäse erzeugt.

Wandervorschlag: In 1 Std. auf den Hochälpelekopf (1.467 m), in 1 Std. zum Weißefluhhaus (1.375 m).

Karte: F & B Nr. 364.

13 ROTENBACH-ALPE

AP ist die Klausberg-Vorsäß, von wo aus wir in $^1/_2$ Std. auf gutem Almweg zur Rotenbach-Alpe auf 1.219 m gelangen. Die Hütte mit angebautem Stall liegt auf einem ausgedehnten, teilweise bewaldeten Hochplateau.

Bewirtschaftungszeit: Ende Mai – Ende September.

Besitzer: Hans Zündel, Schwarzenberg.

Viehbestand: 22 Kühe, 5 Kälber. In der modern eingerichteten Käserei wird Bergkäse erzeugt. Wanderer erhalten auf der Hütte alle selbst produzierten Almprodukte.

Wandervorschlag: In einer $^3/_4$ Std. zum Weißefluhhaus, in $1^1/_2$ Std. auf die Hangspitze (1.746 m).

Karte: s. oben.

Auf der Rotenbach-Alpe wird bester Bergkäse erzeugt.

14 SCHÖNEBACH-VORSÄSS

AP ist Bizau (bei Bezau), von wo aus wir die Mautstraße bis zum breit hingelagerten Almdorf auf 1.028 m hineinfahren (P 10 Min. vor der Alm). Hoher Ifen, Diedamskopf und der Hinteregger Rücken sind die umrahmenden Berge der weiten Almflächen. Mit ihren 17 Hütten (437 Weiderechte), einer gemeinschaftlichen Sennhütte, einer Alp-Kapelle sowie einem Gasthaus gilt Schönebach als klassische Vorsäßsiedlung.

Bewirtschaftungszeit: Anfang Mai – Mitte Juni und Mitte August – Anfang Oktober.

Besitzer: Gemeinschaftsalpe (Obmann: Gottfried Greber, Bezau 75).

Viehbestand: 200 Kühe, 100 Stück Jungvieh. Die Milch wird zu Bergkäse verarbeitet.

Wandervorschlag: 1¹/₂ Std. zur Hinteregg-Alpe (1.500 m), 1¹/₂ Std. zur Wolfersgunten-Alpe (1.609 m).

Karte: F & B Nr. 364.

Das Alpdorf der Schönebach-Vorsäß kann man bequem mit dem Auto erreichen.

15 KRETZBODEN-ALPE

Die Alpe liegt am westlichen Rand der Schönebach-Vorsäß (Mautstraße von Bizau), etwa 70 Meter über dem Almboden, mit Blick auf das Vorsäß-Dorf in 1.103 m. Die traditionell gebaute Hütte – man müßte fast sagen „Alp-Haus" – wird von der Sienspitze überragt.

Bewirtschaftungszeit: Anfang Mai – Ende September.

Besitzer: Christoph Moosbrugger, Bezau.

Viehbestand: 20 Kühe. Die gesamte Milch wird zu Bergkäse verarbeitet; der größere Teil wird an die Fa. Alma verkauft. Wanderer erhalten Almprodukte.

Wandervorschlag: ³/₄ Std. zur Hinteregg-Alpe, in 1¹/₂ Std. auf die Sienspitze (1.600 m).

Karte: s. oben.

Auf der Kretzboden-Alpe.

16 UNTERE UND OBERE HIRSCHBERG-ALPE

Untere Hirschberg-Alpe mit Kanisfluh.

AP ist die Bergstation des Hirschberg-Sessellifts, von der aus man die Alpe – nahezu eben hinüberquerend – in $^1/_2$ Std. erreicht. Sie liegt in einer weiten Almmulde unterhalb der Schrofen des steilen Hirschberggipfels, geschützt durch einen Lawinenkeil, mit Prachtblick hinüber zur Kanisfluh.

Bewirtschaftungszeit: Mitte Juni – Mitte September.

Besitzer: Agrargemeinschaft mit 15 Mitgliedern aus Schwarzenberg (Obmann: Ludwig Metzler, Aschach 394).

Bewirtschafter: Markus Metzler aus Schwarzenberg.

Viehbestand: 40 Kühe, 12 Ziegen. Es wird Bergkäse erzeugt, der zum größten Teil an die Fa. Alma verkauft wird. Wanderer erhalten Almprodukte.

Wandervorschlag: In 2 Std. Abstieg zur Schönebach-Vorsäß. Von der Bergstation des Hirschberglifts Begehung des „Alpenlehrpfades Hirschberg" (Führerheft erhältlich) in ca. 1$^1/_2$ Std.

Karte: F & B Nr. 364.

Obere Hirschberg-Alpe.

17 WURZACH-ALPE

AP ist Mellau, von wo aus man mit der Kabinenseilbahn zur Bergstation „Roßstelle" auf die markante Kanisfluh hinauffährt. Ein reizvoller Pfad führt uns zum interessanten, felsumrandeten Boden der Kanis-Alpe (30 Kühe, Käserei) und weiter in einer nahezu alpinen Parklandschaft in gemächlicher Steigung zum großen Gebäude der Wurzach-Alpe mit seinem hübschen Blumenschmuck. Man erreicht die auf 1.650 m, von den begrünten Steilflächen der Kanisfluh gelegene Alp in 1 Std. von der Seilbahn aus.

Bewirtschaftungszeit: Mitte Juni – Mitte September.

Besitzer: Gemeinschaftsalpe (12 Bauern).

Pächter: Käsemeisterin Monika Bischof, Freien 708 b. Schwarzenberg.

Viehbestand: 70 Kühe, 15 Stück Jungvieh, 8 Ziegen, 40 Schweine. Die Milch wird zur Gänze verkäst (Bergkäse, Bachensteiner, Ziegenkäse) und teilweise an die Fa. Rupp verkauft. Jausenstation. Die Kühe nehmen „aufgekränzt" am traditionellen Schwarzenberger Almabtrieb teil.

Wandervorschlag: In 1½ Std. auf die Holenke (2.044 m), den höchsten Gipfel der Kanisfluh; in ¼ Std. weiter zur Obere-Alpe (80 Kühe, 40 Schweine).

Karte: F & B Nr. 364.

Die wuchtige Hütte der Wurzach-Alpe liegt am Hangfuß der Kanisfluh.

18 ALPE FELLE

AP ist Schröcken, von wo aus man schon die große Alphütte behäbig auf einem Geländeabsatz unterhalb der wuchtigen Mohnenfluh liegen sieht. – Wir steigen kurz zur Bregenzer Ache ab und erreichen die 1997 großzügig neu errichtete Hütte samt angebautem Stall über einen guten Almweg in einer ³/₄ Std. (1.386 m).

Besitzer: Gemeinschaftsalpe (10 Bauern; Obmann: Wilhelm Felder, Mitteldorf 26).

Bewirtschafter: Olga und Mag. theol. et sociol. Walter King, Oberstellenmoos 1. (Walter King hatte neben seiner Tätigkeit als Religionslehrer auch eine Landwirtschaftsschule absolviert und war mit seiner als Krankenschwester ausgebildeten Frau als Entwicklungshelfer in Afrika tätig.)

Viehbestand: 42 Kühe. Die Milch wird zur Gänze zu Bergkäse verarbeitet und teilweise an die Fa. Rupp verkauft. Jausenstation.

Wandervorschlag: In einer ³/₄ Std. das blumenreiche Fellbachtal aufwärts.

Karte: F & B Nr. 364.

19 UNTERE AUENFELD-ALPE

AP ist Schröcken, von wo aus wir (zuerst Markg. Nr. 13, später Nr. 8) der Almstraße über mehrere Kehren folgen und sodann auf gutem Pfad die Steilstufe zur Batzen-Alpe (mehrere Hütten, Käserei) überwinden und in 1¹/₂ Std. flach zur Unteren Auenfeld-Alpe (1.660 m) gelangen. Die nördl. Talflanken werden heute noch als Bergmähder bewirtschaftet.

Bewirtschaftungszeit: Anfang Juli – Mitte September. Die zugehörigen Vorsäßen sind Schalzbach und Hopfreben.

Besitzer: Gemeinschaftsalpe mit 30 Mitgliedern.

Bewirtschafter: Thomas Strohmaier, Bühel 192. Jausenstation mit eigenen Almprodukten.

Viehbestand: 74 Kühe, 3 Ziegen, 20 Schweine. Es werden Bergkäse, Ziegenkäse und Sig hergestellt. Wanderer erhalten Almprodukte. Der Großteil des Käses wird an die Fa. Alma verkauft.

Wandervorschlag: Vom Hochtannberg-Paß in 3 Std. über den Körbersee alternativer Zugang mit herrlichen Panorama-Ausblicken zur Unteren Auenfeld-Alpe.

Karte: s. oben.

Die Schalzbach-Vorsäß bildet eine Wirtschaftseinheit mit der Unteren Auenfeld-Alpe.

Krieger-Alp: Die Haflingerzucht hat auf vielen Almen Bedeutung.

20 KRIEGER-ALP

AP ist Oberlech (bei Lech a. Arlberg), von wo aus man entweder über Petersberg in 1 Std. die Krieger-Alp (2.000 m) erreicht, oder man folgt der Markierung Nr. 22 in 1¹/₂ Std. dem Zuger-Tobel (AP nahe Mautstelle) aufwärts bis zur Alpe. Die traditionell gebaute Hütte liegt unterhalb des Kriegerhorns mit Blick auf die Mohnenfluh sowie auf div. Arlberger Schilifthänge.

Bewirtschaftungszeit: Anfang Juli – Ende September. Beliebte Jausenstation (Frischkäse, Butter etc.).

Besitzer: Fam. Lucian, Oberlech.

Viehbestand: 7 Kühe, 15 Milchschafe, 5 Pferde (teilweise Zinsvieh).

Wandervorschlag: Lohnender Besuch der „Gipslöcher" in Nähe der Alm. Besteigung des Kriegerhorns (2.173 m) in ¹/₂ Std. oder der Mohnenfluh (2.542 m) in 1¹/₂ Std.

Karte: F & B Nr. 364.

21 ALPE ÄLPELE

AP ist die Mautstelle „Zuger Tal" bei Lech (ab hier Fahrverbot zwischen 8 und 16 Uhr), von der aus wir mit dem in kurzen Abständen verkehrenden Touristenbus die 4 km bis zur Alpe Älpele (1.504 m) fahren. Oder Wanderung in der alpinen Parklandschaft des Zuger Tales, wie das oberste Lechtal hier heißt, in 1 Std. zur Alpe. Das hübsch mit Blumen geschmückte Gebäude samt Stall und dem daneben neu errichteten Gasthaus liegt im breiten Talgrund unterhalb von Braunarlspitze und Roter Wand.

Bewirtschaftungszeit: Mitte Juni – Mitte September.

Besitzer: Gemeinde Klösterle mit Auftriebsrecht für 24 Bauern (*Alpmeister:* Ludwig Mündle, Klösterle).

Bewirtschafter: Margot Moll, Klösterle.

Viehbestand: 83 Kühe, 40 Stück Jungvieh. Die Milch wird jeden 2. Tag ins Tal geführt.

Wandervorschlag: In 2 Std. zur Göppingerhütte (2.245 m), in 1 Std. zum Spullersee. In 1¹/₂ Std. auf die Hochlichtspitze (2.600 m, unschwierig).

Karte: s. oben.

22 RAGAZ-ALPE

AP ist Damüls, wo man entweder am P des „Uga-Sesselliftes" sein Fahrzeug abstellt und in 1 Std. längs des Alm-Zufahrtsweges die große, neue Almhütte auf 1.682 m erreicht. Oder man wandert vom erwähnten P über die „Sieben Hügel" und das Sünser Joch in 2½ Std. zur Hütte, die am Fuß

Die neu erbaute Ragaz-Alpe im Wandergebiet von Damüls.

der weiten Almmulden liegt, die sich bis auf 2.000 m hinauf erstrecken.

Bewirtschaftungszeit: Mitte Juni – Mitte September.

Besitzer: „Agrargemeinschaft Laterns-Damüls" mit 22 Mitgl. *Pächter:* L. Fetz, Reute 150.

Viehbestand: 78 Kühe, 20 Stück Jungvieh, 2 Ziegen, 15 Schweine. Die Milch wird zur Gänze zu Bergkäse und Butter verarbeitet. Wanderer erhalten Almprodukte.

Wandervorschlag: In 1 Std. auf den Ragazerblanken (2.051 m) und weiter in 1 Std. zur Uga-Alpe.

Karte: F & B Nr. 364.

23 MITTEL-ARGEN-ALPE

AP ist entweder die Bergstation des Sesselliftes („Uga-Expreß") von Damüls zur Uga-Alpe und von dort ¾ stdg. Abstieg in ansprechender Almlandschaft bis zur Alpe auf 1.702 m oder Aufstieg von der Straße Au – Damüls über die Argenwald-Alpe in 1½ Std. Die große, 1970 neu errichtete Hütte (die alte Hütte steht im Österr. Freilichtmuseum in Stübing b. Graz) liegt in einem weiten Almgebiet zwischen Mittagsspitze und den Randbergen der Kanisfluh.

Die Mittel-Argen-Alpe wurde 1970 neu errichtet.

Bewirtschaftungszeit: Anfang Juli – Mitte September. (Die zugehörige Vorsäß ist Klausberg b. Schwarzenberg.)

Besitzer: Gemeinschaftsalpe (Obmann: F. Kaufmann, Reute 160).

Viehbestand: 94 Kühe, 84 Stück Jungvieh, 6 Ziegen. Es werden Bergkäse und Ziegenkäse erzeugt. Der größere Teil des Käses wird an die Fa. Alma verkauft. Wanderer erhalten Almprodukte.

Wandervorschlag: In 1½ Std. zur Wurzach-Alpe, in 1¾ Std. auf die Damülser Mittagsspitze (2.095 m).

Karte: s. oben

24 VORDERE UND HINTERE UGA-ALPE

AP ist entweder die Bergstation des Sesselliftes in Damüls, von der es bloß 5 Min. zur Hütte der Vorderen Uga-Alpe sind, oder man startet beim P der Talstation, von wo aus man in knapp einer Stunde in der reizvollen Almlandschaft über die welligen Buckel der Bergmähder nach oben wandert. Die beiden nicht weit voneinander entfernten Hütten liegen prachtvoll vor der Damülser Mittagsspitze auf 1.800 m.

Bewirtschaftungszeit: Anfang Juli – Mitte September. Die zugehörige Vorsäß ist Ahornen bei Au.

Besitzer: Gemeinschaftsalpe. Bewirtschafter der Vord. Uga, die auch als Jausenstation geführt wird: Michael Metzler, Argenzipfel 39 b. Au.

Viehbestand: Auf beiden Alpen 54 Kühe. Gekäst (Bergkäse) wird nur auf der Vord. Uga, und hier befindet sich auch der höchstgelegene Käse-Reifekeller des Gebietes.

Wandervorschlag: In einer $^3/_4$ Std. zur Alpe Mittelargen, in 1 Std. auf die Damülser Mittagsspitze.

Karte: F & B Nr. 364.

Obwohl auf 1.800 m gelegen, ist die Hintere Uga-Alpe von saftigen Bergmähdern umgeben.

25 BARTHOLOMÄUS-ÄLPELE

AP ist das Faschina-Joch an der Straße von Damüls ins Große Walsertal. Von dort folgt man der Markierung auf einem steilen Alm-Zufahrtsweg zur urigen Hütte auf 1.670 m, die in ¹/₂ Std. erreicht wird. Sie liegt in eher schwierigem Gelände unterhalb des Zafern Horns mit bestem Blick auf das Damülser Schigebiet.

Bewirtschaftungszeit: Mitte Juni – Mitte September. Jausenstation.

Besitzer: Privatalpe.

Pächterin: Zita Purkarthofer, Hohenems 1, Erlachstraße 30.

Viehbestand: 25 Kühe, 6 Ziegen, 6 Milchschafe. Die Milch wird zu Bergkäse, Tilsiter, „Hüttenkäse" (Mischung aus Kuh-, Schaf- und Ziegenmilch) sowie Ziegenkäse verarbeitet.

Wandervorschlag: Über die Sättele-Alp (1.630 m) und Bödmen-Alp in 2 Std. zum Faschina-Joch.

Karte: F & B Nr. 364.

26 ALPE PORTLA

AP ist Damüls, von wo aus man etwa 4 km in Richtung Furka-Joch fährt. 5 Min. oberhalb der Straße stehen die Gebäude der Alp auf 1.726 m unter dem Portla-Kopf mit großartigem Ausblick auf die Lechtaler Alpen.

Bewirtschaftungszeit: Ende Juni – 7. September (Vorweide auf Alpe Schweme in Übersaxen).

Besitzer: „Agrargemeinschaft Übersaxen".

Bewirtschafter und Pächter: Fam. Scherer, Übersaxen 9.

Viehbestand: 2 Kühe, 200 Stück Jungvieh, 30 Pferde. Es wird nur Butter erzeugt. Bergkäse für die Jausenstation wird von der Kuh-Alpe bei Übersaxen heraufgeliefert.

Wandervorschlag: Rundwanderung: „Sünser Weg" über Sünser Joch, Ragazerblanken (2.051 m) und Damüls in 4 Std.

Karte: s. oben.

Oberhalb der Hutla-Alpe liegt das romantische Alpdorf der Klesenza-Alpe.

27 HUTLA-ALPE

AP ist Buchboden im Gr. Walsertal, von wo aus eine Mautstraße („Berechtigungsschein" im Gh. Jäger) den Hutla-Bach aufwärts führt (P einige Minuten vor der Alm). Die hübsche blumengeschmückte Hütte (1.281 m) liegt in einem weiten Alm-Talgrund, dessen Weideflächen sich bis auf 1.800 m hinaufziehen.

Bewirtschaftungszeit: Anfang Juni – 2. Samstag im September.

Besitzer: „Agrargemeinschaft Schnifis" (15 Bauern).

Bewirtschafter: Fam. Rinderer, Boden 56 b. Schnifis (Herr Rinderer ist im Winter Schilehrer).

Viehbestand: 48 Kühe, 60 Stück Jungvieh, 65 Schweine. Milch wird zu Bergkäse, Bachensteiner und Schnittkäse verarbeitet (jeder Bauer vermarktet seinen Käse selbst).

Wandervorschlag: In 1 Std. zur Klesenza-Alpe (weitere Wanderungen s. dort).

Karte: F & B Nr. 364.

Hutla-Alpe.

28 KLESENZA-ALPE

AP ist die Hutla-Alpe, von wo aus wir der Almstraße folgen, die in vielen Kehren auf die nächste Geländestufe hinaufführt. Am weiten Almboden erstreckt sich das romantische Almdorf auf 1.589 m, das wir nach 1 Std. erreichen. Der prachtvolle Talschluß wird von den Felsen der Roten und Schwarzen Wand gebildet.

Bewirtschaftungszeit: Mitte Juni – Mitte September.

Besitzer: Gemeinschaftsalpe von 6 Bauern aus Raggal, Marul und Sonntag. Das Alpdorf besteht aus 6 Hütten, einer Sennhütte und einer Kapelle.

Senner: Walter Dünser, Garsella 23 b. Sonntag.

Viehbestand: 65 Kühe, 30 Stück Jungvieh. Die Milch wird zu Bergkäse verarbeitet. Auf der Sennhütte besteht auch Nächtigungsmöglichkeit.

Wandervorschlag: In 3 Std. zur Freiburgerhütte (1.918 m), in 1 Std. übers Sättele (1.737 m) zur Laguz-Alpe.

Karte: s. oben.

29 STERIS-ALPE

AP ist Marul im Gr. Walsertal, von wo aus man noch zum Weiler Ahorn hinauffahren kann. Von hier steil über Bergwiesen und durch Wald zur Stafelfeder-Alpe. Ab dort wird der Weg flacher, und längs Bergmähdern erreicht man nach 2 Std. das Alpdorf. Beste Ausblicke auf die Berge des Walsertales und das Furka-Joch. Einmal pro Woche wird auf der Alm im Wechselturnus mit anderen Almen ein sogenanntes „Almfrühstück" geboten. (Nähere Details bei den Tourismus-Vereinen.)

Vom Alpdorf Steris-Alpe hat man beste Ausblicke auf die Berge des Großwalsertales.

Bewirtschaftungszeit: Mitte Juni – Ende September.

Besitzer: Interessengemeinschaft mit 11 Alphütten (davon 7 bewirtschaftet) sowie 1 Sennhütte.

Viehbestand: 92 kühe, 54 Stück Jungvieh, 12 Ziegen. Die Milch wird zu Berg-, Weich- u. Kümmel-Frischkäse verarbeitet. Alpprodukte bei mehreren Hütten erhältlich.

Wandervorschlag: 1) „Stein-Rundwanderweg": Von der Seilbahnstation „Sonntag-Stein" (1.292 m) zur Oberen Partnom-Alpe (1.652 m) und zur Steris-Alpe; sodann über Bickelwald zurück zur Seilbahn = 4$\frac{1}{2}$ Std. 2) Auf das Breithorn (2.081 m) in 1$\frac{1}{2}$ Std.

Karte: F & B Nr. 364.

30 LAGUZ-ALPE

AP ist Marul, von wo aus mehrmals täglich ein Wanderbus die Touristen zur Alpe auf 1.586 m befördert. Das romantische Alpdorf mit seinen 10 urigen Hütten, der neu errichteten Sennhütte, einer Kapelle und einem Alpgasthaus ist umgeben von weiten Almflächen und liegt reizvoll in einer Mulde zu Füßen der kühnen Felsgestalten von Madratsch und Roter Wand.

Bewirtschaftungszeit: Mitte Juni – Mitte September. *Besitzer:* Interessengemeinschaft (Die Obmänner wechseln jedes Jahr.)

Ein Kleinod der Vorarlberger Alpbewirtschaftung ist das Alpdorf der Laguz-Alpe.

Senner: Fam. Konzet, Mittelberg 16 b. Fontanella.

Viehbestand: 95 Kühe, 60 Stück Jungvieh. Es wird Bergkäse erzeugt. 10 Hütten sind bewirtschaftet; die Bauern melken selbst. Der größere Teil des Käses wird von ihnen direkt vermarktet.

Wandervorschlag: In 1 Std. über das Sättele (1.737 m) zur Klesenza-Alpe, in 2$\frac{1}{2}$ Std. auf die Rote Wand (2.704 m) nur für Geübte.

Karte: s. oben.

31 ALPE GAMPERDONA
Die größte Kuhalpe Vorarlbergs

AP ist Nenzing bei Feldkirch, von wo aus täglich mehrmals Taxibusse die Wanderer durch das im unteren Teil wilde, im oberen aber sanfte Gamperdona-Tal hinauf zur weiten Alplandschaft des „Nenzinger Himmels" mit dem prachtvoll gelegenen Alpdorf auf 1.370 m bringen. Seine Hütten liegen großartig im Talschluß direkt unter den Felswänden des Panüler Kopfes, eines Randgipfels der Schesaplana.

Bewirtschaftungszeit: Anfang Juni – Anfang September.

Besitzer: „Agrargemeinschaft Nenzing" mit 170 Mitgliedern (davon lediglich 30 Bauern). Der Besitz umfaßt neben den Almen auch große Waldungen. In der Umgebung des alten Alpdorfs mit seinen 23 Hütten und einem Gasthaus stehen (zum Großteil durch Waldstücke verborgen) an die 150 Ferienhäuser, errichtet durch die Mitglieder der Agrargemeinschaft. Im Umkreis werden die zugehörenden Hochalmen Setsch. Panül und Vermales mit Jungvieh bestoßen, während die Kühe in der Nähe des Alpdorfes weiden. *Alpmeister:* Walter Vonbrül, Nenzing.

Senner und Käsemeister: Gerhard Salzgeber. Neben der Käserei wird eine Jausenstation geführt.

Viehbestand: 130 Kühe, 700 Stück Galtvieh, 25 Pferde, 200 Schafe. Neuer Gemeinschaftsstall mit Doppelmelkstand und Milchleitung in die Sennerei. Die Kühe tragen Halsbänder mit elektronischem Signal zur individuellen Registratur der Milchmenge. Neben dem Käsemeister und einem „Beisenn" sind drei Melker und eine „Küherin" (verantwortlich für die Weidewirtschaft) angestellt. Es werden „Alpen-Schnittkäse" (eine Art rasch ausreifender Bergkäse), Bachensteiner, Romadur, Sauerkäse und Joghurt erzeugt. Hauptabnehmer sind die Firmen Spar und Hosp.

Wandervorschlag: In 1 Std. auf die Güfel-Alpe (vorbei am Stüber-Wasserfall) und in weiteren 1¹/₂ Std. zur Pfälzerhütte (2.108 m).

Karte: F & B Nr. 371.

35

Alpe Gamperdona an „Nenzinger Himmel" mit Gemeinschaftsstall.

Die Walser, Almpioniere und Dauerbesiedler der Almregion

Auf Gemeinschaftsalmen muß nach dem Melken die genaue Milchmenge je Kuh gemessen werden.

Zu Anfang des 14. Jahrhunderts, nach dem Auszug vieler Walliser Bauernfamilien wegen Landnot aus ihrer Schweizer Heimat, wurde im Westen Österreichs eine Reihe von Walser-Siedlungen gegründet. Diese wurden bewußt in die Hochregion, weit über die sonst übliche Dauersiedlungsgrenze, ins Wald- und Almland vorgetragen. Galtür im Paznauntal ist ein derartiges Beispiel, aber auch Damüls im Hinteren Bregenzerwald.

Im Gegensatz zu den Rofenhöfen in den Ötztaler Alpen, die in 2.000 m Seehöhe liegen, wobei dort aber die umrahmenden Berge noch 1.700 m höher sind, liegt in Damüls die Kammlinie nur knapp 500 m über der örtlichen Dauersiedlungsgrenze. Angesichts der hohen Niederschläge im Hinteren Bregenzerwald von nahezu 2.000 mm pro Jahr gibt es eine Schneedeckendauer von

5 bis 6 Monaten und eine nur sehr kurze Wachstumsperiode. – In Damüls ergibt sich nun die eigentümliche Situation, daß manche Höfe höher als die Almen liegen, so daß im Ortsbereich von Oberdamüls der Siedlungsraum nach unten von der Almregion abgelöst wird. So müssen wegen dieser eigenartigen Form der Oberdamülser Alpe, die in einer schmalen Zunge bis zur Kirche herabreicht, die Oberdamülser Bauern, wollen sie zum Kirchhof gelangen, eine kurze Strecke über Almboden wandern!

Das Paznauntal erlebte übrigens, wie kaum ein anderes in den letzten 30 Jahren, eine Umstrukturierung durch den Fremdenverkehr. Die Almwirtschaft wurde äußerst stark reduziert, und das Personal reicht vielfach nicht aus, um die notwendigen Erhaltungsarbeiten

Die tägliche Milchmenge je Kuh wird registriert.

Der Senner (Käsemeister) bei der Arbeit.

an den Weiden durchzuführen. So zehren Murenabgänge, Steinschläge, Lawinen, Wind- und Frostrisse ständig am Almland. Überall macht sich ein starker Verfall der Weideflächen in wirtschaftlicher Hinsicht bemerkbar. Erlengebüsch, Heidelbeeren, Almrausch, Bürstling und verschiedene Almunkräuter nehmen stark zu, und es ist eine offene Frage, ob damit wieder ein erwünschter natürlicher Zustand hergestellt oder ob – da der Wald schon einmal weggeschlägert ist – nicht noch dieses Nachlassen der Almbewirtschaftung zu starken Bodenverlusten durch Erosion usw. führen wird. Der Tourismus, der gerade in diesen Gebieten in ungeahnter Weise Fuß fassen konnte, profitiert jedenfalls von der jahrhundertelangen Kulturleistung im Almraum. Das Paznauntal hat einen derart gigantischen Aufschwung erlebt, daß sich der Besucherstrom in den letzten beiden Jahrzehnten mehr als verzehnfachte.

Die Walser blieben auch auf der Alpe Individualisten und bauten Stall und Hütte extra, nicht so wie die anderen Bregenzerwäldler, die der Genossenschaftsalpe den Vorzug gaben.

Die Walser siedelten nicht nur mit der gesamten Familie auf die Vorsäß, sondern wanderten in vielen Gegenden auch gemeinsam auf die Alpe, die damit für rund 100 Tage die Ernährungsbasis für die gesamte Familie bildete. Die geographische Verbreitung der Alpdörfer steht in Vorarlberg und Teilen Westtirols mit den Siedlungen der Walser in engstem Zusammenhang und zeigt uns heute noch eine Form des spätmittelalterlichen Siedlungsbaues.

Auf ganz extrem gelegenen Almen, die durch keinen Weg erschlossen sind, werden die bis zu 35 kg schweren Käselaibe auf Schlitten ins Tal gezogen.

Westliches Nordtirol

Westliches Nordtirol

Insgesamt gibt es im westlichen Nordtirol rund 450 Almen, von denen 190 in den Hochgebirgstälern (Paznauntal, Pitztal, Ötztal, Sellrain, Stanzertal) liegen; 130 liegen im Oberinntal und in den benachbarten Gebieten und ebenfalls rund 130 im Außerfern (Bezirk Reutte). Von diesen Almen werden noch 360 bestoßen. Immerhin werden fast 50% als gemischte oder Kuhalmen bewirtschaftet. Rund 5.000 Kühe werden auf die Almen Westtirols aufgetrieben.

Foto umseitig:
Gartner-Alm bei Leermoos.

In den inneralpinen Tälern reicht die Besiedlung hoch hinauf

Den geschlossensten Almwirtschaftsbereich Österreichs finden wir in diesem Gebiet, der im Osten etwa bis in den Raum Innsbruck reicht. Entscheidenden Einfluß auf die Bewirtschaftung und Gestaltung der Almen hat in Tirol die unterschiedliche Erbgewohnheit innerhalb des Landes genommen. Während sich im östlichen Tirol die geschlossene Vererbung (Erbhöfe) durchsetzte, blieb im Westen das sogenannte „freibäuerliche" Eigentum erhalten, wodurch es zu einer sehr starken Besitzaufsplitterung durch Güterteilung kam. Die Nebenerwerbslandwirtschaft spielt somit hier seit alten Zeiten eine bedeutende Rolle, und zwischen 1860 und 1940 wurde im westlichen Nordtirol sogar ein Drittel der Höfe aufgegeben.

Von der Realteilung wurden allerdings nur die Äcker und Wiesen der Heimgüter betroffen, die Allmenden in der Form der Heimweide und der Almen blieben in gemeinschaftlichem Besitz.

In den Westtiroler Hochgebirgstälern reicht die Besiedlung hoch hinauf, und die Äcker und Wiesen der Talböden sind auf kleine Flächen beschränkt; daher verwundert es nicht, daß die Anteile der Almen an der gesamten landwirtschaftlichen Nutzfläche verhältnismäßig groß sind. Fast alle Bergbauernhöfe sind auf ihre Almen angewiesen.

32 STUIBEN-SENNALPE

AP ist Schattwald beim P der Talstation des Wannejochliftes. Von hier führt ein bequemer Almweg (im unteren Teil markiert, Abkürzungen möglich) in 1 Std. zur Hütte mit dem großen Stallgebäude auf 1.365 m. Die Gebäude liegen in einem weiten grünen Talkessel, überragt von Bschießer, Ponten und Zirlesegg.

Bewirtschaftungszeit: 10. Juni – 15. Oktober.

Besitzer: „Agrargemeinschaft Stuibenalpe".

Pächter und Bewirtschafter: Fam. Rief, Schattwald. Jausenstation.

Viehbestand: 55 Kühe, 80 Stück Jung- und Galtvieh (teilw. Lehnvieh aus dem Allgäu). Die Milch wird zur Gänze zu Bergkäse, Tilsiter, Butter usw. verarbeitet.

Wandervorschlag: 1) In 1½ Std. auf den Bschießer (2.000 m; beim Gratübergang Trittsicherheit erforderlich). 2) Von der Abzweigung zum Bschießer in 2 Std. auf den Ponten (2.045 m).

Karte: F & B Nr. 352.

Die Stuiben-Sennalpe liegt im Bereich der Allgäuer Alpen.

33 USSER-ALPE

AP ist der Ortsteil Schmieden von Tannheim: Man folgt entweder dem Almweg oder einem markierten Steig neben einem Wasserfall in 1½ Std. zur Hütte auf 1.664 m. Zugang zur Hütte in 25 Min. auch von der „Neunerköpfle Sesselbahn". Die Alm ist von begrasten kleinen Schrofen umgeben und gewährt einen schönen Blick ins Tannheimer Tal.

Bewirtschaftungszeit: Juni – Oktober. Jausenstation.

Besitzer: „Agrargemeinschaft Usser-Alpe".

Bewirtschafter: Grad Sandro, Tannheim.

Viehbestand: 25 Kühe, 40 Stück Galt- u. Jungvieh, 10 Pferde.

Almprodukte: Bergkäse. Am 21. September traditioneller Almabtrieb.

Wandervorschlag: 1) In 1½ Std. auf die Sulzspitze (2.084 m) sowie Abstieg nach Tannheim in 2 Std. 2) Anspruchsvoller Weg zur Landsberger Hütte (1.800 m) in 1½ Std.

Karte: s. oben.

34 VILSER-ALPE

AP ist Vils bei Reutte, von wo aus man bis zur Kühbachbrücke fährt (P). Von hier folgt man einem angenehm angelegten Alm-Forstweg in 1 Std. bis hinauf zum Almgasthaus auf 1.228 m. Sehr reizvoll inmitten einer großen Almfläche gelegen, umschlossen von den steilen Kalkschrofen der Tannheimer Berge. Unterwegs kommt man am interessanten Almstrudelfall mit seinen tief ausgehöhlten Schluchtrinnen vorbei.

Bewirtschaftungszeit: Mai – Oktober.

Besitzer: Gemeinde Vils mit Auftriebsrechten einer Interessengemeinschaft von 7 Vilser Bauern.

Senner und Gasthauspächter: Käsemeister Engelbert Metzler, Oberhöfen 121. *Bewirtschafter:* Margot Moll, Klösterle.

Viehbestand: 24 Kühe. Der Senner erzeugt Bergkäse, Tilsiter und Limburger.

Wandervorschlag: In 1¹/₂ Std. auf das Vilser Jöchl (1.718 m) und in einer weiteren ³/₄ Std. auf das Brentenjoch (2.000 m).

Karte: F & B Nr. 352.

35 MUSAUER-ALPE

AP ist die „Bärenfalle" an der Bundesstraße (2 km vor Musau). P vor dem Wegschranken. Auf einem Forstweg geht es in Kehren steil durch den Wald das Raintal aufwärts bis zum Sababach. Von dort mäßig ansteigend bis in den hintersten Talboden, der von den schroffen Tannheimer Bergen umrahmt wird, in 1¹/₂ Std. zur Hütte auf 1.287 m. Almgasthaus mit Nächtigungsmöglichkeit. 2008/2009 wird eine Käserei gebaut.

Bewirtschaftungszeit: der Hütte von April – Ende Oktober, der Alm von Juni – Ende September.

Besitzer: „Agrargemeinschaft Musau". *Bewirtschafter:* Fam. Wörle.

Viehbestand: 20 Kühe, 90 Stück Jung- und Galtvieh. Die Milch wird täglich ins Tal geführt.

Wandervorschlag: In 1 Std. zur Otto Mayr-Hütte (1.528 m) und von dort in ¹/₂ Std. zur Füssener Hütte (1.535 m) mit Alpenpflanzengarten.

Karte: s. oben.

Alpenlieschgras, Kaminputzer und Stiefelknecht

Im Gegensatz zu den Rispengräsern sind die Lieschgräser hochwüchsig und können auf den Almen auch als Mähfutter dienen. In sehr hohen Lagen wird das Lieschgras allerdings oft nur wenige Zentimeter hoch; die Pflanzen passen sich den Klimaverhältnissen voll an. In der Umgebung von Almhütten, wo viel Dung anfällt, entwickeln sie sich besonders üppig.

Nach der buschigen Form der Ährenrispe heißt das Gras in manchen Gegenden Katzenschweif oder Kaminputzer. – Es lohnt sich, ein einzelnes Ährchen genau anzusehen: dieses hat die Form eines Stiefelknechtes, und daran ist das Lieschgras einwandfrei von anderen Gräsern zu unterscheiden!

Daneben gibt es noch eine Reihe anderer Almgräser, je nach Höhenstufe der Almen, welche häufig auch in den Talniederungen vorkommen. Hier sind Schwingel, Goldhafer, Straußgras und Kammgras besonders zu nennen.

36 LECHASCHAUER-ALM

AP ist die Bergstation der „Reuttener Bergbahn", von der aus man in $^1/_2$ Std. (zuerst 100 m absteigend) auf prachtvollem, ebenem Panoramaweg, den Hahnenkamm umschreitend, zur Alm mit ihren beiden großen Gebäuden (1.670 m) hinüberwandert.

Aufstieg vom Tal: AP ist Winkl bei Reutte, von wo aus ein gut beschilderter Forstweg in 1$^1/_2$ Std. zur Alm führt. Die Gebäude liegen in einem weiten, begrünten Talkessel, der von Gehrenspitze, Schneid und Hahnenkamm gebildet wird. Von der Alm Ausblick über Reutte hinweg bis zur Zugspitze.

Bewirtschaftungszeit: Mitte Juni – Mitte Oktober.

Besitzer: Wolfgang Rief, Wängle. Die Hütte wird als Almgasthof mit verschiedenen Spezialitäten geführt.

Bewirtschafter: Thomas Witting, Nesselwängle.

Viehbestand: 40 Kühe, (teils Zinsvieh), 20 Stück Galtvieh. Ein Teil der Milch wird auf der Hütte verbraucht, ein Teil mit der Materialseilbahn ins Tal gebracht und zu Bergkäse verarbeitet.

Wandervorschlag: Über den „Alpenrosensteig" in einer $^3/_4$ Std. zur Gehren-Alpe (1.611 m) und in einer weiteren $^3/_4$ Std. auf das Gehrenjoch (1.858 m).

Karte: F & B Nr. 352.

Die Lechaschauer-Alm ist von der „Reuttener Bergbahn" in einer halben Stunde zu erreichen.

37 ROSSGUMPEN-ALM

AP ist Holzgau im oberen Lechtal, wo sich am Rand des Ortes der P befindet. Ein guter Karrenweg führt im engen Einschnitt des Höhenbachtals aufwärts, vorbei am wilden Sims-Wasserfall. Sodann führt der Weg im ruhigen Hochgebirgstal in 1$^1/_2$ Std. bis zur neu erbauten Hütte auf 1.329 m, die in der Waldzone auf der Unteren Roßgumpen-Alm liegt. Die Hauptweideflächen erstrecken sich dann bis zur Oberen Alm auf 1.700 m.

Bewirtschaftungszeit: Mitte Mai – Mitte Oktober.

Besitzer: „Interessengemeinschaft Holzgau".

Pächter: Hubert Hanny.

Viehbestand: 80 Stück Jung- und Galtvieh.

Wandervorschlag: In 1$^1/_2$ Std. über Obere Roßgumpen-Alm zum Mädele-Joch (1.973 m) und von dort einfacher Abstieg zur Kempter Hütte (1.844 m) auf deutschem Staatsgebiet.

Karte: F & B Nr. 351.

38 SULZL-ALM (HOLZGAUER-ALM)

AP ist Stockach im oberen Lechtal, wo vom Ortsrand (P) der gut beschilderte Weg durch etliche Tunnels mit Ausblick auf die bizarren Felsformationen der Schlucht des Sulzlbaches und schließlich über Almwiesen in 1½ Std. zur Hütte auf 1.466 m führt. Die nach Lawinenschaden vor einigen Jahren neu erbaute Hütte samt Stall ist nun, in den Hang verlaufend, lawinensicher errichtet worden. Jausenstation.

Bewirtschaftungszeit: Anfang Juni – 20. September („aufgekränzter" Almabtrieb). Ab Ende Juli wird mit dem Vieh auf die obere Alm gezogen.

Besitzer: „Agrargemeinschaft Sulzl". *Bewirtschafter:* Fam. Moosbrugger, Holzgau.

Viehbestand: 45 Kühe, 25 Stück Galtvieh. Der größere Teil der Milch wird täglich ins Tal geliefert.

Wandervorschlag: Einfacher, aber lohnender Weg durch das Sulzltal aufwärts zur Simms-Hütte (2.004 m) in 2 Std.

Karte: F & B Nr. 351.

39 STABL-SENNALM

AP ist der „Stablparkplatz" in Elmen. Neben einem Wasserfall auf steilem Steiglein in 1 Std. oder auf dem Almweg in 1½ Std. zur Hütte (Jausenstation) mit angebautem Stall auf 1.412 m. In der Nachbarschaft liegen weitere Hütten des alten Almdorfs auf einer Geländestufe am Beginn des begrünten Almkessels. Herrlicher Blick auf die Allgäuer und Lechtaler Alpen.

Bewirtschaftungszeit: Ostern – November (Alm: Anfang Juni – Mitte September. „Aufgekränzter" Almabtrieb).

Besitzer: „Agrargemeinschaft Stablalpe". *Pächter und Senner:* Ernst Ginther, Stockach 3.

Viehbestand: 33 Kühe. Die Milch wird per Materialseilbahn täglich ins Tal befördert.

Wandervorschlag: 1) Aufstiegsvariante zur Stabl-Alm: Von Elmen auf markiertem Weg in 3½ Std. über den Neerenkopf zur Alm. 2) In 3 Std. durch das Kratzertal auf die Elmer Kreuzspitze (2.480 m; Trittsicherheit!).

Karte: s. oben.

Die Stabl-Sennalm gewährt Ausblicke auf die Allgäuer und Lechtaler Alpen.

Nur mehr wenige Hütten werden auf der Fallerschein-Alpe landwirtschaftlich genutzt.

40 FALLERSCHEIN-ALPE

Das größte Almdorf Tirols

AP ist Stanzach im Lechtal, von wo aus man an die 7 km der Landesstraße in Richtung Namlos – Bergwang folgt. Etwa 1¹/₂ km vor Namlos (P) zweigt rechterhand das kaum ansteigende Almstraßerl zur Fallerschein-Alpe ab (2¹/₂ km), die auf 1.300 m in herrliche Bergwiesen eingebettet liegt. Das eng zusammengedrängte Almdorf mit seinen 40 Hütten wird durch die Felsbastionen von Elmer- und Bschaber-Kreuzspitze sowie der Namloser Wetterspitze überragt. Das Almdorf mit seinen urigen, holzgezimmerten Hütten hatte früher wohl zur Gewinnung von Bergheu für die Talbauern seine Bedeutung, und viele Familien zogen während des Sommers mit dem gesamten Hausrat auf die Alm. Von den 40 Hütten werden heute für die Almbewirtschaftung nur noch einige genutzt, mehrere werden als Ferienwohnungen vermietet. 2 Hütten werden als Jausenstationen bzw. Almgasthäuser geführt.

Bewirtschaftungszeit: der Hütten: Mai – November, der Alm: Mitte Juni – Ende September.

Besitzer: „Agrargemeinschaft Stanzach" (Obmann: Christian Gruber, Stanzach.).

Pächterin des Almgasthauses: Vroni Kerle, Weißenbach.

Viehbestand: 30 Kühe, 50 Stück Jung- und Galtvieh. Die Bauern haben einen Senner angestellt, der ihnen die Milch abkauft, diese aber täglich ins Tal liefert.

Wandervorschlag: In 1¹/₂ Std. durch das Sommerbergtal auf das Putzenjoch (ca. 2.000 m) und in weiteren 1¹/₂ Std. (steil, aber ungefährlich) auf die Namloser Wetterspitze (2.533 m).

Karte: F & B Nr. 352.

Die Rofenhöfe im Ötztal, eigentlich eine dauerbesiedelte Alm

Steigt man von Vent aus eine Stunde im Rofental aufwärts, dann gelangt man zu den Rofenhöfen, zu einer der ältesten Siedlungen im gesamten Ötztal – und mit ihren 2.014 m Seehöhe gemeinsam mit einer Siedlung drüben in Hochsölden auch die höchstgelegene Bergbauernniederlassung Österreichs.

Die erste urkundliche Erwähnung dieser Höfe stammt aus dem Jahr 1280, als die Rofenbauern ihre Abgaben zusammen mit den Schnalstalern an das Schloß Tirol entrichten mußten. Im Jahr 1350 erhielten sie durch ein Privileg ihren eigenen Gerichtsstand vom Hauptmann des Schlosses.

Ein Besitzer des Hofes, namens Ruzo, nahm 1415 den in Bann und Reichsacht gefallenen Herzog Friedl mit der leeren Tasche – den Sohn Leopolds III. – bei sich auf. Als sich für diesen das Blatt später zum Besseren wendete und er wieder Reichtum und Macht besaß, verlieh er den Höfen zahlreiche Sonderrechte: vollständige Steuerfreiheit, das Asylrecht, die unmittelbare Unterstellung unter den Tiroler Landeshauptmann und den eigenen Burgfrieden. Unter letzterem verstand man einen erhöhten Schutz, wodurch Streit und Fehde im Bereich der Höfe untersagt waren und Friedensbruch innerhalb ihres Gebietes unter strenger Strafe stand.

Nach der Thronbesteigung durch Kaiser Joseph II. erloschen die Vorrechte zum größten Teil. Nur die Steuerfreiheit war dem Rofenhof noch dank der Großzügigkeit Maria Theresias zugesichert. Dieses Privileg ist aber auch schon lange erloschen – genau seit dem Jahr 1810, als der Hof zum Gericht Silz kam.

Das Ötztal hatte durch den Fremdenverkehr schon vor dem Zweiten Weltkrieg einigermaßen profitieren können, und heute ist man dort – mehr als in anderen Hochgebirgstälern – aus Gründen der Landschaftspflege an einer Almwirtschaft sehr interessiert.

In Obergurgl und Vent reichen die Dauersiedlungen so hoch hinauf, daß Alm- und Heimweide ineinander übergehen. Im Ventertal, wo die Dauersiedlungen über das Nieder- und Hochjoch vom Vintschgau aus angelegt wurden, besitzen Südtiroler Bauern Schafalmen, die über die Gletscherjöcher hinweg bestoßen werden. Früher einmal trieb man sogar Rinder über die Gletscher; das geschah zum letztenmal im Jahre 1897. Der Schafauftrieb, der zu einer echten Fremdenverkehrsattraktion geworden ist, nahm in den vergangenen Jahrzehnten etwas ab, in den letzten Jahren aber wieder zu. Derzeit werden etwa 4.000 Stück Schafe jährlich über die Gletscher getrieben.

Auch im Pitztal wurde schon vor dem Zweiten Weltkrieg eine Reihe von Kuhalmen in Galtviehalmen umgewandelt, und diese Entwicklung hat sich durch den Fremdenverkehr weiter fortgesetzt. Nicht unbeträchtlichen Einfluß übt hierbei die Notwendigkeit aus, daß im Rahmen des „Urlaubs am Bauernhof“ die Bauern ihre Kühe im Tal belassen müssen, damit die Milch an die Feriengäste verkauft werden kann. So gibt es derzeit im Pitztal praktisch keine einzige reine Kuhalm mehr.

Heu wird von den Bergmähdern oft noch immer in Schwerstarbeit „eingetragen".

41 GARTNER-ALM

AP ist Untergarten (Gh. Berghof) am Ortsrand von Lermoos, wo das Auto abgestellt wird. Entweder folgt man von hier der Alm-Forststraße, die sich in sanften Kehren nach oben schlängelt (1¹/₂ Std.), oder man benützt den markierten Fußweg, der direkt neben dem Gartenbach im engen Taleinschnitt zügig nach oben führt (1 Std.) und landschaftlich reizvoll ist. Das kleine Almdorf mit seinem 8 Hütten (1.400 m) liegt am unteren Ende der weiten Almflächen, die von Grubigstein und Gartnerwand überragt werden. Bis in die sechziger Jahre wurden weite Teile der Alm gemäht, und die Bauern zogen während des Sommers mit dem Hausrat auf die Hütten.

Bewirtschaftungszeit: Anfang Juni – Ende September. Jausenstation.

Besitzer: „Agrargemeinschaft Lermoos".

Bewirtschafter: Elke Rappenecker, St. Leonhard / Pitztal.

Viehbestand: 7 Kühe, 80 Stück Jungvieh, 18 Pferde. Die Milch wird zu Graukäse verarbeitet.

Wandervorschlag: In 1 Std. zur Wolfratshauser Hütte (1.751 m) und von dort in 1¹/₂ Std. auf den Grubigstein (2.233 m; bei Nässe Rutschgefahr!).

Karte: F & B Nr. 352.

Gartner-Alm bei Lermoos.

42 TUFTL-ALM

AP ist der P beim „Panoramabad" in Lermoos. Zum Aufstieg kann man wählen zwischen einem steilen Bergsteig, einem Waldpfad oder dem Alm-Zufahrtsweg. Aufstiegszeiten: jeweils 1¹/₂ Std. Nach einer schönen Bergwiese und einem kurzen Waldstück gelangt man auf die freie Almfläche mit dem großen, neu gebauten Stall und der Hütte (1.496 m), die als Almgasthaus geführt wird. Herrlicher Blick auf Zugspitze und Mieminger Kette.

Bewirtschaftungszeit: Mitte Mai – Ende Oktober.

Besitzer: „Agrargemeinschaft Lermoos".

Bewirtschafter: Friedl Fasser, Lermoos.

Viehbestand: 30 Kühe. Die Milch wird zur Gänze zu Graukäse und anderen Milchprodukten verarbeitet.

Wandervorschlag: In 2¹/₂ Std. auf den 2.340 m hohen Daniel (Trittsicherheit!), den Hauptgipfel der Ammergauer Alpen, mit Prachtblick auf die Zugspitze.

Karte: s. oben.

43 DIAS-ALPE

AP ist die Bergstation der Dias-Seilbahn in Kappl (1.850 m), von wo aus wir in 15 Min. die Untere und in weiteren 30 Min. die Obere Dias-Alpe auf bequemem Almweg erreichen. Die Gebäude der letzteren wurden vor wenigen Jahren neu errichtet und auch ein Restaurant dazugebaut. Die Dias-Alpe liegt am Südabhang der Verwallgruppe mit bester Aussicht auf die Berge der Samnaungruppe.

Die Untere Dias-Alpe steht unter Denkmalschutz.

Bewirtschaftungzeit: Mitte Juni – Ende September.

Besitzer: „Agrargemeinschaft Dias" mit rund 50 Bauern, die alle aus den Weilern um Kappl stammen. Ein Käsemeister mit Hilfskraft betreut die 65 Kühe (das Jungvieh wird ins Fimbertal aufgetrieben) und erzeugt Halbfettkäse und Butter.

Agrarhistorisch interessant ist die Untere Dias-Alpe, deren 35 Hütten (in alter Zeit waren es sogar 45) unter Denkmalschutz stehen. Aus Gründen des Lawinenschutzes sind die Hütten dicht zusammengedrängt und bilden ein reizvolles „Alm-Ensemble". Sie scharen sich um eine große Sennhütte, in der bis vor etwa 20 Jahren gemeinschaftlich gebuttert und gekäst wurde. Berühmt war der „Butterstock", den der Senner herstellte und der am Abend vor dem Großen Frauentag (14. August) anteilsmäßig auf die Bauern verteilt wurde.

Man fragt sich: Wenn es schon früher eine gemeinschaftliche Sennhütte gab, weshalb die vielen kleinen Hütten mit je einem Ställchen und nicht schon damals ein Gemeinschaftsstall? Die Begründung liegt in den

Einzelne Hütten der Unteren Dias-Alpe.

Der „Butterstock" auf der Dias-Alpe wog meistens 250 kg.

48

kleinen Besitzungen des Pazauntales mit je 4 bis 6 Kühen als Lebensbasis und dem großen Wert, der dem Mist beigemessen wurde. So mußten individuell alle Kühe jeweils im eigenen Stall die Nacht verbringen. Der dort anfallende Dung wurde peinlich genau gesammelt und sodann zu den Bergmähdern hinübergetragen. Die extrem steilen Bauernanwesen im mittleren Paznauntal lebten ja vor allem vom Heu der Bergmähder.

Wandervorschlag: 1) In 1 Std. zur Oberen Seßlad-Alpe. 2) In 1$\frac{1}{2}$ Std. zur Niederelbehütte (2.310 m) am Seß-See, von dort in $\frac{1}{2}$ Std. auf den Kappler Kopf (2.404 m).

Karte: Mayr, Tiroler Oberland.

44 SCHEIBENTAJA IM JAMTAL

AP ist Galtür im Paznauntal, von wo aus wir mit dem Auto bis zur Alm auf 1.833 m hineinfahren können. Die lawinensicher in den Hang gebaute Hütte samt Stallung liegt am Weg zur Jamtalhütte.

Bewirtschaftungszeit: Mitte Juni – Mitte September.

Besitzer: „Agrargemeinschaft Scheibentaja" (rund 30 Bauern aus dem Paznauntal).

Bewirtschafter: Heinz und Hildegard Wurm, Strummerberg.

Viehbestand: Rund 50 Kühe und 10 Schweine.

Almprodukte: Bergkäse, Tilsiter, Graukäse und Butter. Jausenstation.

Wandervorschlag: In 1$\frac{1}{2}$ Std. auf mäßig ansteigendem Weg durch das Jamtal zur Jamtalhütte (2.165 m), die Ausgangspunkt für eine Reihe von Bergwanderungen ist.

Karte: Mayr, Tiroler Oberland.

Scheibentaja mit Jamgletscher im Hintergrund.

*Lawinensicher in den
Hang gebaut.*

*Die Schweine auf der
Scheibentaja sind
unentbehrliche
Magermilchverwerter.*

45 VERSING-ALPE

AP ist die Bergstation der „Medrig-Alm"-Gondelseilbahn von See bei Kappl. Längs der Flanken des Medrigjochkars auf angenehmem Weg in 1 Std. zur Alm (1.937 m). Die neu erbaute Hütte liegt hübsch auf einem Geländeabsatz mit Blick zu den Lechtaler Alpen. Jausenstation.

Bewirtschaftungszeit: 20. Juni – 20. September.

Besitzer: „Agrargemeinschaft Versing-Alpe" (hauptsächlich Bauern aus See).

Bewirtschafter: Angestellter Käsemeister.

Viehbestand: 50 Kühe, 70 Stück Galtvieh, 30 Schafe.

Almprodukte: Butter, Bergkäse und Graukäse. Einmal pro Woche wird die Milch genau gemessen und danach mit den Bauern abgerechnet.

Wandervorschlag: Rundweg von der Seilbahn zur Ascherhütte (2.256 m) und weiter zur Versing-Alpe; insgesamt 3 Std.

Karte: Mayr, Tiroler Oberland.

46 LARAIN-ALPE 🚶 🧀

AP ist Tschafain b. Galtür im Paznauntal, von wo aus eine Forststraße bis „Staffal-Weiher" mit P hinaufführt (1.700 m). Wir folgen dem Alm-Forstweg zuerst durch Hochwald und dann im offenen Gelände in das wunderschöne Larain-Tal (mit Larainferner und Fluchthorn im Hintergrund) und erreichen die lawinensicher in den Hang gebauten Almgebäude (1.860 m) nach einer ¾ Std.

Bewirtschaftungszeit: Mitte Juni – Mitte September.

Besitzer: „Agrargemeinschaft Lorenalpe" (24 Bauern aus dem Paznauntal, Obmann: Rudolf Kathreiner, Galtür.)

Bewirtschafter und Pächter: Johann Klocker, Galtür.

Viehbestand: 45 Kühe, 12 Schweine. Für die 3–4 km entfernten Weidegründe im hinteren Laraintal wird ein fahrbarer Melkstand eingesetzt.

Almprodukte: Aus den täglich anfallenden 500 l Milch werden voll- und halbfetter Bergkäse, Magerkäse, Topfenaufstriche und Pfefferkäse erzeugt. Die Käse werden bei der Hütte (Jausenstation), aber auch bei vielen Kunden im Tal verkauft.

Hände und Zähne werden zum Herausheben benötigt.

Über das geneigte Dach fahren die Lawinen darüber, ohne Schaden anzurichten.

Wandervorschlag: Direkte Zustiege von Galtür oder Mathon in je 1½–2 Std. Wanderung von der Larain-Alpe zum Bergli-See in einer ¾ Std. – Übergang über das Ritzenjoch (2.657 m) zur Heidelbergerhütte (2.264 m) in 4 Std.

Karte: Mayr, Tiroler Oberland.

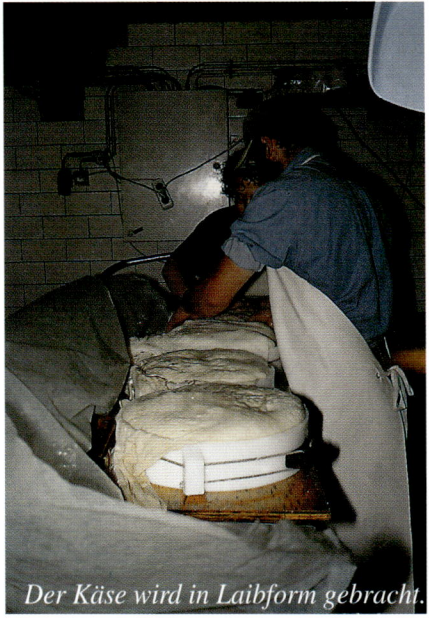

Der Käse wird in Laibform gebracht.

Im Reifekeller.

47 POLLTAL-ALM

AP ist Huben im Ötztal. Am westl. Ortsrand findet sich der Hinweis „Polltalalm", und wir folgen entweder dem Alm-Forstweg in vielen Kehren nach oben, oder wir begehen den markierten Abkürzungspfad durch den Hochwald, der fast alle Serpentinen abschneidet. Nach 2 Std. erreichen wir die neu erbaute Almhütte (1.830 m). Jausenstation. Sie liegt am unteren Rand des Polltalkars, das sich bis zum Polltalferner und weiter bis zur Hohen Geige erstreckt. Prachtvoll ist der Blick hinunter auf das mittlere Ötztal mit Längenfeld.

Von der Polltal-Alm überblickt man das mittlere Ötztal.

Bewirtschaftungszeit: 20. Juni – 20. September.

Besitzer: „Agrargemeinschaft Polltalalm" mit 15 Bauern.

Pächter: Wechselnde Pächter aus dem Raum Längenfeld.

Viehbestand: 3 Kühe, 50 Stück Jungvieh. An Almprodukten gibt es eigene Butter. Am Großen Frauentag (15. August), dem „Sennela-Tag" im Ötztal, geht es auf fast jeder Alm mit Musik und Gesang hoch her (auch „aufgekränzter" Almabtrieb).

Wandervorschlag: 1) In 1 Std. zur Eben-Alm (2.042 m) mit dem Hahlkogel-Haus.
2) In 1 Std. über den „Ötztaler Hochalmen-Weg" zur Breitlehn-Alm (1.874 m).

Karte: Mayr, Tiroler Oberland.

48 ALTE LENZEN-ALM

AP ist der P an der Straße zwischen Zwieselstein und Untergurgl mit dem Hinweisschild „Sahnestüberl". Von hier folgen wir der Beschilderung „Lenzenalm" auf schmalem, aber gutem Steiglein in kurzen Serpentinen durch lockeren Lärchen-Zirben-Almwald nach oben. Nach einer ¾ Std. erreichen wir die Hütten der Lenzen-Alm (vorbei an Mechthild's-Tajen) auf 1.896 m. Hervorragender Ausblick auf die Gurgler Gletscher mit Rotmoos- und Wasserfallferner.

Bewirtschaftungszeit: 10. Juni – 10. Oktober.

Besitzer: Franz Santner, Zwieselstein. Die Hütte wird als Jausenstation geführt.

Viehbestand: 4 Kühe, Jungvieh.

Almprodukte: Butter und Speck.

Wandervorschlag: Bergtour in 4 Std. auf den unvergletscherten, 3.163 m hohen Nederkogel oder Wanderung in 1½ Std. zum 2.436 m hoch gelegenen Nedersee.

Karte: s. oben.

*„Sahnestüberl"
auf der Oberen
Zwieselsteiner-Tafen.*

49 OBERE ZWIESELSTEINER-TAJEN

AP ist die Straße zwischen Zwieselstein und Untergurgl, wo sich beim Hinweisschild „Sahnestüberl" ein kleiner P befindet. Von hier sind es 5 Min. hinüber zur „Tajen", wie im Oberinntal und in seinen Seitentälern die Almen genannt werden. Die beiden Besitzer der Tajen – je eine Hütte samt einem kleinen Stall – nützen den Almstreifen zwischen der Gurgler Ache und dem Bergwald, der oberhalb der Alm noch bis auf 2.000 m hinaufreicht. – Das Gesamtensemble macht einen besonders harmonischen und romantischen Eindruck. Eine der beiden Hütten (1.640 m) wird als Jausenstation unter der Bezeichnung „Sahnestüberl" geführt.

Bewirtschaftungszeit: Juni – Oktober.

Bewirtschafter: Peter Prantl, Zwieselstein.

Viehbestand: 6 Kühe, 15 Stück Galtvieh.

Almprodukte: Butter und Speck. Als Spezialität werden „Sennela-Krapfen" (Hefeteig mit Mohn-Rosinen-Fülle) angeboten.

Wandervorschlag: Markierter Pfad hinauf bis zum Timmelsjoch (2.475 m), 2 Std. Auf der anderen Talseite führt ein markierter Pfad in einer 3/4 Std. über die „Mechthild's-Tajen" hinauf zur Lenzen-Alm (s. S. 52).

Karte: Mayr, Ötztal.

50 MECHTHILD'S-TAJEN

AP wie oben. Vom P folgen wir der Beschilderung „Lenzenalm" und erreichen über ein schmales Steigerl in einer 3/4 Std. die Alm auf 1.870 m. Sie wird jedoch nicht mehr mit Vieh bestoßen – es gibt auch kein Stall-gebäude; der ansprechende Holzbau der Almhütte wird nur als Jausenstation mit Produkten vom Heimhof geführt.

Wandervorschlag: s. Alte Lenzen-Alm.

Karte: s. oben.

51 TASCHACH-ALM

AP ist Mandarfen im hintersten Pitztal; Nähe Talstation der Riffelseebahn. In kaum merkbarer Steigung folgen wir einer Almstraße zur vor einigen Jahren neu erbauten Almhütte (1.780 m). Jausenstation. Die Almgebäude liegen am Beginn des Taschachtales, das sich bis zum Taschachferner nach hinten zieht. Aufstiegszeit $^1/_2$ Std.

Bewirtschaftungszeit: Mitte Juni – Mitte September.

Besitzer: „Agrargemeinschaft Taschachalm".

Viehbestand: 25 Kühe, 275 Stück Galtvieh, 1.000 Schafe. – Am 3. Wochenende im September findet jedes Jahr der imposante Almabtrieb der Schafe statt, bei dem die Tiere durch das Tal bis nach Arzl zur sog. „Schafschied" getrieben werden.

Almprodukte: Butter und Zieger (Topfen der Buttermich).

Wandervorschlag: Aufstieg zur Riffelseehütte (2.289 m) und zum Riffelsee in 1$^3/_4$ Std. (einfache Wanderung).

Karte: Mayr, Tiroler Oberland.

52 VORDERE SULZTAL-ALM

AP ist Gries bei Längenfeld im Ötztal (1.569 m) mit geräumigem P. Von hier folgen wir der Almstraße in mäßiger Neigung aufwärts ins Sulztal und bis zur Alm (1.898 m) in 1 Std. Die als Jausenstation ausgebaute Almhütte mit dem neuen Stall liegt in einem weiten Talboden. Weiter drinnen heißt es „In der Sulze", was im Zusammenhang mit einem kleinen Schwefelsee zu verstehen ist.

Bewirtschaftungszeit: 1. Juni – Ende September.

Besitzer: „Agrargemeinschaft Sulz".

Pächter: Fam. Herbert Scheiber, Gries.

Viehbestand: 20 Kühe, 120 Stück Galtvieh, 450 Schafe.

Almprodukte: Milch, Butter und Joghurt.

Wandervorschlag: In einer $^3/_4$ Std. erreicht man die weiter hinten im Tal liegende Ambergerhütte des AV (2.136 m), die sich als Stützpunkt für Hochtouren auf Schrankogel und Westfalenhaus anbietet.

Karte: Mayr, Ötztal.

Vordere Sulztal-Alm.

*Taschach-Alm
im hintersten Pitztal.*

Unterinntal und

benachbarte Täler

Unterinntal und benachbarte Täler

In diesem Raum gibt es rund 670 Almen, von denen über 300 in den Zentralalpentälern (Stubai-, Wipp- und Zillertal), 180 in den Nordtiroler Kalkalpen (Karwendel und Rofan) und rund 160 im Unterinntal liegen. Reine Kuhalmen gibt es lediglich 2%, hingegen sind 80% der Almen gemischt bestoßen, das heißt es werden dort Kühe und Galtvieh zusammen aufgetrieben. Immerhin weiden in diesem Almwirtschaftsbereich rund 12.000 Kühe jährlich.

Interessant ist, daß die Agrargemeinschaftsalmen vielfach vordeutsche Namen tragen; man muß annehmen, daß diese Almen zur Zeit der hochmittelalterlichen Ausdehnung der Siedlungsgrenze bereits bestanden haben. Die Privatalmen hingegen tragen überwiegend deutsche Namen, die häufig auf ihre Entstehung durch Rodung hinweisen.

Entlang der Brennerlinie wurde auch in alten Zeiten keine wesentliche Kuhhaltung betrieben, hingegen spielte die von Ochsen, welche für Vorspanndienste im Brennerverkehr benötigt wurden, eine große Rolle. Der Bau der Brennerbahn zwischen 1864 und 1867 ließ aber diesen Wirtschaftszweig rasch unbedeutend werden, und so wurden diese ehemaligen Ochsenalmen wieder zum Teil in Gemischtalmen umgewandelt.

Das Zillertal bildet seit altersher einen Schwerpunkt der Almwirtschaft, wobei aber auch dort die Kuhhaltung in den letzten hundert Jahren zurückgegangen ist. Nahezu neun Zehntel aller Almen sind dort Gemischtalmen geblieben.

Während im hinteren Zillertal durch die Kraftwerksbauten viel Grund verlorenging, hat sich die Almwirtschaft im vorderen Zillertal sehr günstig entwickelt.

Foto umseitig:
Walder-Alm bei Innsbruck.

53 KEMATENER-ALM

AP ist Grinzens am Weg vom Inntal ins Sellrain, von wo aus eine Mautstraße in 7 km Länge direkt auf die Alm führt. Sie befindet sich in prachtvoller Lage auf 1.646 m direkt unterhalb der Felskulisse der Kalkkögel.

Bewirtschaftungszeit: Mitte Mai – Mitte Oktober.

Besitzer: „Agrargemeinschaft Kemateneralm" mit rund 30 Mitgliedern.

Bewirtschafter: Werner Krainc, der auch die angeschlossene Jausenstation führt.

Viehbestand: 10 Kühe, 450 Stück Galtvieh.

Almprodukte: Butter, Graukäse.

Wandervorschlag: In einer 3/4 Std. zur Adolf Pichler-Hütte (1.977 m); in 3 Std. aufs Seejöchl (2.518 m).

Karte: Kompaß WK Innsbruck – Brenner.

Kematener-Alm gegen Kalkkögel.

54 GAISTAL-ALM

AP ist der P am Ende der Straße, die ins Tal der Leutschacher Ache führt. Von dort fast ebener Weg zwischen Hoher Munde im Süden und der Kette des Wettersteingebirges im Norden bis zur Gaistal-Alm, die auf 1.366 m direkt unterhalb des Predigtstuhls liegt; 1 Std. Gehzeit.

Bewirtschaftungszeit: Mitte Mai – Mitte Oktober.

Besitzer: „Agrargemeinschaft Gaistalalm".

Pächterin: Angelika Melchor, die auch den angeschlossenen Gasthausbetrieb führt.

Viehbestand: 250 Stück Galtvieh.

Wandervorschlag: In 1 1/2 Std. zur Rotmoos-Alm (1.904 m) und von dort in 1 Std. auf den Predigtstuhl (2.234 m; Trittsicherheit!).

Karte: Kompaß WK Imst – Telfs – Kühtai.

Auf der Gaistal-Alm war Ludwig Ganghofer oft zu Gast.

55 HÄMMERMOOS-ALM

AP ist Leutasch bei Seefeld, von wo aus man entlang der Leutascher Ache bis zum letzten P hineinfährt. Von dort wandert man in ½ Std. durch lockeren Almwald gemächlich hinauf zur Hämmermoos-Alm auf 1.417 m. Sie liegt vor der Kulisse des Wettersteingebirges im Norden und der Hohen Munde im Süden.

Bewirtschaftungszeit: Mai – Ende September.

Besitzer: Marktgemeinde Telfs.

Bewirtschafter: „Agrargemeinschaft Hämmermoosalpe" mit 20 Mitgliedern.

Viehbestand: 50 Kühe (Milch wird täglich in die Molkerei geliefert). Angeschlossener Gasthausbetrieb.

Wandervorschlag: In 1 Std. zur Wettersteinhütte und Wang-Alm (1.717 m); in einer ¾ Std. zur Gaistal-Alm.

Karte: Kompaß WK Imst – Telfs –Kühtai.

56 TILLFUSS-ALM

AP wie oben, jedoch dem Wanderweg Nr. 801A längs der Leutascher Ache – vorbei an der Gaistal-Alm – folgend in 1½ Std. bis zur Alm. Daneben befindet sich das Ganghoferhaus, in dem sich der Dichter viele Sommer lang aufhielt. Die Almgebäude mit Jausenstation liegen auf 1.382 m.

Bewirtschaftungszeit: Mitte Mai – Oktober.

Besitzer: „Alminteressengemeinschaft Wilder-Mieming", durch die 120 Stück Galtvieh aufgetrieben werden. Der Hüttenpächter betreut das Vieh und hält selbst 3 Kühe.

Almprodukte: Butter, Graukäse.

Wandervorschlag: 1) In 1½ Std. zum urigen „Steinernen Hüttl" (1.925 m). 2) In 1½ Std. den Gaistalbach aufwärts zur Feldern-Alm (1.525 m).

Karte: s. oben.

Der Alpenampfer, ein lästiges Unkraut

Rund um die mit Stickstoff überdüngten Böden der Almhütten zeigen sich oft große Flächen mit Alpenampfer, dessen riesige Blätter alle anderen Pflanzen unterdrücken. Wegen dieser auffallend breiten Blätter wird der Ampfer im Volksmund auch gerne Plotschn oder Sauplotschn genannt. Infolge seines außerordentlich widerstandsfähigen Wurzelstocks und der langen Keimfähigkeit der Samen (bis zu 13 Jahre!) ist es sehr schwierig, den einmal angesiedelten Alpenampfer zu vertreiben. Die Pflanze hat auch eine unglaubliche Wuchskraft, und unmittelbar nach der Schneeschmelze sehen wir schon rund um die Almhütten die kleinen, gelblichgrünen bis kupferroten Blätter austreiben, welchen schon nach 8 Tagen die ersten Blütenstände folgen.

Lediglich die jungen Blätter werden vom Vieh gefressen. Die in manchen Gebieten der Alpen für die Pflanze verwendeten Bezeichnungen (wie Butterplätschn oder Schmalzplätschn) weisen darauf hin, daß man früher die auf der Alm erzeugte Butter zur Kühlhaltung in die Blätter eingewickelt hat.

57 KASERSTATT-ALM

AP sind die „Pfurtschelhöfe" im Ortsteil Neder von Neustift im Stubaital. Von dort führt eine Almstraße in 2 Std. auf die Alm (oder über markierte Abkürzungen in 1½ Std.); dabei kommt man an reizvollen Lärchenwiesen vorbei, die noch gemäht werden. Die Almgebäude liegen auf 1.900 m in wunderbarer Lage angesichts von Zuckerhütl, Wildem Freiger und Pfaff im Talhintergrund.

Bewirtschaftungszeit: Mai – Ende Oktober.

Besitzer: Franz Gleirscher und Leo Pfurtscheller, dem auch die Jausenstation gehört.

Viehbestand: 30 Kühe, 35–40 Stück Galtvieh.

Almprodukte: Butter und Graukäse.

Wandervorschlag: In 1 Std. zur Starkenburerhütte (2.237 m).

Karte: Kompaß WK Innsbruck – Brenner.

Die Kaserstatt-Alm ist eine der wenigen Almen im Stubaital, die abseits des Wintersportgeschehens liegen.

58 STÖCKLEN-ALM

AP ist das Stubaier Oberbergtal, das bei Milders abzweigt. Auf asphaltierter Straße kann man bis zum P beim romantischen Almdorf der Stöcklen-Alm mit ihren 6 Hütten und 6 Stallungen auf 1.598 m hineinfahren.

Bewirtschaftungszeit: Juni – Ende September.

Besitzer: „Agrargemeinschaft Stöcklenalm" mit 6 Mitgliedern, durch die 56 Kühe aufgetrieben werden. Die Bauern wirtschaften jedoch individuell. Zwei Betriebe erzeugen Graukäse; einer liefert die Milch ins Tal. Voll bewirtschaftetes Gasthaus („Kanonensepp").

Wandervorschlag: In 1½ Std. auf angenehmem Weg das Oberbergtal einwärts bis zur Franz Senn-Hütte (2.149 m); von dort eine Reihe von Gletschertouren.

Karte: s. oben.

Im romantischen Almdorf der Stöcklen-Alm.

59 STAMSER-ALM

Die Stamser-Alm ist im Perlenkranz der österreichischen Almen etwas Besonderes. Zum berühmten Stift Stams gehörig, wurden ihre Gebäude wohl zur „höheren Ehre Gottes" errichtet, und so stehen hier neben der Sennhütte ein geräumiges Wohnhaus und das Kirchlein „Mariä Heimsuchung".

Alm-Wohnhaus der Patres und Kirchlein „Mariä Heimsuchung".

AP für den Besuch der Alm ist das Stift Stams, von dem zwar eine Alm-Forststraße bis hinauf führt; für den öffentlichen Verkehr ist sie jedoch gesperrt, so daß man die 1.200 Höhenmeter hinauf auf die Alm (1.873 m) auf Schusters Rappen in etwa 3 Std. zurücklegen muß. Der Weg führt durch die Stiftswaldungen und im oberen Teil entlang des Stamserbaches, bis sich dann die weiten Almflächen unter Pirchkogel und Hochalter auftun.

Schon der Bauherr Prälat Rogerius Sailer, der die Gebäude zwischen 1744 und 1748 errichten ließ, wußte um die Wohltat körperlicher Bewegung für seine Mönche und die Notwendigkeit, einen Platz zur Erholung für die Mitbrüder zu schaffen. Das Kirchlein mit seinem hellen Innenraum, der reichbemalten Decke, dem Rokoko-Stuck sowie den Gemäldemedaillons gilt als Tiroler Barockjuwel. – Das Wohnhaus der Patres weist mit Zirbenholz getäfelte Zimmer und prächtige Kachelöfen auf. Heute hat aber keiner der Patres mehr Zeit, hier oben zu meditieren und auszuspannen, und so wohnt kurioserweise das Melkerpaar darin, zwei Jung-Akademiker, die als Zivilisations-

Das Deckengemälde in der Stamser „Almkirche".

Aussteiger 20 Kühe und 30 Stück Galtvieh auf Zinsviehbasis betreuen. In der *Bewirtschaftungszeit* von Ende Juni – Ende September erzeugen sie Butter und vorzüglichen Graukäse. Jausenstation. Der Hochleger auf der 200 m höher gelegenen Joch-Alm wird nur noch mit Galtvieh bestoßen. Die gesamte Alm wächst derzeit stark zu und bedarf wohl bald einiger Meliorierungsarbeiten.

Wandervorschlag: Wer durch die Besichtigung der Alm noch nicht ermüdet ist, kann in knapp einer Stunde dem „Bärlehnkreuz" (2.104 m) einen Besuch abstatten.

Karte: Kompaß WK Imst – Telfs – Kühtai.

60 GLEIRSCH-ALM

AP ist St. Sigmund im Sellraintal, von wo aus das stilvolle Sellrainer Almhaus mit seinen Nebengebäuden (1.650 m) in 1/2 Std. erreicht wird. 1978 wurde es nach totalem Lawinenschaden neu errichtet; 1999 hat eine Lawine das Haus gestreift und die Räume im Erdgeschoß mit Schnee gefüllt. Die als Jausenstation geführte Alm liegt im hinteren Gleirschtal unterhalb von Mutenkogel und Freihut. Die Hütte ist besonders gemütlich eingerichtet.

Bewirtschaftungszeit: Juni – Mitte September.

Besitzer: Julius Witting, Gries.

Viehbestand: 12 Kühe, 120 Stück Galtvieh (Zinsvieh), 40 Pferde.

Almprodukte: Butter, Graukäse, Topfen, Joghurt.

Wandervorschlag: In 2¹/₂ Std. zur Pforzheimerhütte (2.310 m); in 2 Std. auf den Mutenkogel; in 3 Std. auf den Freihut (2.625 m). Für die beiden letzten Touren Trittsicherheit erforderlich!

Karte: Kompaß WK Imst – Telfs – Kühtai.

61 LÜSENER-ALM

AP ist das Lüsenstal, das sich von Gries im Sellrain nach Süden erstreckt. Man kann bis zur Alm auf 1.634 m hineinfahren. Direkt daneben liegt der bekannte Gasthof Lüsens. Der Talschluß wird von den Gletschern des Lüsener Fernerkogels (3.296 m) bestimmt.

Bewirtschaftungszeit: Juni – Ende September.

Besitzer: Stift Wilten.

Pächter: Familie Habler-Jaufenthaler, die auch den stiftischen Heimathof in Wilten in Pacht hat.

Viehbestand: 60 Kühe (mit 6.800 kg Milchleistung; die Milch wird jeden 2. Tag zur Molkerei transportiert), 30 Stück Galtvieh. Ein neuerbauter Laufstall mit Melkstand erlaubt das Melken durch nur eine Person.

Wandervorschlag: In 2 Std. dem „Dr. Siemon-Weg" folgend zum Westfalenhaus (2.276 m); von dort über das Winnebachjoch (2.782 m) mit Gletschererfahrung in 2¹/₂ Std. zur Winnebachsee-Hütte (2.367 m).

Karte: Kompaß WK Innsbruck – Brenner.

Die Lüsener-Alm steht im Besitz des Stiftes Wilten.

62 ARZTAL-ALM

AP ist die Gemeinde Ellbögen, von der man ca. 3 km bis zum P vor dem Gehöft „Hinterlarcher" fahren kann. Von dort wandern wir in 1½ Std. oberhalb des Falggasanerbaches zur Alm, die, unterhalb von Rosenjoch und Grünbergspitze, schon am Rand eines Hochkars auf 1.900 m in den Tuxer Alpen mit Blick zur Serles liegt.

Bewirtschaftungszeit: Juni – Oktober.

Besitzer: Karl Mair, der hier das sehr seltene Tuxer-Rind (rötlichschwarze Färbung) züchtet und die Alm als Jausenstation führt.

Viehbestand: 25 Kühe, 75 Stück Galtvieh und Haflinger sowie Walliser Schwarzhals-Gletscherziegen.

Almprodukte: Butter und Topfen.

Wandervorschlag: In 2 Std. über den Arztaler Hochleger (2.126 m) zum Rosenjoch (2.798 m) und weiter zur Grünbergspitze (2.790 m; Trittsicherheit!).

Karte: Kompaß WK Innsbruck – Brenner.

Auf der Arztal-Alm.

63 PEER-ALM

AP ist der gebührenpflichtige P beim Weiler „Grün" in Navis. Von dort auf der Alm-Forststraße in ½ Std. zur Alm auf 1664 m, die als Jausenstation geführt wird. Die Gebäude liegen im weiten Rund des Naviser Almkessels.

Bewirtschaftungszeit: Juni – September.

Besitzer: Karl Peer, Navis.

Viehbestand: 25 Kühe, 25 Stück Galtvieh.

Almprodukte: Frischkäse, Schnittkäse, Tilsiter, Butter, Joghurt.

Wandervorschlag: 1 Std. bis zur bewirtschafteten Klamm-Alm und weiter die „Naviser Almwanderrunde" mit 3 Std. Gehzeit über Potten-Alm (1.880 m) und Naviserhütte (1.767 m).

Karte: s. oben.

Auf der Peer-Alm wird den Wanderern köstliches Fruchtjoghurt aus eigener Erzeugung angeboten.

Oberhalb von Gnadenwald im Inntal liegt die Walder-Alm vor der Kulisse der Karwendelberge.

64 WALDER-ALM

AP ist Gnadenwald (Abzw. Speckbacherhof), von wo aus man über die Gnadenwalder Höhenstraße (Maut) zur Hinterhornalm (P) hinauffährt. Von dort (mit Aussicht aufs Inntal) in ¹/₂ Std. zur Alm (1.501 m), die sich prachtvoll vor den Karwendelbergen auf großer Hochfläche ausdehnt.

Bewirtschaftungszeit: Anfang Juni – Anfang Oktober.

Besitzer: „Agrargemeinschaft Walderjoch-Alpe". Die Pächter bewirtschaften die Alm als Jausenstation (mit eigenen Milchprodukten) von Ende Mai – Ende Oktober.

Viehbestand: 60 Kühe, 50 Stück Galtvieh.

Wandervorschlag: 1) Alternativaufstieg vom Gh. Hubertus in Gnadenwald in 1¹/₂ Std. auf altem Almweg. 2) Über „Knappensteig" in 3¹/₂ Std. durch das „Vomper Loch" und Überschalljoch (1.912 m) zum Hallerangerhaus (1.710 m).

Karte: Mayr, Alpenpark Karwendel.

65 PFAFFENHOFER-ALM

AP ist Pfaffenhofen im Inntal, von wo aus die grobschottrige 9 km lange Zufahrtsstraße (Maut) auf die Alm (1.694 m) führt. Die neu erbaute Almhütte mit dem zünftigen alten Stallgebäude liegt inmitten herrlicher Lärchenwiesen im Kar unterhalb von Narrenkopf und Hocheder.

Bewirtschaftungszeit: Mitte Juni – 20. September. *Besitzer:* Gemeinde Pfaffenhofen.

Pächter und Bewirtschafter der Hütte (Jausenstation): Reinhard Tangl.

Viehbestand: 5 Kühe, 20 Stück Galtvieh.

Almprodukte: Butter und Graukäse.

Wandervorschlag: In 1 Std. zur Peter Anich-Hütte (1.910 m), in 1 Std. zur Oberhofer-Alm (1.652 m), in 2 Std. auf den Sonnkarkopf (2.262 m).

Karte: Kompaß WK Imst – Telfs – Kühtai.

66 EPPZIRLER-ALM

AP ist Giessenbach bei Scharnitz (1.012 m), von wo man dem Alm-Forstweg in angenehmer Steigung folgt. Vorbei am wunderbaren Almboden der „Eigenhofer Iss" erreicht man die Alm (1.470 m) nach 1³/₄ Std. (Mittwochs und freitags fährt der „Leutascher Bummelzug"; d.i. ein Traktor mit Anhängern, auf die Alm.) Hier wird schon seit vielen Jahrhunderten Almwirtschaft betrieben.

Bewirtschaftungszeit: Mitte Mai – Mitte Oktober.

Besitzer: Fam. Niederkircher, Scharnitz.

Viehbestand: 10 Kühe (Schwarzbunte und Grauvieh), 120 Stück Galtvieh (teilw. Lehnvieh), 6 Pferde.

Almprodukte: Butter und Graukäse werden auf der Jausenstation angeboten.

Wandervorschlag: 1) In einer ³/₄ Std. zum Breiten Sattel (1.794 m). 2) Von dort in 2 Std. zum Ursprungsattel (2.096 m) und zur Nördlingerhütte (2.239 m) oder 3) vom Breiten Sattel in 1¹/₂ Std. zur Eppzirler Scharte (ca. 2.100 m; Trittsicherheit!).

Karte: Mayr, Alpenpark Karwendel.

*Eppzirler-Alm
im Karwendel.*

67 REITHERJOCH-ALM

AP ist das Ichthyolwerk bei Seefeld, von dem aus ein steiler Pfad in ¹/₂ Std. auf die Alm (1.500 m) führt. Der bequemere Weg nimmt bei der Talstation „Rosshütten" seinen Ausgang (1¹/₄ Std.). Sehr schöner Ausblick. Auch der „Leutascher Bummelzug" fährt auf die Alm.

Bewirtschaftungszeit: Ende Mai – Ende Oktober.

Besitzer: Johannes Marthe, Seefeld. Die Alm wird als Jausenstation geführt.

Viehbestand: 50 Stück Galtvieh, 120 Schafe. Die Weideflächen erstrecken sich hoch über die Alm hinauf.

Wandervorschlag: 1) In 2¹/₂ Std. über Hochanger zur Reitherspitze (2.374 m). 2) Über den „Kunter-Steig" in 2 Std. zur Nördlingerhütte (2.239 m) – für beide Touren Trittsicherheit erforderlich!

Karte: s. oben.

68 MAURITZ-ALM

AP ist Maurach am Achensee, von dort Auffahrt mit der Rofanseilbahn. Von der Bergstation nur 10 Min. zur oberhalb liegenden Mauritz-Alm (1.869 m) in romantischer Lage, überragt vom markanten Gschöllkopf.

Bewirtschaftungszeit: Anfang Juni – Mitte September.

Pächter: Gerhard Reiter, Maurach.

Viehbestand: 18 Kühe, 100 Stück Galtvieh, 30 Pferde (Haflinger), teilweise Lehnvieh.

Almprodukte: Butter, Topfen, Graukäse, Bergkäse und Zieger werden in der eigenen Jausenstation verkauft.

Wandervorschlag: 1) Weiterweg zur Dalfaz-Alm mit Prachtblick auf den Achensee in einer $^3/_4$ Std. 2) In einer $^3/_4$ Std. Aufstieg auf den Gschöllkopf (2.039 m). 3) Besteigung der Rofanspitze (2.259 m) über die Gruberseelacken in 1$^1/_2$ Std.

Karte: Mayr, Tiroler Seenland.

Mauritz-Alm im Rofangebirge.

69 DALFAZ-ALM

AP Rofanseilbahn wie oben und sodann Weg Nr. 413 in einer $^3/_4$ Std. mäßig abwärts längs der Bergflanke mit ständigem Prachtblick zum Achensee bis zur „Bilderbuch-Alm" der Dalfaz-Alm (1.693 m) mit ihren steinbeschwerten Schindeldächern und dem Tiefblick zum Achensee und darüber zu Riffel, Olperer und Gefrorener Wand.

Bewirtschaftungszeit: Mitte Mai – Ende Oktober.

Besitzer: Johanna Moser, Maurach.

Viehbestand: 28 Kühe, 40 Stück Galtvieh. Die Milch wird täglich mittels Materialseilbahn ins Tal befördert.

Almprodukte: Lediglich Milch; die Hütte wird aber als Jausenstation geführt.

Wandervorschlag: 1) In einer $^3/_4$ Std. Aufstieg zum „Steinernen Tor" (1.976 m). 2) In einer weiteren Std. über den Streichkopf (2.243 m) auf den Hochiss (2.299 m; Trittsicherheit!). 3) Vom Hochiss Abstieg zur Mauritz-Alm in 1 Std.

Karte: s. oben.

Dalfaz-Alm mit Blick auf den Achensee.

70 FEIL-ALM

AP ist Pertisau am Achensee mit großem P. Von dort gut markierter Steig durch Hochwald in 1¹/₄ Std. hinauf zur Feil-Alm (1.480 m). Die Almgebäude liegen unterhalb des Feilkopfs mit wunderbarem Blick hinaus zum Achensee.

Bewirtschaftungszeit: Anfang Mai – Ende Oktober. Die Hütte wird als Jausenstation geführt.

Besitzer: Andreas Knapp, Pertisau.

Viehbestand: 20 Kühe, 40 Stück Galtvieh. Die Milch wird mittels Materialseilbahn täglich ins Tal gebracht.

Almprodukte: Milch.

Wandervorschlag: In einer ³/₄ Std. Abstieg zur Gern-Alm (1.166 m) und von dort in weiteren 1¹/₂ Std. Aufstieg zur Plumsjochhütte (1.630 m).

Karte: Mayr, Alpenpark Karwendel.

Feil-Alm mit Blick zum Achensee.

71 PLETZACH-ALM

AP ist Pertisau, von wo aus man auf der Straße ins Gerntal direkt an der Pletzach-Alm (1.040 m) vorbeikommt. Die Niederalm liegt unterhalb der Seebergspitze im weiten Boden dieses typischen Karwendeltales.

Bewirtschaftungszeit: Mai – Oktober. Das Galtvieh kommt während des Hochsommers auf den Hochleger der Pasil-Alm (1.557 m).

Besitzer: 6 Bauern aus Reith.

Viehbestand: 60 Kühe, 130 Stück Galtvieh.

Wandervorschlag: In 1¹/₂ Std. Aufstieg auf den Pasilsattel (1.680 m) und in 1 Std. weiter zur Seebergspitze (2.085 m: Trittsicherheit!).

Karte: s. oben.

72 FALZTURN-ALM

AP ist Pertisau, von wo aus die schöne Asphaltstraße ins Falzturntal, eines der klassischen Karwendeltäler, hineinführt. Die Alm mit mehreren Hütten liegt auf 1.100 m direkt an der Mautstraße.

Bewirtschaftungszeit: Ende Mai – Ende September.

Besitzer: „Agrargemeinschaft Falzturn" mit 6 Mitgliedern.

Viehbestand: 70 Kühe, 60 Stück Galtvieh.

Almprodukte: Milch. – „Gasthof Falzturn" neben den Hütten.

Wandervorschlag: 1) Das Falzturntal aufwärts bis zur Gramai-Alm und von dort in 2 Std. auf die Lamsenjochhütte (1.953 m). 2) In 1½ Std. auf den Hirschenkopf (1.746 m; Trittsicherheit!).

Karte: Mayr, Alpenpark Karwendel.

73 GRAMAI-ALM

AP wie oben. An der Falzturn-Alm vorbei Benützung der Mautstraße bis zur Gramai-Alm (1.267 m), die prachtvoll im Talschluß unterhalb der Lamsenspitze liegt.

Bewirtschaftungszeit: Anfang Juni – Ende September.

Besitzer und Bewirtschafter: Josef und Adolf Rieser.

Viehbestand: 60 Kühe, 25 Stück Galtvieh.

Almprodukte: Butter, Graukäse, Bergkäse.

Wandervorschlag: 1) In 2 Std. zur Lamsenjochhütte (1.953 m). 2) In 1½ Std. zum Gramai-Alm Hochleger (1.756 m). 3) In 1½ Std. auf den Lunstsattel (1.918 m).

Karte: s. oben.

Hubertuskapelle in Gramai.

74 ACKERN-ALM

AP ist die Mautstraße auf die Ackern-Alm; Anfahrt über Kufstein – Thiersee – Landl. Das weithin gestreute Almdorf (1.400 m) mit der anschließenden Wilden-Alm und Grabenkar-Alm wird umrahmt von Bärenjoch, Sonnwendjoch und Wildenkarjoch mit freiem Ausblick zum Wilden Kaiser.

Das weite Gelände der Ackern-Alm.

Bewirtschaftungszeit: Anfang Juni – Ende September.

Besitzer: „Alpinteressengemeinschaft Ackern" mit 14 Mitgliedern aus Thiersee. Jeder der 14 Bauern besitzt eine Almhütte mit Stall und versorgt sein Vieh selbst. Die Milch kommt in die gemeinschaftliche Almkäserei, wo drei Angestellte jährlich an die 40 Tonnen Käse erzeugen (drei Kupferkessel mit je 1.200 l). Die Käsebereitung an sich hat sich aber in den letzten 200 Jahren nicht verändert.

Viehbestand: 140 Kühe, 170 Stück Galtvieh. Auf den beiden angrenzenden Almen weiden weitere 160 Kühe.

Almprodukte: Bergkäse, Emmentaler, Tilsiter, Butter, die in der anschließenden Jausenstation angeboten werden. – Gleich in der Nähe „Alpengasthof Ackern".

Wandervorschlag: 1) In 1½ Std. auf das Sonnwendjoch (1.986 m). 2) In 1½ Std. über Thalerjoch (1.775 m) und Frechjoch auf den Veitsberg (1.787 m). 3) In 1 Std. auf den Fuchslochkopf (1.753 m).

Karte: Mayr, Tiroler Seenland.

Gasbeheizter Käsekessel auf Ackern.

Salzbad und Lagerkeller auf Ackern.

75 RANGGEN-ALM

AP ist das Kaiserbachtal (Anfahrt über St. Johann i. T.), wo bei der Fischbach-Alm (840 m) der markierte Steig hinauf zur Ranggen-Alm (1.226 m) seinen Anfang nimmt. 1 Std. Aufstiegszeit. Die Alm liegt prachtvoll gegenüber den klassischen Gipfeln des Kaisergebirges, wie Totenkirchl, Fleischbank, Goinger Halt usw. Jausenstation.

Bewirtschaftungszeit: Mitte Mai – Ende September.

Besitzer: Bernhard Schwaiger, Kössen.

Viehbestand: 5 Kühe, 20 Stück Galtvieh.

Almprodukte: Butter, „Sperrkas".

Wandervorschlag: 1) In einer ³/₄ Std. auf den Schneebichl (1.470 m). 2) In 1¹/₂ Std. über Wasserlahnerkopf auf den Feldberg (1.813 m) und von dort weiter in einer ³/₄ Std. auf das Stripsenjochhaus (1.577 m) und Abstieg in 1 Std. zur Griesener-Alm (1.006 m).

Karte: Kompaß WK Kaisergebirge.

Ranggen-Alm gegen
Kaisergebirge.

76 WALLER-ALM

AP ist der Hintersteinersee bei Scheffau (882 m), von wo aus der markierte Steig in einer ³/₄ Std. zur Waller-Alm (1.171 m) führt. Diese liegt reizvoll an der Westseite des Wilden Kaisers mit Blick auf den Scheffauer.

Bewirtschaftungszeit: Anfang Juni – Ende September.

Besitzer: „Agrargemeinschaft Waller-Alm" (Obmann Peter Pichler) mit drei Besitzern, von denen alle Vieh auftreiben.

Viehbestand: 10 Kühe, 80 Stück Galtvieh.

Almprodukte: Eine Hütte wird als Jausenstation geführt: Butter, Schnitt- und Graukäse. – Auf der Alm wird auch ein Gasthaus betrieben.

Wandervorschlag: 1) In 1 Std. über Hochegg zur Kaindlhütte auf der Steinberg-Alm (1.293 m). 2) In 1¹/₂ Std. über „Wilder Kaiser Steig" zur Hoch-Alm (1.257 m; Trittsicherheit!).

Karte: Kompaß WK Kaisergebirge.

Mutterwurz, das beste Almkräutel

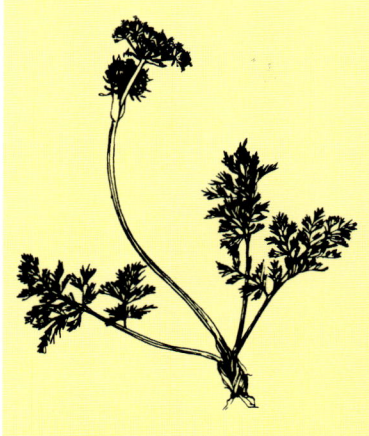

Die Alpenmutterwurz, auch Muttern, Madaun oder Alpen-Liebstock genannt, erhielt vom Volk schon in alten Zeiten ihren Namen „Mutter" – wegen ihrer Verwendbarkeit bei Frauenkrankheiten. Sie gehört zur Familie der Doldenblütler und gilt seit altersher als vortreffliches Alpenfuttergewächs. Ein bekannter Sennenspruch des Berner Oberlandes lautet: „Rispe, Muttern und Adelgras (Wegerich) sind das beste, was das Kühli fraß!" In Graubünden wird das Mutternkraut sogar in das tägliche Alpgebet miteingeschlossen.

Dem Heu verleiht die Mutterwurz einen süßen, angenehmen Geruch, das Kraut hat auf den Darm von Mensch und Vieh eine erwärmende Wirkung und schützt letzteres besonders bei verregnetem Futter vor Erkältung. Ein Aufguß der Wurzeln wurde häufig gegen Verstopfung und Kolik sowie bei Leber-, Nieren- und Blasenleiden verwendet. Ein Absud der ganzen Pflanze (5 Gramm auf ein Achtel Liter Wasser) gilt als besonders magenstärkendes Mittel. Früher benutzten die Senner in Westösterreich die Wurzel auch zum Würzen des Ziegers, des bekannten Kräuterkäses. Die frischen Blätter können in der Küche ähnlich wie Petersilie verwendet werden.

Auch die Gemsen und Murmeltiere äsen die Mutterwurz sehr gerne ab. Die im Mittelalter als Arzneimittel hochberühmten Bezoar- oder Gemskugeln, die man gelegentlich im Magen der Gemsen vorfindet, bestehen häufig aus den zusammengeballten, unverdaulichen Schopffasern der Mutterwurz.

Botanisch nahe verwandt ist die Alpenbärwurz, die ihren Namen angeblich von ihrer Verwendungsmöglichkeit bei Frauenkrankheiten (Krankheiten der Gebärmutter) haben soll. Auch die Bärwurz ist ein aromatischer Bestandteil des Almfutters und wird von den Kühen wegen ihrer diätischen Wirkung besonders gerne angenommen. Die Pflanze hat einen durchdringenden, gewürzhaften Geruch nach Fenchel und einen scharfen Geschmack.

„Marienkapelle" auf der Steinberg-Alm.

77 STEINBERG-ALM AM WILDEN KAISER

AP ist Kufstein bzw. die Bergstation des „Kaiser-Sessel-liftes". Von dort folgt man der Markierung Nr. 814 auf dem Forstweg mäßig abwärts und sodann in weitem Bogen leicht abwärts in 1½ Std. auf die Alm. Sie liegt in einer riesigen Almmulde unterhalb der Wände des Scheffauers mit mehreren Hütten und der mit Schindeln gedeckten „Marienkapelle". Neben dieser befindet sich die als Gasthaus betriebene „Kaindlhütte".

Bewirtschaftungszeit: Anfang Juni – Ende September.

Bewirtschafter: Die „Agrargemeinschaft Steinberg" aus Scheffau mit rund 15 Bauern treibt 70 Kühe, 100 Kalbinnen und an die 30 Kälber auf. Die Milch wird täglich ins Tal geliefert. Der große Almstall wurde vor wenigen Jahren neu erbaut. Angestellter Melker mit Helfer.

Almprodukte: Milch.

Wandervorschlag: 1) Über den „Bettlersteig" und den Straßwalchgraben in 1½ Std. nach Hinterbärenbad (829 m). 2) In 1½ Std. über Hochegg zur Waller-Alm und weiter zum Hintersteinersee.

Karte: Kompaß WK Kaisergebirge.

78 OBERE REG-ALM

AP ist Going, von wo aus der Güterweg über Pratma noch ein Stück bis zu einem P befahren werden kann. Nun der Markierung Nr. 33 teils durch Wald und über Alm-Forstwege folgend in 1 bis 1½ Std. zur Reg-Alm.

Die urige Hütte liegt großartig unter den Wänden von Maukspitze, Ackerlspitze und Goinger Halt auf 1.313 m.

Bewirtschaftungszeit: Anfang Juni – 20. September.

Besitzer: Fam. Foidl vlg. Harrasbauer, Going. Angestellter Hüter, der hier „Alminger" genannt wird.

Viehbestand: 1 Kuh, 55 Stück Galtvieh (teilweise Lehnvieh).

Almprodukte: Milch.

Wandervorschlag: 1) In einer ³/₄ Std. auf den prachtvollen Aussichtsplatz des Baumgartenköpfls (1.570 m). 2) In ½ Std. zur Ackerlhütte (1.455 m). 3) In 1 Std. über „Wilder Kaiser Steig" zum Schleierfall und Kaiser Nieder-Alm.

Karte: s. oben.

Obere Reg-Alm am Wilden Kaiser.

73

79 STEINBERG-ALM BEI ALPBACH

AP ist Inner-Alpbach, von wo aus wir noch mit dem Auto in den Luegergraben bis zur Fahrverbotstafel fahren (geräumiger P). Wir folgen dem Almweg in mäßiger Steigung durch Wald und Almgelände bis zur Steinberg-Alm (1.712 m) in 2 Std. (Zuvor voll bewirtschaftete Faulbaumgarten-Alm.) Die Alm liegt zwischen Torkopf, Steinberger Joch und Gressenstein eingebettet.

Bewirtschaftungszeit: Anfang Juni – Anfang September; im Mai und Oktober werden die zugehörigen Asten (Niederalmen) bestoßen.

Besitzer und Bewirtschafter: Fam. Klingler, Alpbach.

Viehbestand: 40 Kühe, 60 Stück Galtvieh, 20 Ziegen. Von den Kühen sind $2/3$ Lehnvieh (Zinsvieh).

Die Steinberg-Alm bei Alpbach blickt auf eine alte Tradition zurück.

Bei den meisten Almkäsereien wird bei Fremdkühen die Milchmenge jeder einzelnen Kuh täglich zwecks späterer Verrechnung festgehalten – nicht so auf der Steinberg-Alm! Hier geschieht das Milchmessen noch auf gut „Treu und Glauben" nur zweimal während der Almperiode, und zwar im Juli und im August. Danach wird der Durchschnitt hochgerechnet. In alten Zeiten wurde gar nur einmal, und zwar am Jakobstag (25. Juli), gemessen. – Der (1999) schon weit über 80 Jahre alte Senior, Herr Thomas Klingler, ist übrigens seit seinem 10. Lebensjahr jeden Sommer ununterbrochen auf der Alm. – Die Hütte stammt aus 1658 und wurde 1960 das letzte Mal renoviert.

Almprodukte: Butter, Bergkäse, Graukäse, Tilsiter und Ziegenkäse. Der Bergkäse reift im Durchschnitt ein volles Jahr im „Kaskeller" und erhält erst dann seinen unverwechselbaren Geschmack. Jausenstation.

Wandervorschlag: 1) In $1^{1}/_2$ Std. auf das Steinbergjoch (1.911 m) und Sonnenjoch (2.287 m). 2) In $1^{1}/_2$ Std. auf den Torkopf (2.116 m; das letzte Stück Trittsicherheit!). 3) Vom Sonnenjoch in 1 Std. auf den Gr. Beil (2.309 m; Trittsicherheit!).

Karte: Kompaß WK Nr. 81.

  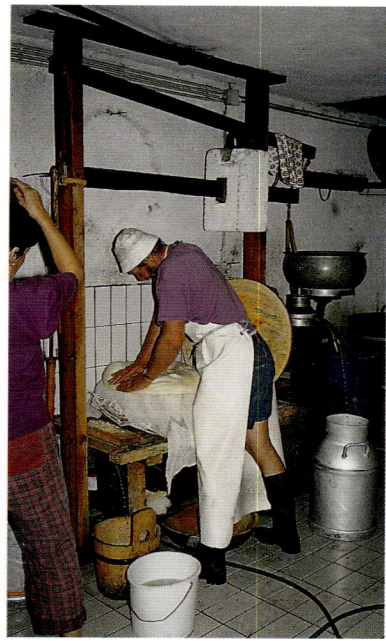

Beim Herausheben mit dem Flaschenzug ist ein Helfer erforderlich.   *Pressen in die Laibformen.*

Auf der Breitegg-Alm geht es noch sehr zünftig zu.

80 BREITEGG-ALM

AP ist Auffach i. d. Wildschönau, von wo aus man 15 km auf der Almstraße bis zur Schönanger-Alm fährt. Von dort guter, rot markierter Almsteig in angenehmen Serpentinen durch Wald in 1 Std. bis zur Alm (1.480 m) mit der urigen, 300 Jahre alten Sennhütte. Die Alm liegt in der gerodeten Waldzone direkt unter Breitegg und Wildkarspitze.

Bewirtschaftungszeit: Juni – Ende September.

Bewirtschafter: Thaler Burgi aus Auffach. Die Alm wird nicht als Jausenstation geführt.

Viehbestand: 15 Kühe, 50 Stück Galtvieh, 15 Ziegen.

Almprodukte: Bergkäse, Tilsiter und Ziegenkäse werden über der offenen Feuerstelle bereitet, die unter dem Bodenniveau liegt. Diese Art der Befeuerung sieht man sehr selten (Vorteil, daß keine brennenden Holzteile in der Hütte verstreut werden können). Die Kaskuchel ist auf Breitegg zugleich Vorratskammer und Hausgang, und der Rauch der Feuerstelle zieht über die offenen Dachsparren ab. Interessant ist die Konstruktion der Käse-Preßvorrichtung mit Hebebalken und schwerem Preßstein. – Daß in der Kuchl kein „Unreim" geschieht, darüber wachen zwei riesige Ziegenbockgehörne. Jausenstation.

Wandervorschlag: 1) Besteigung von Breitegg (1.995 m) und Wildkarspitze (1.961 m) in je 1½ Std. 2) In 1 Std. auf das Kleinberger Niederhorn (1.866 m) und weiter in einer ¾ Std. auf den Hengstkogel (1.803 m).

Karte: Kompaß WK Nr. 81.

Zum Melken müssen auch die Ziegen in den Stall.

Das letzte Kaswasser wird abgeschöpft.

Das Reinigen des Kupferkessels ist mühsam.

81 SCHÖNANGER-ALM

AP ist Auffach i. d. Wildschönau. Von dort 15 km bis zur Schönanger-Alm (1.180 m) mit angrenzendem Gasthaus. Die Alm liegt im Talboden, 3 km vor Talschluß, der von Schwaigberg, Hahnenkopfkamm und Gr. Beil gebildet wird.

Bewirtschafter: „Alminteressengemeinschaft Schönanger" mit 4 Stallungen, einer modern eingerichteten (Schau-) Käserei und angestelltem Personal.

Viehbestand: 130 Kühe, 140 Stück Galtvieh.

Almprodukte: Neben Bergkäse, Emmentaler und Graukäse werden noch weitere Käsearten sowie Butter und Joghurt erzeugt.

Wandervorschlag: 2–3stündiger „Schönanger-Rundweg" bis zum Talschluß.

Karte: Kompaß WK Nr. 81.

82 KOHLGRUBEN-ALM

AP ist die Mittelstation (1.346 m) der „Wiedersbergerhorn Gondelbahn" (zwischen Reith und Alpbach gelegen). Man folgt den roten Markierungspunkten über Wiesen und durch Wald sowie kurze Stücke über Forstwege und erreicht die fünf Hütten nach 1 Std. Das kleine Almdorf liegt in ein Alm-Halbrund eingebettet, das vom Wiedersbergerhorn (2.127 m) abgeschlossen wird.

Bewirtschaftungszeit: Anfang Juni – Ende September.

Besitzer und Bewirtschafter: 5 Bauern aus Reith. Eine der Hütten wird als Jausenstation geführt, dort erhält man Butter und Käse. An sich wird die gesamte Milch täglich ins Tal geführt und unten in der „Käserei der Reither Almbauern" verarbeitet.

Viehbestand: 80 Kühe, 45 Stück Galtvieh.

Wandervorschlag: 1) In 1½ Std. auf das Wiedersbergerhorn (2.127 m). 2) Über Hochlind-Alm und Hechenblaiken in 3 Std. Abstieg nach Reith im Alpbachtal.

Karte: s. oben.

Blick von der Kohlgruben-Alm zum Alpbacher Tal.

83 HOLZALM-KASALM

AP ist die Bergstation der „Markbachjoch-Gondelbahn" (1.448 m) zwischen Wildschönau und Hopfgarten. Von hier führt ein schöner Fußsteig in 1/2 Std. zur Holzalm (1.450 m). Sie liegt in einem ausgedehnten Weidegebiet mit Blick auf Hopfgarten, Hohe Salve, Kaisergebirge und Steinberge. Die Hütte wird als Jausenstation geführt.

Bewirtschaftungszeit: Ende Mai – Ende September.

Besitzer: 21 Bauern aus dem Brixental und der Wildschönau. 1998 Bau eines modernen Gemeinschaftsstalles mit Freß-Liegeboxen und Fischgrätenmelkstand für 150 Kühe, in dem 12 Kühe zugleich gemolken werden (größter Almstall Tirols!).
Die während der Almperiode anfallenden 200.000 kg Milch werden von 2 Melkern und 1 Käsemeister verarbeitet. Die Milch fließt direkt vom Stall in die Käsekessel.

Viehbestand: 150 Kühe, 50 Schweine.

Almprodukte: Bergkäse, verschiedene Schnittkäse, Butter, Joghurt, etc. Es werden rund 18.000 kg Bergkäse jährlich erzeugt. In Niederau wird ein eigenes kleines Käsegeschäft betrieben. – Die Spezialität der Holzalm ist der Bergkäse der vorigen Saison mit mind. 12monatiger Reife. Die Alm bestand bereits im Jahre 1544, und es wurden schon damals 110 Kühe aufgetrieben (!), es wurde gebuttert und gekäst.

Wandervorschlag: Über das Halsgatterl in 1 Std. auf den Roßkopf (1.731 m) oder über Horlerstiegl und Roßkopfhütte in 1 1/2 Std. zur Seilbahn.

Karte: Kompaß WK Nr. 81.

Auf der Holzalm-Kasalm.

Oben: Fischgrätenmelkstand für gleichzeitig 12 Kühe.

Links: Der größte Almstall Tirols.

Die Milch fließt direkt in die Käsekessel.

Preßvorrichtung für die Laibe.

Käselaibe in der Salzlake.

Käseherstellung auf der Holzalm-Kasalm.

Im Käsekeller.

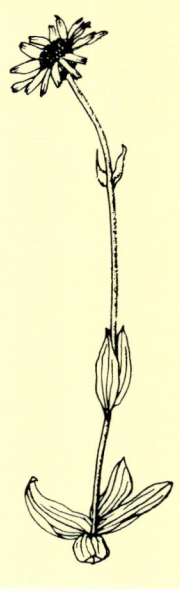

Arnika, gleichermaßen wirksam gegen Blitzschlag und in der Volksmedizin

Mit ihren prachtvoll gelben Blütenköpfen und ihrem starken Duft kommt die Arnika häufig im Kristallin des Urgesteins vor; auf Kalkuntergrund trifft man sie hingegen nie an.

In manchen Teilen der Alpen heißt sie auch Hannsblume, weil sie am Johannistag eine große Rolle spielt. Am Vorabend des Johannistages (23. Juni) muß man die Blüten sammeln und einen Strauß davon unters Dach der Almhütten oder hinter die Kruzifixe und Heiligenbilder stecken, damit der Blitz nicht einschlägt. In einigen Gegenden wird die Arnika seit altersher „Tabaksblume" genannt, weil die gepulverten Blätter seinerzeit als Zusatz zum Schnupftabak Verwendung fanden. Am häufigsten ist die Arnika im Volk aber als „Wundkraut" bekannt und beliebt, weil die Arnikatinktur stark desinfizierende Wirkung ausübt.

84 ROSSKOPFHÜTTE-HOLZALPL

AP ist die Bergstation der „Markbachjoch-Gondelbahn" (1.448 m), von der wir zuerst der Markierung in Richtung Anton Graf-Hütte und später zur Norderberg-Alm folgen, die in ¹/₂ Std. erreicht wird (Jausenstation, 4 Kühe, 12 Stück Jungvieh). Nun durch Wald im Auf und Ab – längs der Nordseite des Roßkopfs – bis hinaus auf die freien Lagen des Holzalpls (1¹/₄ Std.) mit der als Jausenstation geführten Hütte (1.530 m).

Bewirtschaftungszeit: Ende Mai – Ende Oktober.

Besitzer: Stefan Riedmann, Wildschönau.

Viehbestand: 13 Kühe, 40 Stück Jungvieh.

Almprodukte: Die Milch wird am Heimhof teilweise zu Käse verarbeitet und dieser auf der Hütte angeboten.

Wandervorschlag: Aufstieg von Oberau über die „Holzalmhöfe" in 2 Std. zur Hütte. Aufstieg auf den Roßkopf in ¹/₂ Std. Weiterweg über Prenterjöchl und Horler-Stiegl zur Holzalm-Kasalm in 1 Std.

Karte: Kompaß WK Nr. 81.

Roßkopfhütte.

85 KOTHAHORN-ALM

AP ist die Bergstation der „Gerlosstein-Seilbahn" im Zillertal, von der man nahezu eben das „Arbiskögerl" in einem Halbkreis umrundet und bereits nach 20 Min. die Hütte der neuen und in weiteren 10 Min. die urigen Hütten der alten Kothahorn-Alm erreicht (1.630 m). Jausenstation. Prachtvoll ist der Tiefblick auf das Zillertal.

Bewirtschaftungszeit: Anfang Juni – Anfang September.

Besitzer: Friedl Eberharter, Zell am Ziller, Rohrerstraße 18.

Viehbestand: 15 Kühe, 12 Stück Jungvieh. Es werden Bergkäse und Tilsiter erzeugt.

Wandervorschlag: Von der Bergstation in 2 Std. auf die Gerlossteinwand (2.166 m); in ¹/₂ Std. zur Karl-Alm.

Karte: Kompaß WK 037.

86 BODEN-ALM

AP ist das Gh. Häusling im Zillergrund bei Mayrhofen (Mautstraße). Ein gut gesicherter, mit Steinplatten ausgelegter Steig führt uns steil aufwärts. Nach der Felsstufe wird das Gelände flacher; den Talschluß über dem weiten Almboden bildet der Grundschartner mit seinen Gletschern. Die auf 1.670 m gelegenen Hütten (beim Lawinenabgang von 1976 wurden von den 11 Hütten 5 zerstört) erreichen wir nach 2 Std. Gemeinschaftsstall, Sennhütte und eine weitere Hütte wurden neu aufgebaut.

Bewirtschaftungszeit: Ende Juni – Anfang September.

Besitzer: Agrargemeinschaft (4 Mitgl.); 2 Hütten sind ständig bewirtschaftet. Bei der Hütte von Franz Rahm, Schwendau 284 / Mayrhofen, erhalten die Wanderer Milch und andere Getränke.

Viehbestand: 40 Kühe, 20 Stück Jungvieh, 20 Schafe. Milch täglich mit der Materialseilbahn ins Tal. Im August wird am Hochleger (2.200 m) händisch gemolken (Milchleitung bis zur Alm).

Wandervorschlag: In 1 Std. bis zum Talschluß.

Karte: Kompaß WK 037.

Die Boden-Alm im hintersten Zillergrund.

87 KARL-ALM

AP ist die Kothahorn-Alm, von der man die Karl-Alm (1.750 m) auf gutem Pfad in mäßigem Auf und Ab in ¹/₂ Std. erreicht. Hervorragender Ausblick ins Vordere und Hintere Zillertal sowie auf Ahornspitze und Penken. Neben der romantischen Hütte und dem alten Stall wurde 1996 ein neuer Stall mit moderner Käserei errichtet.

Bewirtschaftungszeit: Ende Mai – Anfang Oktober.

Viehbestand: 10 Kühe, 10 Stück Jungvieh. Die Milch wird zu Bergkäse, Tilsiter und Graukäse verarbeitet. Spezialität der Jausenstation: Melkermuas mit Granten (Preiselbeeren).

Wandervorschlag: In 2 Std. Abstieg über den Laberg (1.778 m) nach Brandberg und Rückfahrt mit dem Bus nach Mayrhofen.

Karte: s. oben.

Auf der Karl-Alm.

88 KAINZENHÜTTEN-ALM

AP wie Boden-Alm, jedoch weiter im eindrucksvollen Zillergrund mit seinen Wasserfällen taleinwärts bis zum Gh. Au. Zu Fuß von hier das ebenso beeindruckende Seitental des Sundergrundes mit den Gletschern von Kainzenkar und Wollbachspitze im Hintergrund taleinwärts. In 1 Std. erreichen wir die als Jausenstation geführte zünftige Hütte auf 1.556 m.

Bewirtschaftungszeit: Anfang Juni – Anfang Oktober. Der Almauftrieb erfolgt per LKW, der Almabtrieb jedoch zu Fuß über das benachbarte Hundskehljoch (2.557 m; Staatsgrenze) in 12 Stunden.

Besitzer: Fam. Künig, St. Peter / Ahrntal, Niederleiter 64 (Südtirol).

Viehbestand: 12 Kühe, 15 Stück Jungvieh. Milch wird täglich ins Tal abgeführt.

Wandervorschlag: In 1 Std. über die Mitterhütten-Alm zur Schönhütten-Alm (1.771 m).

Karte: Kompaß WK 037.

Kainzenhütten-Alm.

89 GUNGGL-ALM

AP ist Ginzling bei Mayrhofen, von wo man noch 1 km in Richtung Schlegeis fährt und an der Straße das Schild „Maxhütte" (die Jausenstation der Gunggl-Alm) findet. Ein zügiger Aufstieg führt auf dem teilweise mit Steinplatten ausgelegten alten Almweg zuerst durch Wald, später entlang des Gungglbaches in 1¼ Std. in das unberührte Hochtal hinauf. An seinem Anfang stehen die beiden urigen Almhütten auf 1.449 m und etwas abseits der Gemeinschaftsstall und die Jausenstation, die sich Berggasthof „Maxhütte" nennt.

Bewirtschaftungszeit: Ende Mai – Ende Oktober. Die beiden Besitzer Hermann Fiegl, Kamping / Aufenfeld, und Maria Fleidl, Thurnbach, wirtschaften gemeinsam.

Viehbestand: 26 Kühe, 20 Stück Jungvieh, 50 Schafe. Milch täglich mittels Materialseilbahn ins Tal.

Wandervorschlag: In 3½ Std. auf die Melkerscharte (2.814 m) direkt unterhalb der Zsigmondyspitze (bis unterhalb der Melkerscharte einfach, nachher Trittsicherheit!).

Karte: Kompaß WK 037.

Gunggl-Alm.

90 GRIER-ALM

AP ist Juns bei Lanersbach im Tuxertal, wo am Ortsbeginn die Alm-Forststraße (Hinweisschild) abzweigt. Sie ist gleichzeitig als Winter-Rodelbahn ausgebaut und darf bis zur Alm auf 1.786 m befahren werden. In weiten Kehren bringt sie uns in 1½ Std. zu Fuß durch Hochwald bis an den Rand der Almkare hinauf. Die als Alm-Gasthaus errichtete neue Hütte und der 10 Min. entfernte, große neue Almstall werden von den Felsflanken des Schmittenbergs und des Höllensteins eingerahmt.

Bewirtschaftungszeit: Juni – Oktober.

Besitzer: Fam. Wildauer vlg. Lackner, Ried im Zillertal.

Viehbestand: 60 Kühe, 25 Stück Jungvieh, 50 Schafe (teilw. Zinsvieh; angestellter Melker). Die Milch wird täglich ins Tal geliefert.

Wandervorschlag: In 1 Std. zur Höllensteinhütte (1.710 m), in 1¼ Std. nach Hintertux.

Karte: s. oben.

Grier-Alm im Tuxertal.

91 NASSE TUX-ALM

AP ist Vorderlanersbach b. Mayrhofen, von wo man die Bergstraße bis zum Gh. Geislerhof (1.611 m) befahren kann (P). Auf breitem Almweg gelangen wir von hier in einer ³/₄ Std. zu den 5 Hütten auf 1.843 m im weiten, begrünten Hochkar, das von Nederjoch und Torspitze begrenzt wird. 3 Hütten mit ihrem sonnengegerbten Lärchenholz sind noch alt, 2 Hütten samt Stall in ansprechendem Stil neu errichtet worden. Etwa 200 m höher befindet sich der Hochleger (Hochalm) mit einem großen neuen Stall.

Bewirtschaftungszeit: Ende Mai – Anfang Oktober.

Besitzer: Agrargemeinschaft (Obmann: Josef Oblasser, Mayrhofen) mit 6 Mitgliedern, die alle ihre Anteile selbst bewirtschaften.

Viehbestand: 150 Kühe, 50 Stück Jungvieh. Die Milch wird täglich ins Tal geliefert.

Wandervorschlag: In 1¹/₂ Std. auf das Nederjoch (2.100 m) und in weiterer ¹/₂ Std. zur Vollruck-Alm (2.132 m).

Karte: Kompaß WK 037.

Nasse Tux-Alm bei Mayrhofen.

92 HOB-ALM

AP ist Vorderlanersbach, wo man bis knapp vor die Abzweigung zum Gh. Geislerhof (s. oben) hinauffährt (P für einige Autos). Von hier folgt man auf der guten Almstraße dem Schild „Hob-Alm" über die steilen Bergmähder des „Geiselangers" bis knapp vor die Hütten der Geisel-Alm aufwärts und wandert nun noch in das breite Almtal des Hobarbachs hinunter zu den 9 Hütten der Hob-Alm auf 1.850 m, die man nach einer ³/₄ Std. erreicht. Der breite, wellige Talhintergrund wird von Hobarjoch, Eiskarspitze und Hippoldspitze begrenzt.

Bewirtschaftungszeit: Mitte Juni – Mitte September.

Besitzer: Agrargemeinschaft mit 9 Mitgliedern, die alle ihre Anteile gesondert bewirtschaften. Alle Hütten sind modernisiert (Obmann: Franz Geisler, Finkenberg 513).

Viehbestand: 120 Kühe, 90 Stück Jungvieh. Die Milch wird täglich ins Tal geliefert.

Wandervorschlag: 1) In 1 Std. zur Vallrock-Alm. 2) In 1 Std. auf das Geischjoch (2.292 m).

Karte: s. oben.

Das kleine Almdorf der Hob-Alm mit insgesamt 9 Hütten.

93 JUNS-ALM (STOANKASER)

AP ist der Weiler Juns (P „Alte Mühle" an der Straße nach Hintertux). Ein schöner Pfad (Nr. 322) durch Wald kürzt den guten Weg zur Alm mehrmals ab. Sobald die weiten Almflächen sichtbar werden, geht es flacher zum Niederleger (Niederalm) Juns-Alm mit einigen Hütten und Mähwiesen auf 1.767 m. Unterwegs Prachtausblicke auf die Tuxer Gletscherwelt mit dem Olperer. Linkerhand des Almweges bildet der Junsbach kleine Wasserfälle. Nach 2 Std. erreichen wir zuerst die alten Hütten des Almdorfes und dahinter den großen Gemeinschaftsstall und die Sennhütte (gleichzeitig Jausenstation) auf 1.985 m.

Bewirtschaftungszeit: Anfang Juni – Anfang Oktober (die trocken-warme Lage des inneralpinen Zillertales erlaubt trotz der großen Höhe relativ frühe Auftriebe).

Besitzer: Agrargemeinschaft mit 11 Mitgliedern aus Mayrhofen und Tux.

Almmeister: Peter Erler, Lannersbach / Innertal.

Viehbestand: 110 Kühe, 20 Schweine. Ein Käsemeister verarbeitet die Milch zu Bergkäse und Tilsiter. Ein Teil des Käses wird auf der Alm, der größere Teil bei der Hotellerie des Tales abgesetzt.

Wandervorschlag: 1) In 1¹/₂ Std. auf die Grüblspitze (2.395 m) und weiter über das Ramsjoch in einer ³/₄ Std. zu den Torseen (2.250 m). 2) In 1 Std. zum Junsjoch (2.484 m).

Karte: Kompaß WK 037.

Untere Juns-Alm im Vorfeld der Tuxer Gletscherberge.

94 LACKEN-ALM

AP ist das östliche Ende der Ortschaft Gerlos, von wo man noch 1 km das breite Schönachtal einwärts bis zum P fahren kann. Von hier aus begehen wir das sich nur auf einem kurzen Stück verengende Tal, das später wieder breiter wird und sich nach Süden bis zu den Gletschern der Wildgerlos-Spitze hineinzieht. Bereits nach 20 Min. erreichen wir die bewirtschafteten Hütten der Stinkmoos-Alm und nach insgesamt ³/₄ Stdn. die Lacken-Alm auf 1.405 m mit ihrem neuerbauten Almgebäude und der Jausenstation.

Bewirtschaftungszeit: Anfang Juni – Ende September.

Besitzer: Agrargemeinschaft mit 4 Mitgliedern. Alle bewirtschaften eigene Almstallungen.

Viehbestand: 65 Kühe, 30 Stück Jungvieh. Die Milch wird täglich ins Tal geführt.

Wandervorschlag: 1) In 2¹/₂ Std. über die Stackerl-Alm (1.850 m) auf die Kirchspitze (2.312 m). 2) In 1¹/₂ Std. auf den Arbiskogel (2.048 m). 3) Über die Lahner-Alm in 1¹/₂ Std. auf die Lahnerhöhe (1.964 m).

Karte: Kompaß WK 037.

Stinkmoos-Alm auf dem Weg zur Lacken-Alm.

95 WIMMERTAL-ALM

AP ist Gmünd bei Gerlos, von wo aus eine gute Almstraße in das einsame Wimmertal auf 1.375 m hinaufführt. Von steilen Bergen flankiert, gelangt man in einer ³/₄ Std. zum idyllisch gelegenen kleinen Almdorf mit seinen 11 zünftigen Hütten mit ihren steinbeschwerten Schindeldächern. Den Hintergrund des Tales bilden Rotkopf und Schneekarkopf mit ihren Gletschern.

Bewirtschaftungszeit: Anfang Juni – Ende September (festlicher „Gerloser Almabtrieb").

Besitzer: Agrargemeinschaft (Obmann: Wilfried Kopfner, Rohr b. Zell am Ziller). *Bewirtschafter* der Hütte mit Jausenstation: Johann Gruber, Straß 63, 6261 Zell.

Viehbestand: 150 Kühe, 90 Stück Jungvieh. Jeder Bauer melkt selbst. Auf den Hochlegern Schlag-Alm und Grund-Alm wird im August noch mit der Hand gemolken.

Wandervorschlag: 1) In 1 Std. auf die Grund-Alm (1.685 m). 2) In einer ³/₄ Std. auf das Jöchl (1.662 m).

Karte: s. oben.

Urige Stallung auf der Wimmertal-Alm.

Kitzbühler Alpen / Pinzgau

In den Kitzbühler Alpen und im Pinzgau liegt der Kernraum der österreichischen Almen

Die Kitzbühler Alpen bilden, zusammen mit dem im Umkreis des Kaisergebirges liegenden Gemeinden und dem Pinzgau, wohl den Kernraum der österreichischen Almwirtschaft, auf den mehr als ein Sechstel aller Almen überhaupt entfällt. Hier wird das Landschaftsbild durch die Hochweiden geprägt, und alle Bergrücken sind mit einer großen Zahl von Almen besetzt, die sich vielfach direkt aneinanderreihen.

Von den rund 1.800 Almen liegen etwa 700 mit 12.000 Kühen in den direkten Kitzbühler Alpen, 300 im Oberpinzgau und in Pinzgauer Tauerntälern und 600 in den Pinzgauer Kalk- und Schieferalpen. Reine Kuhalmen gibt es nur 7%; hingegen werden rund 60% der Almen gemischt bestoßen.

Die alten politischen Grenzen wirken hier auch in der Bewirtschaftungsstruktur nach; so gehörte ja dieser Teil Tirols zum Erzbistum Salzburg, und noch heute existiert eindeutig die „Dialektgrenze", welche das Inntal an der Mündung der Ziller vom übrigen Tirol trennt; hier sind die Grenzen zwischen den Bistümern Innsbruck und Salzburg gelegen. Die Landwirtschaftsbetriebe sind größer als in den übrigen Berggebieten Österreichs, und so verfügen alle auch über eigene Almen; zu den Besitzungen gehören auch nicht unbeträchtliche Bauernwälder.

Noch vor dem Zweiten Weltkrieg wurde meist das gesamte Vieh während des Sommers auf die Alm getrieben, und erst in den Jahrzehnten nachher hat sich die Situation so verlagert, daß derzeit hauptsächlich das Jungvieh und einige Kühe die Almen bestoßen. Ein wesentlicher Teil der Milchkühe bleibt im Tal, damit man dort Milch- und Milchprodukte an die Touristen verkaufen kann.

*Foto umseitig:
Kallbrunn-Alm.*

96 BAUMGART-GRUNDALM

AP ist entweder die Haferl-Grundalm (s. S. 90) mit Auffahrt zum Wildkogel und sodann noch ½ Std. (= insgesamt 1½ Std.); oder von Obermühlbach (Gh. Bergkristall) in 2 Std. zur wunderschön unterhalb des Großen Rettensteins gelegenen klassischen Almhütte (1.400 m), die sich zu Recht auch „Bergkäserei" nennt.

Bewirtschaftungszeit: Anfang Juni – Ende September. Anfang Juli kommen die Tiere drei Wochen auf die „Hochalm", dann wieder zurück zur „Grundalm" und später nochmals zur „Hochalm", die 300 m höher liegt.

Besitzer: „Agrargemeinschaft Baumgartalm" mit 5 Mitgliedern aus Bramberg und Hollersbach.

Bewirtschafter: Käsemeister Franz Hofer, Bramberg, der zusammen mit 2 Melkern 80.000 kg Milch in einer Almsaison zu 7 Tonnen Käse und rund 800 kg Butter verarbeitet.

Viehbestand: 70 Kühe.

Almprodukte: Pinzgauer Bergkäse mit einem Gewicht der Laibe von 50 kg (!). Die Hütte wird bei Bedarf als Jausenstation geführt.

Wandervorschlag: In 1½ Std. auf das Schöntaljoch (2.029 m) oder in 1½ Std. über die Geitel-Alm zur Wildkogel-Seilbahn.

Karte: Kompaß WK Oberpinzgau.

Die 50 kg schweren Käselaibe werden aus dem Salzbad gehoben.

Die Baumgart-Grundalm in den Kitzbühler Alpen.

97 HAFERL-GRUNDALM

AP ist Neukirchen am Großvenediger, von wo aus man mit der Seilbahn auf den Wildkogel fährt (2.091 m). Von hier über Gh. Rettenstein der Markierung des sog. „Almwanderweges" folgend bis zur urigen Haferl-Grundalm (ca. 1.600 m), die in das Bergrund zwischen Gr. Rettenstein und Wildkogel eingebettet liegt (Gehzeit: 1 Std.).

Bewirtschaftungszeit: Mitte Juni – Ende September. Im Juli wird das Jungvieh auf die Haferl-Hochalm (1.841 m) getrieben, wo seinerzeit gekäst wurde.

Besitzer: Johann Schösser, Mühlbach.

Viehbestand: 11 Kühe, 25 Stück Galtvieh, mehrere Schweine.

Almprodukte: Butter, Pinzgauer Käse. (Die Hütte wird nicht direkt als Jausenstation geführt, aber Vorbeikommende erhalten Kostproben.) Johann Schösser hat in groben Zügen verraten, wie der *Pinzgauer Käse* hergestellt wird: Ein Teil der Milch wird zentrifugiert und mit Vollmilch im Verhältnis 3:2 gemischt. Sodann wird auf 38° C erwärmt, eingelabt und $\frac{1}{2}$ Std. stehen gelassen. Es wird umgerührt und nochmals $\frac{1}{2}$ Std. stehen gelassen. Nun wird der „Satz" herausgeschöpft, zerkleinert und in Holzrahmen (Käseform) gepreßt, wobei die Molke herausrinnt. Anschließend wird beschwert und 1 Tag gepreßt; hierauf mehrwöchige Reifezeit.

Wandervorschlag: Über den Gr. Rettenstein (1.845 m) in $1\frac{1}{2}$ Std. zurück zur Wildkogel-Bergstation.

Karte: Kompaß WK Oberpinzgau.

Der „Satz" wird in die Käselaib-Form gebracht.

Schweine sind auf allen Almen wichtige Verwerter der Magermilch.

98 MÖRTL-ALM (GLETSCHERBLICK-ALM)

AP ist der Gerlospaß, von dem aus man noch bis zur Platten-Alm auf der Gerlosplatte (1.697 m) fahren kann. Von dort sind es nur 20 Min. zur Alm; oder man geht beim Filzsteinhaus an der Gerlosstraße los und erreicht die Mörtl-Alm (1.850 m) in 1½ Std. Die „Gletscherblick-Alm" ist aus der Mörtl-Alm durch Erbteilung entstanden (die Fam. Lerch hat sich damit eine neue Existenz geschaffen). Der Name „Gletscherblick-Alm" wurde wegen des Prachtblickes nach Süden auf das Wildgerloskees gewählt; auch auf den Speichersee Durlaßboden schaut man direkt hinunter.

Bewirtschaftungszeit: Mitte Juni – Ende September. Die vor einigen Jahren neu erbaute Hütte wird als „Almbuffet" geführt.

Besitzer: Erich Lerch, Bicheln / Bramberg.

Viehbestand: 8 Kühe, 30 Stück Galtvieh (teils Zinsvieh).

Almprodukte: Butter, Pinzgauer Käse.

Wandervorschlag: Über den Plattenkogel (2.039 m) zur Gerlosplatte / Platten-Alm in 2 Std.

Karte: Kompaß WK Oberpinzgau.

Blick zur Alten Mörtl-Alm.

99 FÜRTHERMOAR-ALM

AP ist Kaprun, von wo aus man bis zum Alpengasthaus Kessel-fall fahren kann (P). Von hier geht es mit dem Autobus bis zum Schrägaufzug und sodann nochmals mit Autobussen, vorbei an der berühmten Limbergsperre, weiter bis zur Fürthermoar-Alm auf 1.805 m, die am Ebmattenboden oberhalb des „Wasserfall-boden-Stausees" und unterhalb des Moserbodens liegt. Die alte Hütte mußte 1949 dem Stausee weichen. Vor einigen Jahren wurde ein moderner Stall gebaut.

Bewirtschaftungszeit: Anfang Juli – Ende September.

Besitzer: Fam. Aberger, Piesendorf.

Viehbestand: 55 Kühe, 800 Schafe (Zinsvieh; davon ca. 400 Stück aus Bayern). Die Hütte wird als Jausenstation geführt.

Almprodukte: Butter, Pinzgauer Käse, selbstgebrannter Enzianschnaps. Die Familie Aberger ist sehr traditionsbewußt, und so wird besonders auch der Almabtrieb mit „aufgekränzten" Kühen durchgeführt; im Festzug ist sogar ein „Kasermandl" mit dabei.

Wandervorschlag: 1) in einer ³/₄ Std. zur „Heidnischen Kirche" am oberen Stausee (2.036 m). 2) In 2¹/₂ Std. zum Schwaigerhaus (2.802 m). 3) In 3 Std. auf den Grießkogel (2.669 m; Gletschererfahrung notwendig).

Karte: Kompaß WK, Glocknergruppe / H. Tauern.

Mit diesen bestickten Stirnbörtln werden die Kühe zum Almabtrieb aufgekränzt.

Fürthermoar-Alm am Kitzsteinhorn.

100 WAGER-ALM

AP ist die Felbertauernstraße, wo im Amertal, einige Kilometer vor dem Felbertauerntunnel, die „herrschaftlich" wirkenden Gebäude der Wager-Alm (1.263 m) schon von der Straße her auffallen. Man parkt das Auto an passender Stelle und geht sodann kaum 10 Minuten zur Alm hinüber, deren gemauertes und weißgetünchtes Haus sich unterhalb von Archenkopf (Wolfram-Steinbruch) und Brentling in ein weites Alm-

gelände schmiegt. Die Hausfront ist – für ein Almgebäude sehr ungewöhnlich – mit prachtvollen Fresken der Heiligen Georg und Katharina sowie einem „Herrgotts-Auge" und einem Marien-Medaillon geschmückt.

Besitzer: Sebastian Steger, Mittersill.

Viehbestand: Bis vor einigen Jahren wurden auf der Wager-Alm Traber-Stuten gezüchtet. Die Pferdezucht musste 2005 aber wieder der Rinderhaltung weichen. Derzeit werden wieder 60 Stück Galtvieh (Zinsvieh) aufgetrieben. Kein Jausenstationsbetrieb.

Karte: Kompaß WK Glocknergruppe / Hohe Tauern.

Die Heiligen Georg und Katharina sowie ein Marien-Medaillon zieren die Front des Almhauses auf der Wager-Alm.

101 MEILINGER-ALM

AP s. S. 94, Hintersee-Alm. Die neu errichteten Gebäude liegen wenige Meter neben der Zufahrtsstraße zum Hintersee (1.300 m). – Im März 1997 hatte eine Staub- und Grundlawine den Stall voll weggerissen und die Hütte (s. Bild unten) praktisch völlig zerstört. Der Stall stammte aus dem Jahre 1863, und die Hütte war 1948 nach einem Lawinenschaden neu errichtet worden. 1998 waren dann Hütte und Stall wohl an derselben Stelle, aber, nun in den Hang hineingestellt, wieder neu aufgebaut worden. Der Besitzer meinte: „Den Großvater und mich hat es mit der Lawine erwischt; der Vater ist in seiner Wirtschaftszeit verschont geblieben, aber deswegen geben wir unsere Alm nicht auf!" (Eine erschwingliche Versicherung in so exponierter Lage gegen Lawinenschaden gibt es übrigens nicht!)

Bewirtschaftungszeit: Mitte Mai – Ende September.

Besitzer: Fam. Hochfilzer, Mittersill. Die neue Hütte wird als Jausenstation geführt.

Viehbestand: 26 Kühe, 30 Stück Galtvieh.

Almprodukte: Butter (aber auch Preßknödel usw.).

Wandervorschlag und Karte: s. Hintersee-Alm.

Lawinenschaden 1997 auf der Meilinger-Alm.

102 REITER- ALM

AP ist die Felbertauernstraße in der Nähe der Abzweigung zum Hintersee und P für Besuch der Schößwendklamm. Von hier auf Almweg 30 Min. hinauf zur urigen Hütte (ca. 1.300 m), von der man einen ausgezeichneten Blick auf das Felbertal hat.

Bewirtschaftungszeit: 20. Mai – 20. September.

Besitzer: Fam. Reiter, Mittersill. (1998 besorgten die Altbauern die Sennerei.) Jausenstation.

Viehbestand: 11 Kühe, 20 Stück Galtvieh.

Almprodukte: Butter.

Wandervorschlag: Weiterfahrt zum Hintersee.

Karte: Kompaß WK Oberpinzgau.

Reiter-Alm mit Blick zum Felbertauern.

103 HINTERSEE-ALM

AP ist das Hinweisschild „Hintersee" bei der großen Kehre der Felbertauernstraße. Von hier aus fahren wir noch an die 3¹/₂ km (vorbei an der Meilinger-Alm) bis zum P vor dem Hintersee. Nach wenigen Minuten erreichen wir den großartig im Talschluß gelegenen See mit dem dahinterliegenden neuen Almstall. Auf der Alm (1.324 m) werden Mutterkühe und Galtvieh gehalten.

Besitzer: „Agrargemeinschaft Hintersee". Hier befindet sich auch die urige Jausenstation „Gamsblick", mit Blick zum gewaltigen „Schleierfall" und zum Talschluß des Felbertauern.

Wandervorschlag: In 2¹/₂ Std. über den alten Saumweg auf den Felbertauern (2.400 m) oder in 3¹/₂ Std. zur St. Pöltnerhütte (2.481 m).

Karte: s. oben.

Auf der Hintersee-Alm unterm Felbertauern.

Die romantische Moar-Alm.

104 MOAR-ALM

AP ist das Hotel „Habachklause" zwischen Bramberg und Neukirchen, von wo aus wir zunächst einem „Geo-Lehrpfad" bergauf folgen. Nach seinem Ende steigen wir weiter im wunderschönen Habachtal aufwärts, kommen an der Enzianhütte und dem Gh. Alpenrose vorbei und erreichen schließlich nach 2 Std. die besonders romantische Hütte der Moar-Alm (1.410 m), die 1771 erbaut wurde und noch im Urzustand erhalten ist (!). Prachtvoll erstreckt sich das Almgelände vor dem Eis des Habachkeeses.

Bewirtschaftungszeit: Anfang Juni – 20. September.

Besitzer: Fam. Nindl vlg. Moa, Habach. (Frau Erni Nindl wirtschaftet auf der Alm, in den Ferien unterstützt von ihren Töchtern.)

Viehbestand: 30 Kühe, 30 Stück Galtvieh.

Almprodukte: Butter und Käse. 400 kg Milch werden pro Tag zu Pinzgauer Bierkäse verarbeitet (hier $^2/_3$ Mager- und $^1/_3$ Vollmilch). Pro Tag werden derart 4 Laibe hergestellt. Die Reifezeit beträgt 6–7 Wochen; bis zum Verkauf müssen die Laibe jeden 2. Tag feucht abgewischt und umgedreht werden. Jausenstation.

Wandervorschlag: In 2 Std. zur Neuen Thüringerhütte (2.212 m – eine bequemere und eine steilere Wegvariante).

Karte: Kompaß WK Oberpinzgau.

An die 10 kg wiegt jeder Laib des feinlöchrigen Pinzgauer Bierkäses.

Hübsch im Model verziert, wird die Butter den Wanderern angeboten.

105 FINK-ALM

AP ist Neukirchen, von wo wir bis zum „Schiedhof", am Beginn des Untersulzbachtales, hinüberfahren. Von hier weg folgen wir über das „Plattkreuz" einem „Geo-Lehrweg" (ehemaliger Kupferbergbau). An dessen Ende gibt es auch ein Schaubergwerk. Gleichzeitig überwinden wir die Steilstufe und erreichen den flachen Boden des Untersulzbachtales, das sich bis zum Untersulzbachkees des Großvenedigers nach hinten zieht. Nach 1³/₄ Std. erreichen wir die Fink-Alm mit ihrer urigen Hütte (1.450 m), die auf der Sonnseite oberhalb des Talbodens liegt und als Jausenstation geführt wird.

Bewirtschaftungszeit: Mitte Juni – Ende September.

Besitzer: Josef Maier, Wald.

Viehbestand: 25 Kühe (teils Lehnvieh), 25 Stück Galtvieh.

Almprodukte: Butter, Pinzgauer Käse (der hier aus ¹/₂ Voll- und ¹/₂ Magermilch hergestellt wird). Gleich unterhalb liegt die Stocker-Alm, wo nur noch Mutterkuhhaltung betrieben wird.

Wandervorschlag: Von der Stocker-Alm bis zur Achach-Alm auf 1.634 m (1 Std.).

Karte: Kompaß WK, Oberpinzgau.

Quirl zum Durchrühren der Milch.

Fink-Alm im Untersulzbachtal.

106 HÖLZLAHNER-ALM

AP sind die Parkplätze an den Krimmler Wasserfällen, an deren gewaltigem Naturschauspiel vorbei man in das Krimmler Achental hinaufsteigt; es zählt wohl zu den schönsten Tälern der Ostalpen. Nach 1½ Std. erreicht man die Hölzlahner-Alm und die nahebei gelegene Sölln-Alm. Erstere wird seit einigen Jahren nur noch als Gasthaus geführt. (Besonders festzuhalten ist übrigens, daß der Inhalt der Klärgruben sämtlicher Gaststätten und Jausenstationen ins Tal abgeführt wird!).

Wandervorschlag: s. unten.

Hölzlahner-Alm oberhalb der Krimmler Wasserfälle.

107 SÖLLN-ALM

AP wie oben; die Sölln-Alm liegt 10 Min. nach der Hölzlahner-Alm auf 1.560 m. Die zünftige, renovierte Hütte wird als Jausenstation geführt. Die Sölln-Alm gehört schon seit alten Zeiten einer Familie aus St. Jakob im Südtiroler Ahrntal, und bis vor 20 Jahren wurden sogar noch die Kühe über den Krimmler Tauern (2.633 m) herübergetrieben. Heute geschieht dies nur noch mit dem Galtvieh. (Um 2 Uhr früh wird weggetrieben, und um 11 Uhr ist man herüben.)

Bewirtschaftungszeit: Mitte Juni – 20. September.

Viehbestand: 8 Kühe, 20 Stück Galtvieh.

Almprodukte: Butter, Pinzgauer Käse.

Wandervorschlag: 1) In einer ¾ Std. zum Krimmler Tauernhaus (1.622 m). 2) Vom Krimmler Tauernhaus in 2 Std. zum Rainbachsee (2.404 m). 3) Vom Krimmler Tauernhaus in 2½ Std. zur Warnsdorfer-Hütte (2.324 m).

Karte: Kompaß WK Oberpinzgau.

Die seinerzeit zum Butterrühren eingesetzte Wasserkraft dient nun auf der Sölln-Alm spaßhalber zum Holzhacken.

108 LINDLING-ALM

AP ist Lengau bei Hinterglemm, von wo man mit dem sog. „Talschlußzug" (traktorgezogene Waggons) bis zur Lindling-Alm auf 1.310 m fahren und sich eine ³/₄ Gehstunde ersparen kann. Die unterhalb des Staffkogels gelegene Niederalm wird mit Kühen und Galtvieh bestoßen. Neben der urigen alten Almhütte ist aber (s. Bild) das große neue Almrestaurant entstanden. Dennoch wird in der alten Hütte noch gekäst und ein vorzüglicher Pinzgauer Käse erzeugt. Da dies gleichzeitig als „Schaukäsen" für die Gäste erfolgt, ist damit auch ein Werbeeffekt für die Almwirtschaft verbunden.

Die alte Almhütte ist neben dem neuen Almrestaurant noch immer in Betrieb.

Wandervorschlag: 1) In ¹/₂ Std. zur Forsthof-Alm oder 1 Std. über die Osmann-Alm zur Saal-Alm. 2) In 2 Std. auf die Schusterscharte (2.010 m) und weiter in ¹/₂ Std. auf den Schusterkogel (2.207 m).

Karte: Mayr, Saalbach / Hinterglemm.

Auf der Lindling-Alm wird nach wie vor gekäst.

109 PANORAMA-ALM

AP ist Saalbach, von wo man mit der „Kohlmaisbahn" auf 1.794 m hinauffährt und sodann ¹/₄ Std. zur Panorama-Alm (1.650 m) absteigt, die ihrem Namen voll gerecht wird. Die Fam. Röck aus Saalbach hat hier ein modernes „Alm-Ensemble" mit Restaurant und stilgerecht erbautem Almstadel geschaffen, das nur noch in den Baulichkeiten einer echten Alm entspricht. Immerhin wird noch Zins-Galtvieh auf die vorhandenen Almflächen aufgenommen.

Wandervorschlag: 1) In 1 Std. zur Wildenkarhütte (1.910 m). 2) Über den „Saalachtaler Höhenweg" in 1¹/₄ Std. auf den Barnkogel (1.709 m) und über Maisereck (1.675 m) und Kohlmaiskopf (1.794 m) in 1 Std. zurück.

Karte: s. oben.

Panorama-Alm.

110 FORSTHOF-ALM

AP ist die Lindling-Alm, die wir über Hinterglemm / Lengau erreichen. Die urige Hütte (1.500 m) liegt direkt unterhalb von Steffkogel und Henlabjoch, und wir gelangen zu ihr auf angenehmem Almweg in 1½ Std. von der Lindling-Alm.

Bewirtschaftungszeit: Anfang Juni – Ende September.

Besitzer: Fam. Breitfuß, Maishofen.

Viehbestand: 15 Kühe, 60 Stück Galtvieh. Die Milch wird täglich abgeführt. Die Hütte wird als Jausenstation geführt. Die vorhandene urige Rauchküche (s. Bild) wird derzeit nicht benützt.

Wandervorschlag: In ½ Std. zur Eibing-Hochalm und in einer weiteren ½ Std. zum Henlabjoch (1.860 m).

Karte: Mayr, Saalbach / Hinterglemm.

Die alte Rauchküche auf der Forsthof-Alm.

Forsthof-Alm bei Saalbach / Hinterglemm.

111 SAAL-ALM

AP ist die Lindling-Alm, von der wir längs der jungen Saalach und einem „Wanderlehrpfad" in einer ¾ Std. zum Talschluß mit der Hütte auf der Saal-Alm gelangen (1.447 m). Im romantischen Talschluß stäuben überall Wasserfälle herunter. Bis 1780 war die Saal-Alm eine Knappenhütte (Kupferbergbau).

Bewirtschaftungszeit: Anfang Juni – Oktober.

Besitzer: Fam. Wartbichler, Dechantshofen. Die Hütte wird als Jausenstation geführt.

Viehbestand: 60 Stück Galtvieh (auch Zinsvieh).

Wandervorschlag: 1) In 1 Std. auf das Saaljoch (1.876 m) und in 1 weiteren Std. auf den Tristkogel (2.095 m). 2) Vom Saaljoch in ½ Std. auf den Saalkogel (2.007 m) und von dort in einer ¾ Std. über das Oberreiter Joch (1.903 m) auf den Staffkogel (2.115 m).

Karte: s. oben.

112 REITER-ALM

AP ist Hinterglemm, von wo wir entweder in 1 Std. über die Sonn-Alm ansteigen, oder wir fahren mit dem Reiter-kogel-Lift hinauf auf 1.455 m und wandern in $1/2$ Std. hinüber zur Reiter-Alm (1.540 m) mit ihrer romantischen Hütte, die immer im Blumenschmuck prangt.

Bewirtschaftungszeit: Anfang Juni – Ende September.

Besitzer: Fam. Adelsberger, Hinterglemm.

Viehbestand: 15 Kühe, 80 Stück Galtvieh.

Almprodukte: Butter, Pinzgauer Käse. Jausenstation.

Wandervorschlag: 1) In $1/2$ Std. zum Wetterkreuz (1.663 m) und in einer weiteren $1/2$ Std. auf den Bernkogel (1.740 m). 2) In einer $3/4$ Std. auf den Reiterkogel (1.818 m) und in einer weiteren $1/2$ Std. auf das Hasenauerköpfel (1.790 m).

Karte: Mayr, Saalbach / Hinterglemm.

Die Reiter-Alm bei Hinterglemm mit ihrem prächtigen Blumenschmuck.

113 PFEFFER-ALM

AP ist Hinterglemm, von wo wir in einer $3/4$ Std. gemütlich über den Almweg zur urigen Hütte (1.360 m) gelangen. Fahren wir jedoch mit dem Reiterkogel-Lift nach oben, so ist es bloß $1/4$ Std. nach unten zur Alm, von der es beste Ausblicke über das Saalachtal gibt.

Bewirtschaftungszeit: Mitte Mai – Oktober. Die Hütte wird als Jausenstation geführt.

Besitzer: Fam. Riedelsperger, Hinterglemm.

Viehbestand: 30 Stück Galtvieh.

Wandervorschlag: In einer $3/4$ Std. zur Reiter-Alm oder über den Höhenweg Nr. 4 in einer $3/4$ Std. zur Roßwaldhütte.

Karte: s. oben.

Die Pfeffer-Alm liegt im leicht erreichbaren Wandergebiet von Hinterglemm.

114 WIRTS-ALM

AP ist Saalbach, von wo wir durch den Spielberggraben bis hinauf zum „Spielberghaus" auf 1.319 m fahren. Von hier steigen wir in ¼ Std. zur Wirts-Alm (1.400 m) hinauf. Sie liegt am „Saalbacher Höhenweg" zwischen Barnkogel und Kohlmaiskopf, knapp an der Tiroler Grenze.

Bewirtschaftungszeit: Anfang Juni – Ende September. Jausenstation.

Besitzer: Fam. Hintner, Niederbreitenbach.

Viehbestand: 36 Kühe, 22 Stück Galtvieh. Die Milch wird täglich ins Tal geführt.

Wandervorschlag: In 1 Std. auf den Barnkogel (1.709 m), von dort in ½ Std. über das Spielbergtörl auf das Spielberghorn (2.044 m; Trittsicherheit!). Oder vom Spielbergtörl in ½ Std. auf den Kleberkopf (1.757 m).

Karte: Mayr, Saalbach / Hinterglemm.

115 RAMMER-ALM

AP ist der Ortsteil Jausern bei Vorderglemm, von wo man, dem Löhnserbach folgend, bis zur Rammer-Alm mit ihrem stilgerechten Gebäude und dem danebenstehenden urigen Stadel hinauffahren kann (1.161 m).

Bewirtschaftungszeit: Mai – Ende September. Jausenstation.

Besitzer: Fam. Breitfuß.

Viehbestand: 25 Stück Galtvieh.

Wandervorschlag: In 1½ Std. auf die Limberg-Alm (1.715 m) und von dort über den „Floraweg" in 1 Std. auf den Schattberg-Ostgipfel (2.018 m).

Karte: s. oben.

Augentrost – kleines Pflänzchen mit großer Wirkung

Das unscheinbare Pflänzchen mit den kleinen weißen Blüten kommt auf nährstoffarmen Almweiden häufig vor und wird dort von den Bauern nicht besonders geschätzt, es ist mit dem Namen „Milchdieb" bedacht worden. Um so mehr aber hat die Pflanze seit alten Zeiten in der Volksmedizin Bedeutung, ein als kühler Umschlag verwendeter Aufguß des Krautes ist nämlich bei Entzündungen der Augenlider und der Bindehaut wirksam. Früher verwendete man die Pflanze auch gegen allgemeine Sehschwäche, Weitsichtigkeit und Augenentzündungen, wobei sie auch innerlich angewandt wurde.

Besonders Pfarrer Kneipp und die Homöopathen haben den Augentrost heute wieder „hoffähig" gemacht, da nunmehr nicht nur die entzündungshemmende Wirkung auf die Schleimhäute des äußeren Auges, sondern auch auf die oberen Luftwege und auf den Magen erwiesen ist. Pfarrer Kneipp hat die Pflanze auch „Magentrost" genannt und sie als wichtigen Bestandteil des Magenbitters populär gemacht.

116 KALLBRUNN-ALM

AP ist Weißbach b. Lofer, von wo man über ein steiles Bergstraßerl nach Pürzlbach (1.000 m) gelangt (P). Von hier folgen wir der Markierung Nr. 411 in einer ³/₄ Std. hinauf in das wellige weite Gelände, das von den Gipfeln des Steinernen Meeres eingerahmt wird. Wir erleben hier eine der prachtvollsten Almlandschaften Österreichs. 23 bewohnte Almhütten, von denen einzelne schon 600 (!) Jahre bestehen, sind über die Alm (1.500 m) verteilt. Alle Hütten sind im klassischen Salzburger Stil gebaut und haben seit einigen Jahren (erdverkabelten) Stromanschluß.

Kallbrunn-Alm – wohl eine der schönsten Almen Österreichs.

Bewirtschaftungszeit: Anfang Juni – Ende September.

Besitzer: „Alpgemeinschaft Kallbrunnalm" mit 30 Mitgliedern (und individuellen Auftriebsrechten), von denen 16 aus dem Raum Berchtesgaden und 14 aus Lofer, Weißbach und St. Martin stammen.

Viehbestand: 150 Kühe, 250 Stück Galtvieh.

Almprodukte: Auf einer Hütte wird gekäst; die Milch aller anderen wird jeden 2. Tag abgeführt. Eine Hütte wird als Jausenstation geführt. – Auf dem Almkreuz ist zu lesen: „Unserer lieben Frau sei Dank gesagt; wir erflehen ihre Fürbitte. Um Wettersegen bitten wir den Hl. Jakobus; der Hl. Ägidius möge uns vor Dürre, Feuer und Unglück schützen. Den Hl. Wendelin bitten wir um seinen Schutz für Landleute, Vieh und Flur!"

Wandervorschlag: 1) In 1 Std. auf den Hochkranz (1.953 m). 2) In ½ Std. zum Dießbach-Stausee und in 2½ Std. zum Ingolstädterhaus (2.119 m), von dort in 1½ Std. auf den Gr. Hundstod (2.594 m; Trittsicherheit und Erfahrung!).

Karte: Kompaß WK Berchtesgadenerland.

Kallbrunn-Alm gegen Leoganger Steinberge.

![Auf der Loferer-Alm.]

Auf der Loferer-Alm.

117 LOFERER-ALM

AP ist Lofer, von wo eine Mautstraße auf das Almplateau (1.385 m) führt. Von Ende Mai bis Anfang Oktober kann man aber auch die Gondelbahn benützen, die allerdings nur bis zum „Loderbichl" auf 1.002 m hinauffährt, von dem es noch eine Stunde bis zu den Almen ist. Auf einem weiten, welligen Gipfelplateau mit prachtvoller Umrahmung durch die Leoganger Steinberge liegen insgesamt 32 Almhütten, von denen (1999) 16 mit Kühen bewirtschaftet sind. Nur auf einer einzigen Hütte, dem „Brennerkaser", wird noch gekäst; alle anderen Bauern liefern die Milch jeden 2. Tag ins Tal. Alle Hütten haben (erdverkabelten!) Stromanschluß. Sie sind in der klassischen Art mit steinbeschwerten Schindeldächern errichtet.

Bewirtschaftungszeit: Anfang Juni – Ende September.

Besitzer: Bauern aus Lofer und St. Martin.

Viehbestand: 160 Kühe, 240 Stück Galtvieh.

Almprodukte: Auf allen Kuhalmen erhält man Milch; es gibt mehrere Gasthöfe auf der Alm.

Wandervorschlag: 1) In 1 Std. über die Blim-Alm auf das Dietrichshorn (1.542 m). 2) In 1 Std. auf das Grubhörnl (1.747 m).

Karte: Kompaß WK Berchtesgadenerland.

118 HOCH-ALM

AP ist Unken bei Lofer, von wo man die gute Straße ins Heutal (1.000 m) hinauffährt (P). Von hier folgen wir der Markierung Nr. 19 in 1½ Std. durch Wald und zum Schluß über Almböden hinauf auf die Alm (1.460 m) mit ihren Hütten, die sich unter Sonntagshorn und Hochgern ausbreiten.

Bewirtschaftungszeit:
Anfang Juni – Ende September.

Besitzer: Genossenschaftsalm mit Anteilen; 8 Hütten sind bewirtschaftet. Die Milch wird teils ins Tal geliefert, teils verkäst. Beim „Brantnerkaser" mit 6 Kühen wird erst ab August gekäst, wenn viele Wanderer kommen. Der „Schrempfkaser" wird als Jausenstation geführt.

Viehbestand: 50 Kühe, 100 Stück Galtvieh.

Wandervorschlag: In einer ¾ Std. auf das Peitlingköpfl (1.720 m). 2) In 1½ Std. auf das Sonntagshorn (1.961 m).

Karte: Kompaß WK Berchtesgadenerland.

„Brantnerkaser" auf der Hoch-Alm.

119 WILD-ALM

AP wie oben. Über Markierung Nr. 17 in einer ¾ Std. auf die Alm (1.200 m) mit ihren Hütten, von denen 3 bewirtschaftet sind. Das weite Gelände wird von Wildalphorn und Dürnbachhorn überragt. Schön ist der Ausblick hinüber zu den Berchtesgadener Alpen.

Auf der Wild-Alm bei Lofer.

Bewirtschaftungszeit: Mitte Mai – Ende September.

Besitzer: „Agrargemeinschaft Wild-Alm" mit 9 Mitgliedern, von denen nur 3 Kühe auftreiben. Auf der Wild-Alm gibt es eine Jausenstation.

Viehbestand: 25 Kühe, 50 Stück Galtvieh. Die Milch wird jeden 2. Tag ins Tal geliefert.

Wandervorschlag: In 1½ Std. auf das Dürnbachhorn (1.776 m); in 1½ Std. weiter zur Winklmoos-Alm (1.183 m; deutsches Staatsgebiet).

Karte: s. oben.

120 LECHNER-ALM

AP ist Rohrmoos b. Maria Alm (P), von wo ein Alm-Forstweg in 1 Std. auf die Alm mit ihrer urigen Hütte führt (1.320 m). Sie ist 300 Jahre alt und liegt unterhalb des Sellbhorns und der Felskulisse des Steineren Meeres.

Bewirtschaftungszeit: 1. Juni – Ende September. Jausenstation.

Besitzer: Fam. Vorreiter.

Sennerin: Burgi Mitteregger, die für den wunderbaren Blumenschmuck der Hütte sorgt. An der offenen Feuerstelle käst sie und hält bewußt die Almtradition aufrecht.

Lechner-Alm: Die Sennerin sorgt für den wunderschönen Blumenschmuck.

Viehbestand: 9 Kühe, 20 Stück Galtvieh.

Almprodukte: Butter, Tilsiter auf Pinzgauer Art, Sperkäse (Sperkas, auch „Sauerkäs" genannt; topfige Abart des Graukäses).

Wandervorschlag: 1) In 1 Std. über den Massingsattel (1.344 m) zur Reiter-Alm (1.200 m). 2) In 1½ Std. auf den Braggstein (1.823 m; Trittsicherheit!).

Karte: Kompaß WK Saalfelden.

121 MUSSBACH-ALM

AP ist der Gh. Mußbach in Hinterthal b. Maria Alm. Von dort erreicht man die zünftige Alm (1.200 m) bequem in ½ Std. Sie liegt unterhalb der Felswände der Westseite des Hochkönigs.

Mußbach-Alm.

Bewirtschaftungszeit: Anfang Juni – Anfang Oktober. Jausenstation.

Besitzer: Fam. Schwaiger vlg. Obermußbach-Hof.

Viehbestand: 6 Kühe, 20 Stück Galtvieh.

Almprodukte: Pinzgauer Käse, Sperkäse, Butter.

Wandervorschlag: 1) In 1½ Std. zur Pichl-Alm (1.434 m). 2) In ½ Std. zur Posch-Alm (1.373 m) und von dort für Erfahrene über den „Mooshammer-Steig" in 3 Std. zu den „Teufelslöchern".

Karte: s. oben.

Huber-Alm.

122 HUBER-ALM

AP ist die „Ferolisäge" bei Dienten, von der man den Güterweg in Richtung „Sonnberg-Dienten" wählt und dort bis zum vlg. Huberbauer fährt. Ein markierter Weg leitet uns sodann in einer $^3/_4$ Std. durch Hochwald auf die Alm (1.418 m) mit ihrer urigen Hütte, die aus dem Jahre 1860 stammt. Überragt wird sie vom 1.855 m hohen Ahornstein.

Bewirtschaftungszeit: Anfang Juni – Ende September.

Besitzer: Bruno und Manuela Gruber, Sonnberg.

Viehbestand: 6 Kühe, 15 Stück Galtvieh.

Almprodukte: Butter, Pinzgauer Käse. Die Hütte wird als Jausenstation geführt. Gekäst und gekocht wird auf offener Feuerstelle; die Butter wird noch händisch gerührt.

Wandervorschlag: 1) In $^1/_2$ Std. zur Schober-Alm (1.412 m). 2) In $1^1/_2$ Std. auf den Ahornstein (1.855 m).

Karte: Kompaß WK Saalfelden.

123 HINTERJETZBACH-ALM

AP ist Unterberg b. Maria Alm, von wo wir bis zum Jetzbacherhof hinauffahren können. Von hier ist es eine $^3/_4$ Std. bis zur Alm (1.140 m), die beste Aussicht zum Steinernen Meer bietet.

Bewirtschaftungszeit: Mitte Mai – Ende September.

Besitzer: Jakob Leitner vlg. Jetzbacher. Die Hütte wird als Jausenstation geführt.

Viehbestand: 16 Kühe, 1 Stier.

Wandervorschlag: In einer $^3/_4$ Std. auf das Hoferplattl (1.412 m) und von dort in $1^1/_2$ Std. auf die Schwalbenwand (2.011 m).

Karte: s. oben.

Hinterjetzbach-Alm bei Maria Alm.

124 EGGER-ALM

AP ist Bachwinkl / Hintermoos b. Maria Alm. Knapp 1 Std. ist es von hier – mäßig ansteigend – hinauf zur Egger-Alm auf 1.999 m mit hervorragender Aussicht auf das Steinerne Meer.

Bewirtschaftungszeit: Ende Mai – Ende September.

Besitzer: Fam. Fersterer, Maria Alm. Die aus dem Jahre 1734 stammende Hütte wird als Jausenstation geführt.

Die beiden „Lotter" von der Egger-Alm.

Viehbestand: 25 Kühe, 30 Stück Galtvieh.

Almprodukte: Butter, Sperkas.

Wandervorschlag: In einer ³/₄ Std. zur Ger-Alm.

Karte: Kompaß WK Saalfelden.

Egger-Alm.

125 GER-ALM

AP ist die Egger-Alm, von der wir über einen Almweg in einigen Kehren hinauf zu den drei Hütten der Ger-Alm eine ³/₄ Std. benötigen (1.485 m). Alle drei sind bewirtschaftet; die Mühlbauerhütte auch als Jausenstation.

Bewirtschaftungszeit: Ende Mai – Mitte September.

Besitzer: Fam. Mühlbauer.

Viehbestand: 20 Kühe; der größere Teil der Milch wird jeden 2. Tag ins Tal geführt.

Almprodukte: Butter, Sperkas.

Wandervorschlag: 1) In 1 Std. zur Letten-Alm (1.500 m). 2) In 1¹/₂ Std. auf die Klingspitze (1.988 m). 3) In 2¹/₂ Std. auf den Hundstein / Statzerhaus (2.117 m).

Karte: s. oben.

Pongau, Lungau, Tennengau, Salzburger Voralpen

Pongau, Lungau, Tennengau, Salzburger Voralpen

Der Bereich umfaßt rund 1.300 Almen, von denen auf den Pongau 560, auf den Lungau 520 und auf den Tennengau 200 entfallen. Rund 7% sind reine Kuhalmen und 25% Gemischtalmen. In diesem weiter östlich liegenden Gebiet spielen die Galtviehalmen mit 63% schon eine überragende Rolle. Im Tennengau und Salzburger Vorland gibt es überhaupt keine reinen Kuhalmen. Insgesamt werden aber immerhin auch hier 5.400 Kühe aufgetrieben.

Gegen Osten zu nimmt die mittlere Größe der Herden und Almen ab, und im Lungau sind die Almen am kleinsten. Während in den Kitzbühler Alpen seinerzeit viele fortschrittliche Betriebe Fettkäse herstellten (Emmentaler oder Bergkäse), begnügte man sich im Pinzgau zumeist schon mit Magerkäse („Pinzgauer Käse"), während weiter östlich der Großteil der Milch auch seinerzeit lediglich verbuttert wurde.

Im Raum Radstadt sind in den letzten Jahrzehnten die reinen Kuhalmen völlig verschwunden, und auch die Anzahl der Gemischtalmen hat bisher ständig abgenommen, obwohl man längst erkannt hat, daß die Attraktivität für den Fremdenverkehr vor allem in einer intakten Almwirtschaft besteht.

Foto umseitig:
Schönberg-Alm am Hochkönig.

126 PICHLER-ALM

AP ist der Filzensattel (1.290 m) zwischen Dienten und Hinterthal, von wo wir eine ³/₄ Std. bis zur Alm auf 1.434 m benötigen. Der Weg führt durch Wald; einige sumpfige Stellen sind überplankt. Die Alm liegt im Vorgelände des Hochkönigs mit schöner Aussicht auf seine Westseite.

Bewirtschaftungszeit: Ende Mai – Oktober.

Besitzer: Josef Reiner, Hinterthal.

Bewirtschafter: Franz und Gabi Schwaiger, Dienten. Die Hütte wird als Jausenstation geführt.

Viehbestand: 16 Kühe, 25 Stück Galtvieh.

Almprodukte: Butter, Sperkas.

Wandervorschlag: In 1 Std. zur Schönberg-Alm (1.540 m).

Karte: Kompaß WK Hochkönig.

127 BÜRGL-ALM

AP ist Dienten, von wo man über den markierten Weg Nr. 17 und über Forstwege in 1 Std. die Hütte (1.593 m) mit prachtvollem Rundblick bis zu den Hohen Tauern erreicht.

Bewirtschaftungszeit: Juni – Oktober. Jausenstation.

Besitzer: Anton und Gabriele Bürgler, Dienten.

Viehbestand: 15 Kühe, 20 Stück Galtvieh.

Almprodukte: Butter, Sperkas.

Wandervorschlag: In 1 Std. auf den Ahornstein; in 20 Min. zur benachbarten Zachhof-Alm mit den beiden Sennerinnen Mariedl und Nani.

Karte: s. oben.

Auf den Almen wird das Rispengras „lebendgebärend"

Jenes weiche, kurzblättrige Gras, das auf den gutgepflegten Almweiden in Massen wächst und dort dichte Teppiche bildet, ist das Alpen-Rispengras. Wegen des Vorkommens in oft ziemlich bedeutenden Höhen wird es in Salzburg auch Gemsgras genannt, und in Osttirol sagt man Kühschmelchen dazu. Am Monte Rosa im Wallis hat man dieses Gras in über 3.600 m Höhe angetroffen; andererseits steigt es längs der Alpenflüsse auch weit in die Ebene hinab, so in Bayern bis Augsburg.

In der Höhe stellen sich viele Pflanzen auf Selbstbefruchtung um, weil Bienen, Schmetterlinge und Käfer oft nicht mehr zur Verfügung stehen, und in besonders extremen Lagen können sich einige wenige Alpenpflanzen von der Befruchtung vollkommen unabhängig machen und sozusagen „lebend gebären". Die Blüten bilden sich dann zu Brutknospen aus, die schon an der Rispe antreiben – „auskindeln" wird dieser Vorgang richtigerweise genannt. Und diese „Kindel- oder Brutknospen" lösen sich dann von der Mutterpflanze, fallen zur Erde, treiben Wurzeln und wachsen zu neuen Pflänzchen heran – ein echtes Wunder der Natur! Auf diese Weise umgeht die Pflanze die mühsame und in der Höhe häufig unmögliche Arbeit der Befruchtung und der Samenbildung.

128 SCHÖNBERG-ALM

AP ist der Dientner Sattel (1.342 m) an der Straße von Mühlbach nach Dienten. Von dort erreichen wir die prachtvoll gelegene Alm (mit der daneben gelegenen Erich-Hütte) auf 1.546 m in ½ Std.

Schönberg-Alm am Hochkönig.

Bewirtschaftungszeit: Mitte Juni – Ende September.

Besitzer: „Agrargemeinschaft Werfen" mit angestelltem Senner. Die Hütte wird als Jausenstation geführt.

Viehbestand: 15 Kühe, 110 Stück Galtvieh. Der größere Teil der Milch wird auf der Alm verarbeitet, und die Mitglieder erhalten ihre Käse- und Butteranteile.

Almprodukte: Butter, Pinzgauer Käse, Sperkas.

Wandervorschlag: 1) In je 1 Std. zur Stegmoos-Alm (1.450 m) oder zur Pichler-Alm. 2) In 4 Std. über die „Hohe Köpf" zum Matras-Haus und auf den Hochkönig (2.941 m; nur für Erfahrene).

Karte: Kompaß WK Hochkönig.

129 RIEDING-ALM

AP ist die Auffahrtsstraße von Mühlbach zum Arthurhaus; P bei der Abzweigung zur Kopphütte und von dort 20 Min. zur prachtvoll unter den Hochkönigwänden gelegenen, stilvollen Almhütte (1.370 m).

Bewirtschaftungszeit: Juni – Ende September. Jausenstation.

Besitzer: Anni und Rupert Bergmüller.

Viehbestand: 15 Kühe, 30 Stück Galtvieh.

Almprodukte: Butter, Pinzgauer Käse.

Wandervorschlag: ½ Std. zu den „Vier Wasserfällen", 1 Std. zum Arthur-Haus (1.502 m).

Karte: s. oben.

Die stilvolle Almhütte der Rieding-Alm.

Die Mandlhütte auf der Aigen-Alm im Großarltal.

130 AIGEN-ALM (MANDLHÜTTE)

AP ist der Ortsteil Gstatt südlich von Großarl, von dem aus wir vorbei am vlg. Mandlbauer über einen Alm-Forstweg in 1¹/₂ Std. die Mandlhütte (1.342 m) auf der Aigen-Alm erreichen. Die urige Hütte liegt in einem weiten Almkessel unterhalb der scharfen Schrattwand. Hinter der Hütte steht ein riesiges Wasserrad, das zum Butterrühren verwendet wurde.

Bewirtschaftungszeit: Anfang Juni – Ende September.

Besitzer: Alois Kreuzer vlg. Mandlbauer, Großarl.

Viehbestand: 23 Kühe, 40 Stück Galtvieh.

Almprodukte: Butter, verschiedene Sauer- und Süßkäsearten. Jausenstation. Im eigenen Käsekeller müssen die Käse mindestens 2 Monate reifen.

Wandervorschlag: In 2 Std. zur Schmalzscharte (2.159 m); von dort in ¹/₂ Std. auf den Tennkogel (2.333 m) und in einer weiteren ¹/₂ Std. auf den Frauenkogel (2.423 m).

Karte: Kompaß WK Großarl / Kleinarl.

Gekäst wird nach alter Tradition.

131 AIGEN-ALM (PAULHÜTTE)

AP wie Mandlhütte (s. S. 113), die Paulhütte (2.118 m) liegt 15 Min. vor der Mandlhütte. Auch sie ist ein uriger Bau und wird in bester traditioneller Art geführt.

Bewirtschaftungszeit: Ende Mai – Ende September.

Besitzer: Hermann Kreuzer, Großarl.
Die Hütte wird als Jausenstation geführt.

Viehbestand: 13 Kühe, 25 Stück Galtvieh.

Almprodukte: Sauerkäse. Es wird auf traditionelle Art mit dem Kupferkessel gekäst.

Wandervorschlag: s. Mandlhütte.

Karte: Kompaß WK Großarl / Kleinarl.

Bei der Paulhütte auf der Aigen-Alm geht es meist lustig zu.

132 AU-ALM

AP ist Unterberg b. Großarl, von wo man über den Güterweg „Ettersberg / Pointgrün" über die Aubauer-Heimalm bis zur Au-Alm-Hütte auf 1.795 m hinauffahren kann (auf den letzten Kilometern ist die Straße sehr schmal!). Die Alm liegt am Fuß des sagenumwobenen Schuhflickers (2.214 m).

Bewirtschaftungszeit: 20. Juni – 20. September.

Besitzer: Andreas Leiner, Großarl.

Viehbestand: 12 Kühe, 25 Stück Galtvieh.

Almprodukte: Butter, Süßkäse (bröckeliger Schnittkäse), Sauerkäse. Jausenstation.

Wandervorschlag: 1) In 1 Std. auf die Arlspitze (2.214 m). 2) In ½ Std. zur Hoch-Alm (1.758 m).

Karte: s. oben.

Die Au-Alm, hoch über Großarl, ist über eine halsbrecherische Zufahrtsstraße zu erreichen.

133 KREE-ALM (BICHLHÜTTE)

AP ist der Talschluß in Stockham bei Hüttschlag mit dem Nationalpark-Informationszentrum und dem großen P. Von hier führt der markierte Pfad in 2½ Std., vorbei am Kree-Alm-Wasserfall, zügig nach oben:

Die Bichlhütte auf der Kree-Alm bei Hüttschlag.

zuerst durch Wald, später bereits im Almgelände. Die beiden Kree-Alm-Hütten liegen im weiten Talschlußkessel unterhalb der Glingspitze. Die urige Bichlhütte (1.570 m) ist die obere der beiden Hütten. Sie wurde 1940 nach einem Lawinenschaden neu errichtet.

Bewirtschaftungszeit: Mitte Juni – Ende September. Jausenstation.

Besitzer: Josef Ebner, Eben Nr. 9.

Viehbestand: 13 Kühe, 25 Stück Galtvieh.

Almprodukte: Sauer- und Süßkäse.

Wandervorschlag: s. unten.

Karte: Kompaß WK Großarl / Kleinarl.

134 KREE-ALM (KREEHÜTTE)

AP wie oben. „Kree" bedeutet im örtlichen Dialekt soviel wie „Moos / Sumpf". Die Kreehütte ist die untere der beiden Kree-Alm-Hütten (1.483 m). Die Hütte erlitt 1970 einen Lawinenschaden; seither ist ein Lawinenkeil vorgebaut. Seit 1998 sind beide Hütten vom Tal aus mit Strom versorgt (erdverkabelt!).

Bewirtschaftungszeit: wie oben. Jausenstation.

Besitzer: Sebastian Kreer, See 2.

Viehbestand: 16 Kühe, 25 Stück Galtvieh.

Almprodukte: Sauer- und Süßkäse sowie Glundner.

Wandervorschlag: In 2 Std. zum Murtörl (2.210 m); von dort in ½ Std. zur Jägerspitze (2.507 m).

Karte: s. oben.

Kreehütte.

135 KARSEGG-ALM

AP ist Schied b. Großarl, von wo aus man bis zur Breiteben-Alm auf 1.402 m hinauffahren kann. Von hier folgen wir dem markierten Weg durch lockeren Almwald bis zur Hütte, die in ihrem Kern 350 bis 400 Jahre alt und eine der ältesten Almen im Großarltal ist. Sie liegt auf 1.603 m Seehöhe in einem weiten Almgelände unterhalb des Kitzsteins. – Aufstiegszeit: ³/₄ Std.

Bewirtschaftungszeit: Mitte Juni – Ende September. Die Hütte wird als Jausenstation geführt.

Besitzer: Josef und Anna Gruber, Au 41.

Viehbestand: 5 Kühe, 10 Stück Galtvieh.

Almprodukte: Butter, Sauerkäse und als besondere Großarler Spezialität der geräucherte „Knetkäse" (eigroße Kugeln, die über dem offenen Feuer geräuchert werden). Das Besondere an der offenen Feuerstelle (s. Bild) ist, daß sie die gesamte Mitte des Raumes einnimmt und gleichzeitig Platz für zwei Kupferkessel zum Kochen bietet.

Wandervorschlag: In 20 Min. zur Unteren Wandner-Alm; in 1¹/₂ Std. auf den Kitzstein (2.037 m); in 1¹/₂ Std. auf den Penkkopf (2.011 m).

Karte: Kompaß WK Großarl / Kleinarl.

Käsepresse.

Die große Feuerstelle bietet Platz für zwei Käsekessel.

Gegen das Verhexen des Viehs hilft die Schafgarbe

Auf eher trockenen Almen kann die Schafgarbe bis hoch hinauf gedeihen. Diese weißlich bis rosa blühende Pflanze, die beim Zerdrücken der Blütenstaude intensiv duftet, kennt wohl jeder.

Das Vieh frißt die Schafgarbe nur in kleinen Mengen; ja man hat direkt den Eindruck, daß vor allem die Rinder diese Pflanze in kleinen Dosen instinktiv als „Medizinalkraut" zu sich nehmen.

In vielen Gegenden der Alpen wird das junge Kraut der „Gründonnerstagsuppe", der „Kräutelsuppe", oder Salaten beigemengt. In Gegenden der Schweizer Alpen wird Schafgarbe mit Bibernell, Tausendguldenkraut und Lichtnelken zusammengebunden, gesegnet und an das Vieh verfüttert, damit es nicht verhext werden kann.

*Karsegg-Alm,
eine der ältesten Hütten
im Großarltal.*

Von der Mooslehen-Alm reicht der
Fernblick bis zur Hochalmspitze.

SALZBURG / Bezirk St. Johann im P.

136 MOOSLEHEN-ALM

AP ist Schied b. Großarl, von wo aus man über einen Güterweg bis zum ORF-Umsetzer (in der Nähe von Holzlehen) hinauffahren kann. Von hier geht es längs eines Alm-Forstweges gemütlich in $^1/_2$ Std. bis zur zünftigen Hütte (1.449 m), die 1952 erbaut wurde. Prachtvolle Aussicht hinüber zu Hochalmspitze und Ankogel.

Bewirtschaftungszeit: Anfang Juni – Ende September. Jausenstation.

Besitzer: Paul Gruber.

Viehbestand: 7 Kühe, 15 Stück Galtvieh.

Almprodukte: Butter, Süß- und Sauerkäse.

Wandervorschlag: 1 Std. auf die Hoch-Alm (1.756 m) und $^1/_2$ Std. weiter auf die Au-Alm.

Karte: Kompaß WK Großarl / Kleinarl.

137 HEUGATH-ALM

AP: Zwischen Großarl und Schied zweigt rechterhand der Güterweg „Rosenstein" ab; über ihn fährt man direkt zur Hütte (1.235 m), die aus dem Jahre 1637 stammt, aber 1997 völlig renoviert und umgebaut wurde.

Bewirtschaftungszeit: Mitte Juni – Ende September. Die Hütte wird als Jausenstation geführt.

Besitzer: Jakob und Elisabeth Hettegger, Au.

Viehbestand: 8 Kühe, 20 Stück Galtvieh.

Almprodukte: Butter, Sauer- und Süßkäse.

Wandervorschlag: Aufstieg von Großarl über Einöden und Rosensteinbauer in $1^1/_2$ Std. zur Hütte oder in 2 Std. auf den Saukar-kopf (2.048 m).

Karte: s. oben.

138 KARTEIS-ALM

AP ist Karteis b. Hüttschlag, von wo man noch das steile Bergstraßerl bis Ober Sailsitz hinauffährt (P). Von hier aus ist es 1 Std. durch Hochwald bis zur 300 Jahre alten, romantischen Almhütte (Materialseilbahn; 1.659 m) mit Prachtblick hinüber zum Draugstein.

Karteis-Alm: Die Blumen sind der Stolz der Sennerin.

Bewirtschaftungszeit: Mitte Juni – Ende September.

Besitzer: Josef Ammerer, Karteis.

Sennerin: „Moidl", die schon mehr als 35 Jahre die Alm betreut (auf weitere 30 Jahre darf gehofft werden!). Ihr ganzer Stolz ist der Blumenschmuck der Hütte, die als Jausenstation geführt wird.

Viehbestand: 6 Kühe, 25 Stück Galtvieh.

Almprodukte: Butter, Sauerkäse.

Wandervorschlag: In 1½ Std. zum Karteistörl (2.149 m) und von dort ¾ stdger. Abstieg zur Tappenkarsee-Hütte.

Karte: Kompaß WK Großarl / Kleinarl.

Labsal für Auge und Kehle.

139 UNTERWAND-ALM

AP wie Karsegg-Alm (s. S. 116) und von dort 20 Min. zur 1710 erbauten Hütte auf 1.600 m. – Jausenstation; Hausmusik.

Bewirtschaftungszeit: Mitte Mai – Ende Oktober.

Besitzer: Rupert Gratz, Unterwand.

Viehbestand: 6 Kühe, 20 Stück Galtvieh.

Almprodukte: Sauerkäse und als Spezialität „Knetkäse" (besonders würzig; eine Art Parmesan-Ersatz für die „Kasnocken").

Wandervorschlag: In 1 Std. zur Auhof-Alm (1.680 m).

Karte: s. oben.

Unterwand-Alm.

140 FELDERER-ALM

AP ist Bucheben im Rauristal, von wo der markierte Weg Nr. 20 in 1¹/₂ Std., vorbei an der „Bilderbuchhütte" der Unterstein-Alm (Ferienhaus), zur 1953 erbauten Almhütte (1.691 m) führt, die in einem prachtvollen Talschlußkessel unterhalb von Roter Wand und Schafkarkogel liegt.

Bewirtschaftungszeit: Anfang Juni – Ende September. Jausenstation.
Besitzer: Peter Jennerwein, Wagrain.
Bewirtschafter: Angestellte Sennerin (in den letzten Jahren häufig Studentinnen, die sich aber nicht nur auf das Melken, sondern auch auf das Käsen verstanden).
Viehbestand: 18 Kühe, 80 Stück Galtvieh (teils Zinsvieh).
Almprodukte: Pinzgauer Käse.
Wandervorschlag: Wanderung ins benachbarte Kruml-Tal zu den Schlafplätzen der Gänsegeier (Weißkopfgeier).
Karte: Kompaß WK Nr. 40 / Großglockner.

Felderer-Alm im Rauristal.

141 OBERHÜTTEN-ALM

AP ist Forstau b. Radstadt, von wo aus wir auf geschotterter Almstraße 11 km bis zur Vögei-Alm (1.388 m) hinauffahren. Über den reizvollen alten Almweg erreichen wir in 1¹/₂ Std. die Oberhütten-Alm (1.845 m), die am bezaubernden Oberhüttensee liegt. Jausenstation.

Bewirtschaftungszeit: Mitte Juni – 20. September.
Besitzer: Franz Oberkofler, Mitterberghütten.
Viehbestand: 10 Kühe, 120 Stück Galtvieh (teils Zinsvieh).
Almprodukte: Ennstaler Steirerkäse und Süßkäse.
Wandervorschlag: 2¹/₂ stdger. Rückweg zur Vögei-Alm über die Klamml- und Seekarscharte.
Karte: Kompaß WK Radstadt / Schladming.

Oberhütten-Alm bei Radstadt.

Je zwei Besitzer teilen sich die Hütten auf der Hintergnaden-Alm.

142 HINTERGNADEN-ALM

AP ist Untertauern, von wo wir noch einige km in Richtung Obertauern fahren, bis sich nach der Taurach-Klamm das Tal zu den Gnaden-Almen weitet. Gleich am Beginn des äußerst reizvollen Talbodens liegen die Hütten der Vordergnaden-Alm (1.272 m) und am Ende des gut 2 km langen Tales jene der Hintergnaden-Alm (1.326 m).

Bewirtschaftungszeit: Anfang Juni – 20. September.

Besitzer: „Agrargemeinschaft Ht. Gnadenalm" (Obmann: Peter Kircher, Radstadt) mit 4 Mitgliedern. Bewirtschafter sind teilweise angestellte Senner. Die Besonderheit sind die beiden „Doppelhütten" (geteilt in Giebelrichtung); jedoch 4 getrennte Stallungen. Jausenstation.

Viehbestand: 80 Kühe, 150 Stück Galtvieh (teils Zinsvieh).

Wandervorschlag: Aufstieg zur Südwienerhütte (1.802 m) in 1½ Std.

Karte: Kompaß WK Radstadt / Schladming.

143 VORDERGNADEN-ALM

AP s. oben.

Bewirtschaftungszeit: s. oben.

Besitzer: „Agrargemeinschaft Vordergnadenalm" (Obmann Peter Huber, Radstadt) mit 4 Mitgliedern zu je 21 „Gräsern" (= 21 Großvieheinheiten). Vier Hütten (davon drei neu gebaut) sowie Gemeinschaftsstall und gemeinsames Gasthaus „Gnadenstüberl". Jedes Mitglied wirtschaftet jedoch selbst.

Viehbestand: 50 Kühe, 100 Stück Galtvieh.

Wandervorschlag und Karte: s. oben.

144 PREBER-ALM

AP ist das Gh. Ludl am Prebersee (P), von wo die Markierung durch Hochwald in 1 Std. hinauf zur Preber-Halterhütte auf 1.862 m leitet. Diese liegt sehr reizvoll, mit Blick auf den Prebersee und die Hohen Tauern, direkt am Übergang von der Waldzone zu den weiten Almhängen des Prebers.

Bewirtschaftungszeit: Ende Juni – Ende September.

Besitzer: „Agrargemeinschaft Preberalm" mit 63 Mitgliedern.

Bewirtschafter: Johann Ferner, Tamsweg. Er bezieht von der benachbarten Prodinger-Alm Milch und erzeugt daraus Topfenkäse. Jausenstation.

Viehbestand: 135 Stück Galt- und Jungvieh, 15 Pferde. Benachbart liegt die Prodinger-Alm (1.734 m), auf der 15 Kühe gehalten werden (Milch wird ins Tal geliefert).

Wandervorschlag: In 2 Std. auf den Preber (2.740 m), in einer ³/₄ Std. zur Grazerhütte (1.806 m).

Karte: F & B. Nr. 202.

Preber-Halterhütte am Fuß des Prebers.

145 GÖRIACHER ALMHÜTTENDORF

AP ist Göriach, von wo aus man bis zum Almhüttendorf der Vorderen Göriach-Alm auf 1.422 m hineinfahren kann (P 10 Min. vor der Alm). Die 9 Hütten mit den zugehörenden Almstallungen bieten ein selten reizvolles Almhütten-Ensemble vor dem Talschluß, der von Hochgolling und Zwerfenberg gebildet wird. Von den Hütten ist nur die Hansalhütte bewirtschaftet (Jausenstation mit bodenständiger Kost). Mehrere Hütten werden vermietet.

Bewirtschaftungszeit: 15. Juni – 20. September.

Besitzer: „Zugriegel-Alm-Gemeinschaft" (9 Bauern aus Göriach). *Bewirtschafter* der Hansalhütte: Fam. Wirnsperger, Göriach 45.

Viehbestand: 75 Stück Galt- und Jungvieh.

Wandervorschlag: In 1¹/₂ Std. zur Landawiersee-Hütte (1.985 m).

Karte: s. oben.

Das Göriacher Almhüttendorf.

Die urigen Almgebäude der Laßhofer-Alm im Lessachtal.

146 LASSHOFER-ALM

AP ist Lessach, von wo aus eine Mautstraße an die 5 km das Lessachtal aufwärts bis zur Laßhoferhütte (1.270 m) führt. Das besonders reizvolle Almgebäude samt dem zugehörenden Stall liegt eindrucksvoll vor dem Talschluß, der von Hochgolling und Deichselspitze gebildet wird.

Bewirtschaftungszeit: Anfang Juli – Ende September. Jausenstation mit bodenständiger Kost.

Besitzer: Fam. Laßhofer, Lessach.

Viehbestand: 15 Stück Jungvieh.

Wandervorschlag: In 2 Std. zu den Landschitz-Seen (1.937 m), in 2¹/₂ Std. zur Landschitzscharte (2.345 m).

Karte: F & B. Nr. 202.

147 WEISSPRIACHER-ALM

AP ist Weißpriach, von wo aus eine Schotterstraße bis ins hintere Weißpriachtal führt. Der P befindet sich 3 km vor der Uln-Hütte. Das hintere Weißpriachtal weitet sich zu ausgedehnten, flachen Almböden, durch welche sich der Weißpriach-Bach reizvoll schlängelt. Das Tal wird von Teufelskirche und Gurpitscheck im Vordergrund und von der Lungauer Kalkspitze im Hintergrund eingerahmt. Gehzeit: 1 Std.

Besitzer: Im hinteren Tal liegen nacheinander mehrere Almen mit den zugehörenden Gebäuden, die zum Großteil Eigenbesitz sind. Als Jausenstation bewirtschaftet ist die Uln-Hütte (1.300 m), die von der Fam. Bergmann aus Mariapfarr geführt wird.

Viehbestand: 350 Stück Jung- und Galtvieh.

Wandervorschlag: In 2 Std. zum Oberhüttensee (1.866 m), in 1 Std. zum Wirpitschsee mit der voll bewirtschafteten Tonimörtel-Hütte.

Karte: s. oben.

148 WIRPITSCH-ALM

AP ist die Uln-Hütte im Weißpriachtal, von wo die Markierung steil durch Wald (oder flach, aber länger, entlang einer Alm-Forststraße) nach oben leitet. Nach 1 Std. erreicht man die Alm samt dem dahinterliegenden Wirpitschsee mit der voll bewirtschafteten Tonimörtel-Hütte (1.780 m), die auf einer Geländestufe unweit des Wirpitschsees inmitten ausgedehnter Almweideflächen liegt. Umrahmt wird die Alm von Gurpitscheck, Tauernhöhe und Steinkarhöhe.

Bewirtschaftungszeit: Ende Juni – Mitte September.

Besitzer: Almgemeinschaft von 4 Bauern. *Besitzer der Tonimörtel-Hütte:* Fam. Macheiner, Bruckdorf 49. Jausenstation.

Viehbestand: 6 Kühe, 45 Stück Jung- und Galtvieh. Es werden verschiedene Magermilch-Käsesorten, Topfen und Butter erzeugt.

Wandervorschlag: In 2 Std. auf das Gurpitscheck (2.526 m).

Karte: F & B. Nr. 202.

Die Tonimörtel-Hütte auf der Wirpitsch-Alm.

149 TROG-ALM

AP ist die Talstation der Seilbahn auf das Speiereck in Mauterndorf. Von dort folgen wir einem Asphaltstraßerl einige Minuten aufwärts, bis wir auf die Hinweistafel „Trogalm" stoßen. Diese leitet linkerhand auf dem alten Almweg (Nr. 4c) sehr zügig durch Hochwald in 1½ Std. nach oben. Schließlich erreichen wir die weiten Almmulden des Speierecks mit ihren Schiliftanlagen. Am Rand der Almflächen liegen die alte und neue Hütte der Trog-Alm auf 1.808. Die alte Hütte diente als Stall sowie zum Käsen. Jausenstation!

Die Trog-Alm – ein Mekka für Almkäse-Liebhaber.

Bewirtschaftungszeit: Sonnwend – Ende September.

Besitzer: „Agrargemeinschaft Trogalm".

Viehbestand: 4 Kühe, 130 Stück Jung- und Galtvieh, 10 Pferde.

Wandervorschlag: In 1½ Std. auf das Speiereck (2.074 m).

Karte: s. oben.

In der wunderschönen Tauernlandschaft des Riedingtales bei Zederhaus liegen mehrere bewirtschaftete Almen hintereinander. Im hintersten Talgrund ist es die

150 ÖRGENHIAS-ALM

AP ist das Ende der Mautstraße beim Gh. Schlierer. Von hier wandert man das Riedingtal gemütlich aufwärts und erreicht die Hütte (offenes Feuer für Käsekessel) auf 1.730 m in 1¹/₂ Std. Sie liegt im Talschluß unterhalb von Glingspitze und Reicheschkogel.

Bewirtschaftungszeit: 29. Juni – Ende September.

Besitzer: Gemeinschaftsalm (4 Bauern).

Bewirtschafter und Senner: Fam. Schiefer, St. Michael.

Viehbestand: 10 Kühe, 20 Stück Jungvieh. – Auf der Hütte werden Sauerkäse, Butter usw. angeboten.

Wandervorschlag: In 1¹/₂ Std. auf die Riedingscharte (2.275 m) und in 1 weiteren Stunde zur Sticklerhütte.

Karte: F & B. Nr. 202.

151 ZAUNER-ALM

Sie liegt 1¹/₄ Std. vom Gh. Schlierer bzw. ¹/₄ Std. von der Örgenhias-Alm entfernt auf 1.690 m. Auch auf dieser zünftigen Hütte wird über offenem Feuer gekäst. Sie wird als Jausenstation geführt, und es werden Sauerkäse, Almkäse und Butter angeboten.

Bewirtschaftungszeit: Mitte Juni – Ende September.

Viehbestand: 9 Kühe, 20 Stück Jungvieh.

Wandervorschlag: s. oben.

Karte: s. oben.

Die Zauner-Alm im Riedingtal.

152 KÖNIG-ALM

Sie liegt ¼ Std. von der Zauner-Alm bzw. 1 Std. vom Gh. Schlierer entfernt auf 1.670 m. Neben den beiden alten Hütten ist ein Alm-Gasthof entstanden.

Bewirtschaftungszeit: Mitte Juni – Ende September.
Besitzer: Juliane Gfrerer, Zederhaus.
Viehbestand: 7 Kühe, 56 Stück Jungvieh (teils Zinsvieh). Die Milch wird zu Topfenkäse, Butter usw. verarbeitet.
Wandervorschlag: In 1 Std. auf das Haselloch (2.135 m) und von dort in 1 Std. Abstieg zur Tappenkarsee-Hütte (1.820 m).
Karte: F & B. Nr. 202.

153 ILG-ALM

Eine ¾ Std. vom Gh. Schlierer entfernt bzw. ¼ Std. talauswärts von der König-Alm liegt die Ilg-Hütte etwas abseits von der Almstraße auf 1.600 m.

Bewirtschaftungszeit: Mitte Juni – Ende September.
Besitzer: Franz Schlick, Zederhaus.
Viehbestand: 9 Kühe, 20 Jungrinder. Die Milch wird teils zu Sauerkäse verarbeitet, teils ins Tal geliefert.
Wandervorschlag und Karte: s. oben.

154 GRUBER-ALM

Nur 20 Min. das Riedingtal vom Gh. Schlierer einwärts liegt die urige Hütte der Gruber-Alm auf 1.514 m im hier etwas breiteren, reizvollen Grund des Riedingtales zwischen Mosermandl und Riedingspitze.

Bewirtschaftungszeit: Anfang Juni – Ende September.

Besitzer: Fam. Gruber, Zederhaus.

Viehbestand: 7 Kühe, 20 Stück Jungvieh. Auf der Hütte werden eigene Almprodukte, wie Sauerkäse, Butter usw., angeboten.

Wandervorschlag: In 1½ Std. zur Franz Fischer-Hütte (2.020 m), von dort in einer ¾ Std. auf den Stierkarkopf (2.365 m).

Landkarte: s. oben.

Gruber-Alm im vorderen Riedingtal.

155 JAKOBER-ALM

AP ist Zederhaus, von wo aus man die Mautstraße taleinwärts bis zum P „Hundsbühel", knapp vor dem Gh. Schlierer, fährt. Von hier führt ein schmaler Pfad durch Wald und Bergwiesen in 1 Std. steil zur Hütte auf

Jakoberhütte mit Mosermandl.

1.846 m. Oder man folgt vom „Schlierer" den vielen Kehren der Almstraße; diese Route eignet sich für den Abstieg besonders. Die Hütte liegt, umgeben von Matten, direkt unterhalb des Mosermandls und der Riedingspitze im Talhintergrund. Sie wird auch als Schutzhütte geführt.

Bewirtschaftungszeit: 15. Juni – 30. September.

Besitzer: Peter Gruber, Zederhaus. *Bewirtschafter und Pächterin* der Hütte: Katharina Stranner, Zederhaus.

Viehbestand: 10 Kühe, 100 Stück Jungvieh (teils Zinsvieh). Spezialitäten: Röst- und Graukäse. Jausenstation.

Wandervorschlag: In ½ Std. zum Rothenwänder-See, in 1½ Std. zur Franz Fischer-Hütte, in 2½ Std. auf das Mosermandl (2.680 m).

Karte: F & B. Nr. 202.

156 BARTL-ALM

AP ist die Postautobushaltestelle „Mühlbach", 3 km vor der Mautstelle im Riedingtal. Man folgt rechterhand des Mühlbaches einem Almweg durch Wald in 1 Std. zu den Hütten auf 1.660 m. Die andere Aufstiegsroute nimmt beim „Denkmalhof" ihren Anfang, und man benötigt (weniger steil) von hier 1½ Std. auf die Alm. Die Bartl-Alm sowie die drei anderen Hütten (Lechner-Alm ist ebenfalls bewirtschaftet) liegen in einem Talkessel, umrahmt von Plankowitzspitze, Pleißnitzkogel und Weißeck. Ausblick über das Tal hinweg zu Zwillingswand und Schwarzeck.

Bewirtschaftungszeit: 1. Juni – 20. September.

Besitzer: Ernst Bliem, Zederhaus. Die fast 400 Jahre alte Hütte wird ununterbrochen bewirtschaftet. Jausenstation mit eigenem Röstkäse, Graukäse, Rahmkoch etc. Ein Wasserrad treibt das Butterfaß an.

Wandervorschlag: In 1½ Std. zum Mühlbachsee (ca. 2.150 m).

Karte: s. oben.

Die Bartl-Alm bei Zederhaus.

Großkessel-Alm mit Muhrer- und Glanzer-Hütte.

157 GROSSKESSEL-ALMEN

AP ist die Mautstation der Straße ins Riedingtal, etwa 9 km von Zederhaus entfernt. In knapp einer Stunde wandert man von hier das Groß-Kesseltal auf einer Alm-Forststraße bis zum prächtigen Talschluß hinein, der vom Kl. Mosermandl, Permuthwand und Taferlnock gebildet wird. Drei Almen mit ihren urigen Hütten sind hier auf 1.660 m angesiedelt, von denen die Urbanbauer-Alm (Agrargemeinschaft mit 120 Stück Jungvieh) die größte ist. Als Jausenstation bewirtschaftet sind die Glanzer-Alm (6 Kühe) und die Muhrer-Alm.

Bewirtschaftungszeit: 1. Juni – 20. September.

Besitzer: Fam. Gruber, Litzldorf.

Viehbestand: 4 Kühe, 48 Stück Jungvieh (teils Zinsvieh). Die Sennerin bietet Sauerkäse, Butter, Rahmkoch usw. an.

Wandervorschlag: In 1 1/2 Std. auf die Taferlscharte (2.236 m).

Karte: F & B. Nr. 202.

158 SCHIEFER-ALM

AP ist Bruckdorf bei Zederhaus, von wo aus eine Alm-Forststraße in vielen Kehren, jedoch zügig, in 1½ Std. zur Alm auf 1.718 m hinaufführt. Die Hütte liegt auf einer weiten Geländestufe unterhalb der Felsbastionen von Gugl-Spitze, Hochfeind und Schwarzeck. Eindrucksvoll ist der Blick über das Zederhaustal hinweg auf Pleißnitzkogel und Marislwand.

Bewirtschaftungszeit: 15. Juni – 20. September.

Besitzer: Fam. Pfeifenberger vlg. Schiefer, Rothenwand 35.

Viehbestand: 10 Kühe, 20 Stück Jungvieh. Die Milch wird teilweise zu Graukäse und Butter verarbeitet. Auf der Hütte werden div. Almprodukte angeboten.

Wandervorschlag: In 2½ Std. auf die Gr. Gugelspitze (2.638 m; nur für Geübte).

Karte: F & B Nr. 202.

Sieben Kilogramm schwere Enzianwurzeln

Neben den vielen niedrigwüchsigen, blau bis lila blühenden Enzianarten fallen auf unseren Almweiden besonders die beiden hochwüchsigen Enzianarten auf, nämlich der gelblich blühende Punktierte Enzian und der rotviolett blühende Pannonische Enzian.

Der Sage nach wurde der Enzian nach dem illyrischen König Genthius benannt, der den Gelben Enzian als Pestmittel empfohlen haben soll. Schon seit dem Altertum ist der Enzian eine beliebte Heil- und Bitterpflanze.

Heute ist es streng verboten, die Enzianwurzeln auszugraben, früher einmal war das aber ein bedeutender Erwerbszweig. Bei günstigen Bodenverhältnissen hat man Enzianwurzeln von 25jährigen Pflanzen mit einem Frischgewicht von 6 bis 7 Kilogramm ausgegraben. Die Wurzeln sind wegen ihrer Bitterstoffe bekannt, die in der Volksmedizin ihre besondere Bedeutung erlangt haben. So sind Enzianwurzelextrakte und -tinkturen als Fieber- und Gichtmittel, aber auch gegen Darmparasiten anerkannt worden. Häufig ist die Enzianwurzel als Geheimmittel gegen Trunksucht empfohlen worden.

Besonders beliebt ist der Enzianschnaps, der auf den Tiroler Almen so hergestellt wird, daß die ausgegrabenen Wurzeln, ehe sie weiterbehandelt werden, auf Haufen geworfen und mit Zweigen bedeckt bleiben, bis sie sich durch eine inzwischen einsetzende Gärung braun färben. Diese Gärung kann bis zu zwei Monate dauern. Ein daraus hergestellter Brei wird gekocht und ausgetrestert, und anschließend wird das Gemenge destilliert. Gegen verschiedene Magen- und Darmbeschwerden gilt ein Enzianschnaps noch immer als nie versagendes Universalmittel. Und noch heute sagt der Tiroler: „Wie die Enzianwurzel ist keine andere so stark!" Andere rühmen dem Enzianschnaps nach: „Im ersten Jahr ist er gut, im dritten nobel und vom zwölften an nimmt er es mit jedem sechssternigen Kognak auf!"

Osttirol /
Oberkärnten

Osttirol, Oberkärnten

Osttirol weist rund 550 Almen auf, von denen mehr als die Hälfte direkt in Einzelprivatbesitz stehen. Ausschließliche Kuhalmen gibt es nahezu keine mehr; 55% der Almen werden von Kühen und Galtvieh gemeinsam bestoßen. Es werden bloß 3.000 Kühe auf die Osttiroler Almen aufgetrieben.

In Oberkärnten liegen etwas mehr als 800 Almen, von denen rund 500 auf die Tauerntäler, 200 auf das Oberkärntner Drautal, 100 auf das Gail- und Lesachtal entfallen. 50% der Almen werden gemischt bewirtschaftet, die zweite Hälfte entfällt auf reine Galtviehalmen. Insgesamt werden in Oberkärnten nur 4.400 Kühe aufgetrieben.

Im Verhältnis zu den Westtiroler Gebieten sind die Osttiroler Almen im Durchschnitt sehr klein. Hier ergibt sich in manchen Tälern die interessante Situation, daß rund um die Siedlungen, welche in eng eingeschnittenen Tälern liegen, die landwirtschaftlichen Nutzungsmöglichkeiten geringer sind als auf den Almweidearealen der Hochlagen. Sehr wichtig war hier auch immer die Heuernte der Bergwiesen, die oft nur alle zwei Jahre gemäht und von denen das Heu in mühevoller Arbeit mittels Abziehen von beladenen Reisigästen oder mittels Schlitten ins Tal gebracht werden konnte. Die Arbeit auf den steilen Bergwiesen war bei den extremen Geländeverhältnissen oft sehr gefährlich; so verunglückten beispielsweise in der Gemeinde Matrei in den letzten 400 Jahren 194 Personen durch Absturz beim Bergheuen oder beim Heutransport tödlich.

In Oberkärnten spielt die Almwirtschaft eine wesentlich größere Rolle als im mittleren und östlichen Kärnten.

Das Gailtal war seinerzeit wegen der dortigen Almdörfer berühmt. Die meisten dieser Gebäude haben inzwischen ihre Funktion verloren, viele wurden abgerissen, manche dienen als Freizeitwohnsitze.

Foto umseitig:
Oberstaller-Alm.

159 INNERGSCHLÖSS- UND AUSSERGSCHLÖSS-ALM

AP ist das Matreier Tauernhaus, zu dem man von der Felbertauernstraße aus gelangt. Von hier in einer ³/₄ Std. – vorbei an den Hütten der Außergschlöß-Alm – flach zum prachtvollen, vom Großvenediger beherrschten Alm-Talboden (1.691 m) und Talschluß.

Bewirtschaftungszeit: Mitte Juni – Ende September.

Besitzer: „Agrargemeinschaft Innergschlöß" mit 15 Mitgliedern (Bauern aus Matrei). Die 15 Almhütten sind nicht mehr bewirtschaftet und werden teilweise als Ferienwohnungen vermietet. Die Bauern haben einen modernen Gemeinschaftsstall errichtet und einen Senner mit zwei Gehilfen angestellt. Dieser ist eines der Mitglieder und betreibt mit seinen beiden Söhnen die Sennerei. Obwohl sie gelernte Metzger bzw. Tischler sind und in diesen Berufen mehr verdienen würden, haben sie sich im Sommer dem Almleben verschrieben.

Viehbestand: 80 Kühe, 250 Stück Galtvieh, 1.700 Schafe. Das Galtvieh ist im Hochsommer einige hundert Meter höher auf der „Ochsen-Alm" untergebracht, wo täglich nachgesehen wird. Die Milch wird jeden 2. Tag zur Molkerei gebracht. Die Wanderer und Touristen werden in Innergschlöß im „Venedigerhaus" versorgt.

Wandervorschlag: „Gletscherlehrpfad Innergschlöß" = 3 Std.; in 3 Std. zur Neuen Pragerhütte (2.796 m); in 3 Std. auf das Löbbentörl (2.770 m).

Karte: Mayr, Osttirol.

Außergschlöß-Alm mit Großvenediger.

Auf der Innergschlöß-Alm.

160 WOHLGEMUT-ALM

AP ist das Matreier Tauernhaus in Gschlöß, zu dem man von der Felbertauernstraße aus gelangt. Von hier sind es lediglich 15 Minuten zu den 6 Hütten (2 sind Doppelhütten) der Wohlgemut-Alm (1.560 m), die im weiten Talboden liegen.

Bewirtschaftungszeit: Juni – Ende September.

Besitzer: „Agrargemeinschaft Wohlgemut-Alm" mit 8 Bauern aus Matrei.

Viehbestand: 30 Kühe und 50 Stück Galtvieh, die von einem angestellten Senner betreut werden. Die Milch wird jeden 2. Tag zur Molkerei geliefert. Jedes Jahr findet am 15. August ein traditionelles Almfest statt. Jausenstation.

Wandervorschlag: Auffahrt mit dem Sessellift zum „Venedigerblick" auf 1.996 m und in 1¹/₂ Std. zur St. Pöltenerhütte (2.481 m).

Karte: Mayr, Osttirol.

Wohlgemut-Alm in Gschlöß.

161 DAXER-ALM UND UNTERRAINER-ALM

AP ist die Felbertauernstraße bei der Abzweigung zur Landegg-Alm, der wir etwa eine ³/₄ Std. folgen. Sodann lassen wir uns über den markierten Almweg zur Kessler- und Daxer-Alm in einer weiteren Stunde leiten. Die Hütten liegen sehr romantisch in 1.800 m unterhalb des Muntanitz mit Blick auf die Gletscher der Venedigergruppe. Von den drei Hütten ist nur eine bewirtschaftet. Oberhalb, auf 1.970 m, liegt die Unterrainer-Alm, deren Gebäude im Jahre 2000 neu errichtet wurden.

Bewirtschaftungszeit: Juni – September.

Besitzer: Josef Preßlaber.

Viehbestand: 10 Kühe, 30 Stück Galtvieh.

Almprodukte: Bergkäse, Graukäse.

Wandervorschlag: In 2 Std. zur Sudetendeutschen Hütte (2.650 m).

Karte: s. oben.

Daxer-Alm oberhalb der Felbertauernstraße.

162 ZEDLACHER-ALM

AP ist der Weiler Gruben an der Felbertauernstraße, von wo aus der markierte Weg in das Froßnitztal hinaufführt. Vorbei an der Katal-Alm und den Mitteldorfer-Almen wandern wir durch das Tauerntal in 2½ Std. hinauf zur Zedlacher-Alm, die auch Froßnitz-Alm genannt wird. Das Almdorf mit seinen 20 steingemauerten Häusern, die an das Tessin erinnern, liegt unterhalb von Eichham und Ochsenbug zusammengedrängt auf 1.842 m. Obwohl die Örtlichkeit immer als lawinensicher galt, hat 1967 eine gewaltige Lahn die Häuser zerstört; sie wurden dennoch wieder am selben Ort aufgebaut.

Die Alm gehört gemeinschaftlich 20 Bauern aus Zedlach bei Matrei mit entsprechenden Auftriebsrechten. Derzeit sind nur 4 Häuser bewirtschaftet. Eines davon wird als Jausenstation geführt (Genoveva Wibmer, Zedlach).

Bewirtschaftungszeit: 1. Juli – Ende September.
Viehbestand: 23 Kühe, 170 Stück Galtvieh.
Almprodukte: Schnitt- und Graukäse, Butter.
Wandervorschlag: In 2½ Std. zur Badener-hütte (2.608 m).
Karte: Mayr, Osttirol.

Das Hüttendorf der Zedlacher-Alm.

Eine der romantischen Hütten auf der Zedlacher-Alm wird als Jausenstation geführt.

Der Butter-Rührkübel wird am frischen Quellwasser gereinigt.

163 MITTELDORFER-ALM

AP wie Zedlacher-Alm. Das kleine, lawinensicher in den Hang hineingebaute Almdorf (1.850 m) mit seinen 5 Hütten erreichen wir nach etwa 2 Std. Sie liegen direkt unter den weiten Bergmähdern der Dabernitzhöhe.

5 Bauern aus Matrei sind die Besitzer der Gemeinschaftsalm, sie haben einen eigenen Senner angestellt. Die Hütte der Fam. Resinger aus Matrei wird als Jausenstation bewirtschaftet.

Bewirtschaftungszeit: 20. Juni – 15. September.

Viehbestand: 30 Kühe, 170 Stück Galtvieh, 150 Ziegen, 300 Schafe.

Almprodukte: Grau- und Ziegenkäse.

Wandervorschlag: s. Zedlacher-Alm.

Karte: Mayr, Osttirol.

Die Hütten der Mitteldorfer-Alm sind lawinensicher in den Hang gebaut.

164 OBERE KATAL-ALM

AP wie Zedlacher-Alm. Wir erreichen die 5 Hütten (1.725 m) nach etwa 1³/₄ Std. Drei davon sind älter als 200 Jahre. Sie liegen in prächtiger Lage unterhalb des Strichwandkogels. Die aus Zedlach und Mitteldorf stammenden Bauern wirtschaften individuell.

Bewirtschaftungszeit: 15. Juni – Ende September. Als Jausenstation geführt wird die Hütte beim „Ulln" (vlg. Außergasser, Zedlach).

Viehbestand: Jeder der Bauern treibt 5 bis 6 Kühe und an die 15 Stück Galtvieh auf.

Wandervorschlag: Vom „Ulln" startet seit einigen Jahren das inzwischen berühmt gewordene „Pferde-Trekking", bei dem das Gepäck der Trekker in 3 Tagen über die Badenerhütte und das Löbbentörl bis Innergschlöß transportiert wird.

Auch auf der Katal-Alm wird noch immer Bergheu mit der Sense gemäht – wenngleich längst nicht mehr so viel wie früher. Gedenktafel vor der Katal-Alm für 4 im Winter Verunglückte beim „Heimschlitteln" des Bergheus.

Karte: s. oben.

Start zum Pferdetrekking auf der Oberen Katal-Alm.

165 INNERE STEINER-ALM

AP ist das „Felbertauernstüberl" an der Felbertauernstraße. Von hier aus führt der Weg, vorbei an einem mächtigen Wasserfall, über den Weiler Stein zur Alm. Die drei Anwesen von Stein sind noch immer nicht durch eine Straße, sondern nur durch eine Kleinseilbahn, über die der gesamte Personen- und Güterverkehr der Bauernfamilien läuft, erschlossen. In 1½ Std. erreichen wir die Innere Steiner-Alm (1.770 m) mit ihrem aus Stein gemauerten Wohngebäude, das aber mehrmals modernisiert wurde. Haus und Stall liegen unterhalb des Muntanitz mit Prachtblick auf die Venedigergruppe.

Bewirtschaftungszeit: Um den 20. Mai zieht die gesamte Familie mit Sack und Pack hinauf auf die Alm und sperrt zuhause sozusagen zu (zur Heuarbeit am Heimbetrieb wird tageweise hinuntergegangen). Ende September kehrt sie wieder zurück.

Besitzer: Josef Wibmer, der die Alm auch als Jausenstation führt.

Viehbestand: 9 Kühe, 15 Milchziegen, 50 Stück Galtvieh, 600 Schafe.

Almprodukte: Berg-, Grau-, Ziegenkäse.

Wandervorschlag: Weiterweg zur Äußeren Steiner-Alm in einer ¾ Std.

Karte: Mayr, Osttirol.

Auf der Inneren Steiner-Alm.

166 ÄUSSERE STEINER-ALM

AP wie oben oder direkt vom Weiler Stein (1 Std.). Die Alm mit ihren ansprechenden Gebäuden liegt auf 1.909 m im reizvollen Hochtal. 15 Minuten entfernt die sog. „Edelweißwiese".

Die Bauern der „Agrargemeinschaft Äußere Steiner-Alm" treiben nur Galtvieh auf. Eine der Hütten wird als Jausenstation geführt.

Wandervorschlag: Zur Inneren Steiner-Alm (s. oben) oder in 2 Std. zur Sudetendeutschen Hütte (2.650 m).

Karte: s. oben.

In der Nähe der Äußeren Steiner-Alm gedeiht viel Edelweiß.

167 ARNITZ-ALM

AP ist Ganz b. Matrei, von wo man noch ein Stück bis zu einem P hinauffahren kann. Von hier zuerst auf Forstweg, später auf altem Almweg in 2 Std. bis zu den drei urigen Hütten, die in 1.848 m prächtig vor der Kulisse der Eichham-Gruppe liegen.

Bewirtschaftungszeit: Ende Juni – Ende September.

Besitzer: „Agrargemeinschaft Arnitz-Alm".

Bewirtschafter: Fam. Unterrainer, die eine der Hütten als Jausenstation führt.

Viehbestand: 25 Kühe, 20 Ziegen, 65 Stück Galtvieh, 150 Schafe.

Almprodukte: Butter, Graukäse.

Wandervorschlag: In 1¹⁄₂ Std. zur Zunig-Alm und zum Zunig-See (1.846 m).

Karte: Mayr, Osttirol.

![Arnitz-Alm am Beginn des Virgentales.]

Arnitz-Alm am Beginn des Virgentales.

Woden-Alm bei Matrei.

168 WODEN-ALM

AP ist Zedlach b. Matrei auf 1.260 m, von wo aus man den Weg durch das „Zedlacher Paradies" mit seinen Lärchenwiesen und einzelnen über 500 Jahre alten Baumriesen wählt. Aufstiegszeit zur Alm 2 Std.

Die reizvolle Almhütte liegt auf 1.825 m unterhalb von Ochsenbug und Hintereggkogel.

Bewirtschaftungszeit: Ende Juni – Oktober.

Besitzer: Anna Niederegger, Zedlach.

Viehbestand: 5 Kühe, Ziegen.

Almprodukte: Butter, Graukäse, Ziegenkäse. Jausenstation. Eine hölzerne Kneipp-Rinne vor der Hütte zieht mit dem „Wodenwasser" den Wanderern „die Müdigkeit aus den Beinen".

Wandervorschlag: Spaziergänge zu den Wodenschupfen, Gamsgraben oder den sagenumwobenen Rasselklüften.

Karte: Mayr, Osttirol.

169 GOTTSCHAUN-ALM

AP ist Göriach b. Virgen, von wo es mehrere Aufstiegsvarianten gibt. Die schönste ist zweifellos jene über die „Allerheiligenkapelle" durch einen Lärchenwiesenwald. Nach 2 Std. erreichen wir die in wunderbarem Blumenschmuck prangende Almhütte auf 1.945 m Seehöhe. Sie liegt prachtvoll vor der Gletscherkulisse von Dreiherrnspitze und Malhamspitzen.

Bewirtschaftungszeit: Anfang Juni – 10. Oktober. – Jausenstation.

Besitzer: Fam. Gsaller, Göriach.

Viehbestand: 5 Kühe, 10 Stück Galtvieh.

Almprodukte: Butter, Graukäse.

Wandervorschlag: 1) Prägraten – Niljochhütte (1.990 m) – Gottschaun-Alm – Virgen = 5 Std. Gesamtgehzeit.
2) In 2¹/₂ Std. zur Bonn-Matreier-Hütte (2.750 m).

Karte: s. oben.

Hinter der Gottschaun-Alm tauchen die Gletscher der Dreiherrnspitze auf.

170 BERGER-ALM

AP ist Virgen mit der Zufahrt über Ober-Welzelach bis zum P „Berger-Alm". Von hier steiler, direkter Aufstieg durch Hochwald zur Alm in 1^1/$_2$ Std. oder über Forstwege in 2 Std. Die Almhütten liegen auf 1.845 m in prachtvoller Aussichtslage auf Simony-spitze, Rötspitze und die Schobergruppe.

Bewirtschaftungszeit: Mitte Juni – Ende September.

Besitzer: Johann Mühlburger, Welzelach. – Eine Hütte wird als Jausenstation geführt.

Viehbestand: 5 Kühe, 20 Stück Galtvieh.

Almprodukte: Butter, Graukäse.

Wandervorschlag: 2 Std. zum Bergersee (2.182 m) und 2^1/$_2$ Std. auf den Bergerkogel (2.656 m).

Karte: Mayr, Osttirol.

Die urigen Hütten der Berger-Alm.

171 BODEN-ALM

AP ist der Ortsteil Wallhorn bei Prägraten, von wo aus eine Mautstraße (3 km) bis P und von hier in 45 Min. bis zur Alm (1.960 m) führt oder von Bichl b. Prägraten in 1^1/$_2$ Std. Schöne Lage oberhalb von Prägraten inmitten weiter Almflächen und Bergmähder.

Bewirtschaftungszeit: Ende Mai – Ende Oktober.

Besitzer: Fam. Berger, Prägraten. – Die Hütte wird als Jausenstation geführt.

Viehbestand: 4 Kühe, 10 Stück Galtvieh.

Wandervorschlag: In einer ^{3}/$_4$ Std. zur Wallhorn-Alm (2.017 m); in 2 Std. zur Sajathütte (2.600 m).

Karte: s. oben.

172 LASNITZEN-ALM

AP ist die alte Säge in Prägraten (P): Zuerst 1 Std. auf dem Almweg und dann ^{1}/$_2$ Std. oberhalb der Schlucht bis zur Alm (1.887 m), von der es einen wunderbaren Ausblick hinüber zum Großvenediger und zu den Simony-spitzen gibt. Die Lasnitzen-Hütte wird als Schutzhütte geführt (Fam. Berger, St. Andrä); oberhalb steht die 1992 neu errichtete Sennhütte der „Agrargemeinschaft Lasnitzen-Alm" mit moderner Käserei und angestelltem Senner.

Viehbestand: 30 Kühe, 20 Stück Galtvieh.

Almprodukte: Butter, Graukäse, Schotten (Topfen der Buttermilch). Am letzten Sonntag im August sog. „Marktlostag" auf der Alm.

Wandervorschlag: Auf den Lasörling (3.098 m) in 3^1/$_2$ Std.; zum „Jungbrunnen" in 1 Std.; auf das Almkögele (2.300 m) in 1 Std.

Karte: s. oben.

Käsekessel in der Sennhütte auf der Lasnitzen-Alm.

173 GLANZ-ALM

AP ist Dölach b. Hopfgarten im Defereggental. Von hier aus Seilbahn bis zum Ortsteil Ratzell und von dort durch Wald und über Bergwiesen zur Hütte (1.974 m) und dem neu erbauten Stall in 1 Std. Die Alm liegt am Bergrücken zwischen Hopfgarten und Matrei mit Blick auf Großglockner und Hochgall.

Bewirtschaftungszeit: Mitte Juni – Mitte September.

Besitzer: Ernst Blaßnig, Ratzell. – Jausenstation.

Viehbestand: 4 Kühe, 15 Stück Galtvieh.

Almprodukte: Butter, Graukäse.

Wandervorschlag: „Edelweißweg" über die Ratzeller Bergwiesen nach Hof bei Hopfgarten in 3 Std.

Karte: Mayr, Osttirol.

174 GUMPEL-ALM

AP ist das „Getränkedepot" in Dölach b. Hopfgarten, von wo der Forst-Almweg nach Durchquerung der Waldzone über die weiten „Grünalm-Böden" zur Gumpel-Alm hinaufführt (2$\frac{1}{2}$ Std.), die wie ein Adlerhorst mit Blick zum Großglockner herrlich in 1.897 m liegt. Die nach Lawinenschaden 1957 neu erbaute Hütte ist mit Stahlseilen gegen Lawinenluftdruck verankert. Materialseilbahn.

Bewirtschaftungszeit: Anfang Juli – Ende September.

Besitzer: Fam. Hopfgartner. – Jausenstation.

Viehbestand: 5 Kühe, 15 Stück Galtvieh.

Almprodukte: Butter, Graukäse.

Wandervorschlag: 1) In einer $\frac{3}{4}$ Std. zur oberhalb gelegenen Ochsen-Alm (2.250 m). 2) Abstieg über die Grün-Almen (1.870 m) nach Dölach in 3 Std. 3) Von den Grün-Almen auf den Fürstkogel (2.138 m) in einer $\frac{3}{4}$ Std.

Karte: s. oben.

Über den Dächern der Gumpel-Alm ist der Großglockner zu sehen.

175 LEPPETAL-ALM

AP ist Bruggen zwischen St. Veit und St. Jakob in Defereggen. Hier über die Schwarzach, und dann findet sich bereits die Hinweistafel zur Alm, die man in 1½ Std. nach steilem Aufstieg (oder 2 Std. über Zufahrtsweg) erreicht. Die 1897 erbaute, zünftige Hütte liegt auf 1.930 m unterhalb der Hochleitenspitze.

Bewirtschaftungszeit: Ende Juni – Ende September.

Besitzer: Fam. Ladstätter aus Bruggen. – Die Hütte wird als Jausenstation geführt.

Viehbestand: 5 Kühe, 15 Stück Galtvieh.

Almprodukte: Butter, Graukäse.

Wandervorschlag: Über den Kl. Leppleskofel (2.469 m) in 1½ Std. zur Brunnalm-Seilbahn.

Karte: Mayr, Osttirol.

Mehr als hundert Jahre ist die Hütte der Leppetal-Alm alt.

176 UNTERE UND OBERE TROJER-ALM

AP ist St. Jakob i. D., von wo der bequeme Weg längs des Trojeralmbaches in 1½ Std. zu den beiden übereinanderliegenden Almen führt (1.815 und 2.001 m). Sie stehen schon seit alten Zeiten im Besitz von Bauern aus Brunneck, die über den Staller Sattel herübertreiben und einen Senner beschäftigen.

Bewirtschaftungszeit: Von Ende Juni bis Ende Juli wird die Untere, anschließend bis Ende September die Obere Trojer-Alm bestoßen.

Viehbestand: 30 Kühe, 30 Stück Galtvieh, 15 Milchziegen. Am Beginn der Unteren Alm wurde vor wenigen Jahren die „Jausenstation Trojer-Alm" (Fam. Wieser, St. Jakob) neu errichtet.

Wandervorschlag: In 2 Std. über den R. Kauschka-Weg zur Reichenbergerhütte (2.586 m).

Karte: s. oben.

Untere Trojer-Alm bei St. Jakob i. D.

177 BRUGGER-ALM

AP ist St. Jakob i. D. bei der Talstation der Seilbahn auf die Brunn-Alm. Von hier führt der markierte Weg in 1 Std. zum kleinen Almdorf der Brugger-Alm mit seinen 4 Hütten, die auf 1.818 m liegen. Der Talausblick geht von der Alm hinüber zur Lasörlinggruppe und taleinwärts zur Roten Spitze.

Bewirtschaftungszeit: Mitte Juni bis Anfang Oktober. „Jausenstation Brugger-Alm" (Fam. Stremberger).
Besitzer: „Agrargemeinschaft Brugger-Alm".
Viehbestand: 7 Kühe, 130 Stück Galtvieh. – Die Jausenstation wird vom angestellten Senner mit Butter und Graukäse beliefert.
Wandervorschlag: 45 Min. zur oberhalb gelegenen Ragötzel-Alm (bewirtschaftet); 1½ Std. zur Mooser-Alm.
Karte: Mayr, Osttirol.

178 BLINDES-ALM

AP ist St. Jakob i. D., Ortsteil Mariahilf. Von hier zuerst über Almweg, dann über markierten Steig (1½ Std.). Die 1960 neu erbaute Hütte liegt auf 1.714 m sehr hübsch in einem Alm-Felsrund unterhalb des Deferegger Pfannhorns.

Bewirtschaftungszeit: 20. Juni – 10. Oktober (Materialseilbahn).
Besitzer: Christian Ladstätter. – Jausenstation.
Viehbestand: 5 Kühe, 12 Stück Galtvieh.
Almprodukte: Butter, Graukäse.
Wandervorschlag: In 1½ Std. zum Gsiesertörl (2.205 m; Grenzübergang nach Südtirol).
Karte: s. oben.

Blindes-Alm im Defereggental.

179 JAGDHAUS-ALPE

AP ist das hinterste Defereggental, von dem aus man auf der Mautstraße bis zur Oberhaus-Alm (P) fahren kann. An ihr vorbei (Gemeinschaftsalm mit Senner; versch. Käsesorten) wandern wir sodann durch einen der größten Zirbenwälder der Ostalpen im Schwarzachtal gemächlich aufwärts. Vorbei an der Seebach-Alm (Doppelhaus mit 2 Besitzern; offenes Feuer zum Käsen) erreichen wir nach etwa 2 Std. das interessante Almdorf der Jagdhaus-Alpe (2.033 m), dessen Name in alten Zeiten „Jochhaus-Alpe" lautete. Die Alm liegt direkt unterhalb der beiden Dreitausender Gr. Löffler und Rötspitze. Die 16 steingemauerten Häuser

Almkirchlein „Maria Schnee".

gehören seit dem 16. Jhdt. Bauern aus dem Südtiroler Ahrn- und Pustertal, und auch heute noch wird das Vieh über das nahe, 2.300 m hohe Klammljoch herübergebracht (was seinerzeit von 3 bis 21 Uhr dauerte; heute wird über das Klammljoch gefahren). Im 12. und 13. Jhdt. bestand hier sogar eine Dauersiedlung mit 6 Schwaighöfen. Heutzutage werden allerdings nur noch wenige Kühe und nur Galtvieh aufgetrieben; 1950 waren es noch 120 Kühe. Die Besitzverteilung basiert auf Auftriebsrechten mit Ausnahme von je 2 flachen Wiesengrundstücken, die vermessen sind und im direkten Eigentum der Bauern stehen (das Heu wird auf der Alm zur Verlängerung der Weidezeit verfüttert).

Bewirtschaftungszeit: Mitte Juni bis Ende September.

Besitzer: Seit 1970 Agrargemeinschaft mit 15 Mitgliedern; Obmann: David Eppacher, Rain in Südtirol. – Seit 1989 wird die Alm gemeinsam bewirtschaftet; es sind 3 Senner angestellt. Von den 4 bewirtschafteten Hütten wird eine als Jausenstation geführt.

Viehbestand: 12 Kühe, 300 Stück Galtvieh.

Almprodukte: Butter, Graukäse.

Das Kirchlein „Maria Schnee" ist schon 150 Jahre alt. Noch im vorigen Jhdt. las der Kurat von Rain für die rund 40 Almleute alle 14 Tage eine Messe.

Wandervorschlag: 1) In 1½ Std. durch das Arvental auf das Klammljoch (2.298 m). 2) Durch das Schwarzachtal in 2½ Std. auf das Rotenmanjoch (2.886 m; Besteigung der 3.495 m hohen Rötspitze von dort aus nur für Erfahrene).

Karte: Mayr, Osttirol.

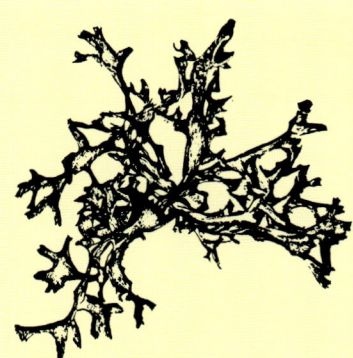

Isländisches Moos

Diese Pflanze gehört zu den Flechten und kommt bodenbedeckend vom Tiefland bis an die Schneegrenze der Hochgebirgslagen vor. Hauptsächlich auf den Höhenrücken und den oberen Flanken im Kristallingestein verbreitet, schützt das unscheinbare, weißlichgraue, niedrige Gewächs den Rasenpolster der höchsten Almflächen vor Sturm und Erosion.

Wie für die Rentiere in Lappland und für das Hochwild ist das Isländische Moos, das im Volksmund ganz allgemein „Graupen" genannt wird, auch für das Almvieh ein wertvolles Futter. Es enthält unter anderem schleimige Stoffe, welche bei Durchfall der Tiere stets beruhigend wirken.

Früher einmal wurden große Flächen abgerecht und eingesammelt, damit auf Almen, aber auch auf den Heimhöfen Notfutter zur Verfügung stand. Selbst dem Menschen kann Isländisches Moos als Notnahrung dienen. Moossuppe erhält beim Kochen eine fettige Beschaffenheit.

In der Volksmedizin findet es noch heute gelegentlich als Abführmittel und Lungentee Verwendung.

Das Almdorf der Jagdhaus-Alpe auf 2.033 m Seehöhe.

180 CELAR-ALM

AP ist Mittewald im Drautal, von wo aus man über St. Justina in das Kristainbachtal ca. 5 km auf der Almstraße bis zum P hineinfährt. Hier folgen wir dem Schild „Gölbnerblick-Hütte" und erreichen diese nach einer ³/₄ Std. auf 1.824 m. Sie liegt unterhalb des 2.943 m hohen Gölbners im Celar-Seitental inmitten weiter Almflächen. Von den 4 bewirtschafteten Almen auf Celar wird nur die Gölbnerblick-Hütte als Jausenstation geführt.

Bewirtschaftungszeit: Mai – Oktober.

Besitzer: Fam. Gasser, Ried / Anras.

Viehbestand: 5 Kühe, 30 Stück Galtvieh, 5 Milchziegen.

Almprodukte: Graukäse, Ziegenkäse.

Wandervorschlag: In 2¹/₂ Std. auf den Gölbner (Trittsicherheit erforderlich!).

Karte: Mayr, Osttirol.

181 HUBER-ALM

AP ist Thal im Drautal, von wo aus man bis zum „Wildpark" hinauf- und von dort weiter an die 6 km bis zum P beim „Pedtretscher Kaser" hineinfährt. Durch das weite grüne Almrund wandern wir in einer ³/₄ Std. hinauf zur Huber-Alm auf 2.000 m, die am „Pustertaler Almweg" im Wilferner Tal liegt und als bewirtschaftete Bauernalm geführt wird.

Bewirtschaftungszeit: Anfang Juli – Mitte September.

Besitzer: Elfriede Gasser.

Viehbestand: 5–10 Kühe, 15–20 Stück Galtvieh.

Almprodukte: Butter, Graukäse.

Wandervorschlag: In je 1¹/₂ Std. zur Gamper-Alm auf wunderbarem Höhenweg durch Alpenrosenbestände oder zum Waldhuber-Kaser (1.995 m).

Karte: s. oben.

Die Huber-Alm am „Pustertaler Almweg".

146

182 UNTERSTALLER-ALM

AP ist Innervillgraten, das man über Außervillgraten auf guter Straße von Sillian im Drautal aus erreicht. Von hier führt eine gute Almstraße bis zur Unterstaller-Alm auf 1.670 m Seehöhe hinauf. Im weiten Almtal verstreut liegen mehrere große Almhütten unterhalb des Bergrundes, das sich vom Hochkreuz über das Villgrater Törl bis zur Roten Spitze erstreckt. Der Wald reicht hier erstaunlicherweise bis auf 2.100 Meter hinauf. Hier herinnen gibt es viel mehr Mähwiesen als draußen in Innervillgraten, so daß ziemlich viel Heu gemacht wird. Die Steilheit der Wiesen bedingt vielfach noch immer die Handmahd, wie man sie außer in Osttirol heute noch kaum sonstwo in den Alpen sehen kann. Bewundernswert sind die sehr bescheidene Lebensführung und das zähe Festhalten der Villgratner Bauern an ihrer Heimat.

Unterstaller-Alm in Innervillgraten.

Gerade in dieser abgeschiedenen Bergwelt haben sich aber auch noch andere Sitten erhalten, wie die Wilderer-Tragödie von Kalkstein beweist (Bild links unten).

5 Hütten sind auf der Unterstaller-Alm bewirtschaftet, und es werden im Durchschnitt 5 bis 8 Kühe gemolken. Die Milch wird täglich ins Tal gebracht. Jausenstation.

Wilderertragödie von Kalkstein: „...die achte Kugel hat mich tödlich getroffen..."

Die Kapelle auf der Unterstaller-Alm ist dem heiligen Chrysanthus geweiht.

Wandervorschlag: In 2½ Std. zum Schwarzsee (2.050 m); in 2 Std. zum Villgrater Törl (2.500 m).

Karte: Mayr, Osttirol.

Die steilen Bergwiesen können nur in anstrengender Handarbeit gemäht werden.

183 OBERSTALLER-ALM

AP ist die Unterstaller-Alm in Innervillgraten, von der aus man das geschlossene Almdorf (1.850 m) mit seinen 16 Hütten, die alle unter Denkmalschutz stehen, in ½ Std. erreichen kann. 5 Hütten sind noch bewirtschaftet, die meisten anderen werden als Ferienwohnungen vermietet. 6 bis 10 Kühe werden pro bewirtschafteter Hütte gehalten. Taleinwärts schließen ebene Bergwiesen an, die gemäht werden. Weiter talauf finden sich zwei Hirtenunterstände; hier wird auch das Galtvieh gehalten.

Wandervorschlag: 1) In 2½ Std. auf die Rote Spitze (2.963 m; Trittsicherheit!). 2) In 5 Std. über die Ragötzlenke (2.700 m) und das Wetterkreuz (2.233 m), Übergang und Abstieg ins Defereggental.

Karte: Mayr, Osttirol.

Oberstaller-Alm in Innervillgraten.

Das denkmalgeschützte Almdorf der Oberstaller-Alm.

184 LESACHER-ALM

AP ist Unterlesach b. Kals (P), von wo die Markierung auf reizvollem Pfad längs des Lesachbaches in 1¹/₂ Std. zur Hütte (1.828 m) führt. Der wuchtige Glödis bildet hier den imposanten Talschluß, und der Ganot ragt direkt hinter der Hütte auf.

Bewirtschaftungszeit: Ende Juni – Ende September.

Bewirtschafter: Monika Unterweger, welche die Hütte als Jausenstation führt.

Viehbestand: 3 Kühe, 2 Kälber.

Almprodukte: Butter, Graukäse.

Wandervorschlag: In 1 Std. zur Lesachriegelhütte (2.120 m) mit Glocknerblick.

Karte: Mayr, Osttirol.

*Lesacher-Alm bei
Kals am Großglockner.*

185 DIE ALMEN IM KALSER DORFERTAL

AP ist Kals, von dort kann man noch ein Stück bis zum Gh. Taurer hineinfahren (P). Von hier aus begeht man dann in 1–2¹/₂ Std. den wunderschönen Weg – zuerst durch die Daberklamm – in das Dorfertal hinauf. Bei der Klamm wäre seinerzeit beinahe die große Staumauer errichtet worden, die das gesamte Dorfertal in einen See verwandelt hätte; die Naturschützer haben sich aber durchgesetzt!

Rund 12 bewirtschaftete Almen mit je 3 bis 8 Kühen und im Talhintergrund eine Gemeinschaftsalm mit 40 Kühen sind in Betrieb (die Milch wird jeden 2. Tag zur Molkerei gebracht). Eine Jausenstation und das Kalser Tauernhaus (1.755 m) bieten Speise und Trank.

Wandervorschlag: In 2¹/₂ Std. zum Dorfersee (2.010 m) und in weiterer 2¹/₂ Std. über den Kalser Tauern (2.518 m) zur Rudolfshütte am Weißsee (2.352 m).

Karte: s. oben.

Bewirtschaftete Alm im Kalser Dorfertal mit Fruschnitzkees.

186 HOF-ALM

AP ist der P „Seichenbrunn" im Debanttal (11 km von der Bundesstraße), von dem aus wir zuerst einem „Natur-Lehrpfad" folgen und sodann neben dem Debantbach, durch Zirbenwald und schließlich vorbei an einem gewaltigen Wasserfall, in 1 Std. zur „Bilderbuch-Almhütte" der Hof-Alm (1.820 m) gelangen.

Bewirtschaftungszeit: Ende Juni – 20. September.

Besitzer: „Agrargemeinschaft Hofalpe" mit 20 Mitgliedern.

Bewirtschafter: Klaus und Anna Forcher, Thurn. – Die Hütte wird als Jausenstation geführt.

Viehbestand: 4 Kühe, 160 Stück Galtvieh.

Almprodukte: Graukäse, Romadur, Kräuterkäse.

Wandervorschlag: In $\frac{1}{2}$ Std. zur Lienzerhütte (1.977 m), über der sich der Hochschober erhebt. In 2 Std. zur Wangenitzsee-Hütte (2.508 m) am gleichnamigen See.

Karte: Mayr, Osttirol.

Zünftige Almjause.

Die Hauswurz schützt vor Blitzschlag und Fieber

Schon seit alten Zeiten wird die in Felsspalten im Gebirge gedeihende Hauswurz gerne auf Mauervorsprüngen und auch auf den mit Steinplatten gedeckten Dächern der Almhütten angepflanzt, weil die Pflanze dem Volksglauben nach vor dem Blitz schützen soll. Schon Karl der Große hat die Pächter der kaiserlichen Güter angewiesen, die Hauswurz aufs Dach zu pflanzen. So heißt sie daher auch in manchen Gegenden der Alpen Dachwurzl oder Donnerkraut. In Teilen der Schweiz nennt man die Hauswurz Totenblume, weil man meint, daß das Vertrocknen und auch das Blühen auf dem Dach den Tod eines Hausbewohners vorhersagen.

Sicherlich hat man die Hauswurz seinerzeit auf Mauerkronen kultiviert, um diese vor Auswaschungen zu schützen und durch das Wurzelwerk der Pflanze zusammenzuhalten.

In der Volksmedizin wird sie als Absud, im Wein aufgelöst, gegen Fieber verwendet, aber auch äußerlich gegen Brandwunden, Hautausschläge und Bienenstiche sowie gegen Schwerhörigkeit und Ohrenschmerzen. Mit Fett gemischt, ergibt der Preßsaft eine Kropfsalbe, und man meinte früher, daß eine Mischung aus Hauswurzsaft, Gummi, Rotem Arsenik und Alaun, auf die Hand gestrichen, es erlaube, glühendes Eisen anzufassen.

187 KRÖLL-ALM

AP ist Mörtschach im Mölltal, von wo aus man in das Hochtal der Asten bis zum Sadnig-Haus (1.876 m) hinauffährt. Von dort folgen wir der Markierung in Richtung Stellkopf und gelangen nach einer ³/₄ Std. zur urigen Kröll-Alm, die unterhalb der weiten Hänge der Stellhöhe liegt.

Kröll-Alm vorübergehend nicht bewirtschaftet!

Wandervorschlag: 1) Auf die Astner Hochalm in 1 Std. 2) In 2¹/₂ Std. über das Butzentörl (2.724 m) auf den Stellkopf (2.852 m).

Karte: Kompaß WK Mallnitz – Obervellach.

Kröll-Alm im Hochtal der Asten.

188 ASTNER HOCHALM

AP ist die Kröll-Alm, von der aus wir der Markierung in Richtung Stellkopf durch Bergmähder und über Hochalmgelände in 1 Std. aufwärts folgen (prachtvolle Flora mit unzähligen Kohlröserln usw.). Die Halter-Hütte liegt auf 2.300 m.

Bewirtschaftungszeit: Anfang Juli – Ende September.

Besitzer: „Agrargemeinschaft Astner Hochalm".

Bewirtschafter: Franz Ebner, Mörtschach.

Viehbestand: 1 Kuh, 130 Stück Galtvieh.

Wandervorschlag: Stellkopf (s. oben).

Karte: s. oben.

Franz Ebner, der urige Halter auf der Hochalm.

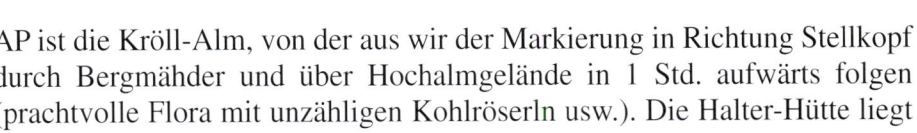

Die Astner Hochalm liegt auf 2.300 m.

189 PICHLER-ALM

AP ist Mörtschach im Mölltal, von wo aus wir über Rettenbach auf recht gutem Zufahrtsweg (10 km) bis knapp vor die Alm (P) hinauffahren können. Die auf 1.920 m liegende, 1975 neu erbaute Hütte steht am Rand der Waldzone in reizvollen Zirbenbeständen.

Bewirtschaftungszeit: Anfang Juni – Ende September.

Besitzer: Eduard Thaler, Rettenbach. – Jausenstation.

Viehbestand: 7 Kühe, 15 Stück Galtvieh.

Almprodukte: Gluntnerkäse und Tilsiter.

Wandervorschlag: In 1½–2 Std. über die Winkler Viehalm zur Winkler-Alm (1.907 m).

Karte: Kompaß WK Glocknergruppe / Hohe Tauern.

190 WINKLER VIEHALM

AP ist die Pichler-Alm, von wo wir der Markierung Nr. 929 in südl. Richtung folgen. Oberhalb der Waldgrenze verläuft der aussichtsreiche Weg mit geringen Steigungen in 1 Std. bis zur romantischen Hütte, die auf 1.976 m liegt. – Jausenstation.

Bewirtschaftungszeit: Mitte Juni – Ende September.

Besitzer: „Almgemeinschaft Winklern" mit 30 Mitgliedern.

Bewirtschafter: Bibiana Lassnig, Rettenbach.

Viehbestand: 2 Kühe, 200 Stück Galtvieh.

Almprodukte: Butter.

Wandervorschlag: In 20 Min. zu einem oberhalb gelegenen, kleinen See; in einer ¾ Std. zur Winkler-Alm (1.907 m).

Karte: s. oben.

*Hier kann man sich wohlfühlen...
(Winkler Viehalm).*

191 SCHOBER-ALM

AP ist Ranach (P) b. Groß-Kirchheim, von wo aus man in 1¹/₂ Std. auf dem sehr gut beschilderten Alm-Forstweg bis zur Alm auf 1.826 m hinaufsteigt. Die in den Hang hineingebaute Hütte liegt in besonders guter Aussichtslage über das Mölltal. – Jausenstation.

Bewirtschaftungszeit: Mitte Juni – Ende September.

Besitzer: Fam. Fleißner vlg. Schober, Ranach.

Viehbestand: 6 Kühe, 6 Stück Galtvieh.

Almprodukte: Butter, Gluntnerkäse.

Wandervorschlag: In ¹/₂ Std. zur Lackner-Alm; in 2 Std. auf den Gartlkopf (2.458 m; Trittsicherheit erforderlich!).

Karte: Kompaß WK Glocknergruppe / Hohe Tauern.

Schober-Alm mit Blick auf das obere Mölltal.

192 LACKNER-ALM

AP ist Putschall b. Groß-Kirchheim, von wo aus eine Straße bis zur Alm auf 1.901 m führt. Lohnend ist jedoch auch die ¹/₂stündige Wanderung herüber von der Schober-Alm. Viele alte Heuhütten weisen auf die ehemalige Bedeutung der Bergmähder hin. Die Hütte liegt prachtvoll angesichts vieler Gipfel der Schobergruppe, aus denen das Hohe Beil besonders herausragt.

Die Lackner-Alm ist eine Gemeinschaftsalm, auf die nur Galtvieh und Schafe aufgetrieben werden.

Wandervorschlag: Schober-Alm – Gartlkopf (s. oben).

Karte: s. oben.

Lackner-Alm – Blick in die Schobergruppe.

Bergmähder im Großfleißtal.

193 ALMEN IM GROSSFLEISSTAL

AP ist die Schau-Goldwaschanlage bei der sog. „Fleißkehre" der Bundesstraße bei Heiligenblut (P). Hier beginnt der romantische Aufstieg neben dem Großfleißbach mit seinen Gumpen hinauf ins Hochtal. Durch die vielen Gletscherschliffe und Wasserfälle ist das Trogtal landschaftlich besonders reizvoll.

Mit Kühen bewirtschaftete Almen gibt es keine mehr. Die „Agrargemeinschaft Großfleißtal" mit 25 Mitgliedern (vornehmlich aus Apriach und

Umgebung) treibt jedoch 130 Stück Galtvieh auf, das durch einen angestellten „Halter" betreut wird. Der Auftrieb erfolgt Mitte Juni; im August wandert der Halter mit dem Vieh dann bis zum Talschluß nach hinten und bezieht sein Quartier auf der Ochsner-Alm (2.115 m). Im vorderen Teil des Tales werden die steilen Bergmähder auch heute noch mit der Hand gemäht (siehe Bild oben aus dem Jahr 1999).

Am Anfang des Tales (etwa eine ¾ Std. vom AP) ist die urige Jausenstation „Sepp's Almkuchel" (1.700 m) Stützpunkt für die Wanderer.

Wandervorschlag: In 2 Std. zur Ochsnerhütte oder Aufstieg über Weg Nr. 161 in 3 Std. zur „Tauernrast" an der Glocknerstraße und Rückfahrt mit dem Bus.

Karte: Kompaß WK Glocknergruppe / Hohe Tauern.

Wasserfall vom Schareck im Großfleißtal.

194 ÄUSSERE EBEN-ALM

AP ist der P beim Kachelsee im hintersten Talwinkel von Heiligenblut mit seinen wunderschönen alten Häusergruppen. Der Weg ins Gößnitztal führt uns zuerst steil aufwärts (Blick zum Gößnitz-Wasserfall) und dann fast eben oberhalb der Gößnitzschlucht auf dem aus dem Fels herausgehauenen Weg sowie schließlich in den Talboden hinauf. Jenseits des Baches steht die Hütte auf 1.650 m (1¼ Std. vom P).

Bewirtschaftungszeit: Anfang Juni – Ende September.

Besitzer: Fam. Pichler, Rojach.

Viehbestand: 2 Kühe, 15 Stück Galtvieh. Die Milch trägt die Sennerin zur benachbarten Wirtsbauerhütte (Materialseilbahn).

Wandervorschlag: s. Wirtsbauer-Alm.

Karte: Kompaß WK Glocknergruppe / Hohe Tauern.

*Äußere Eben-Alm
bei Heiligenblut.*

195 WIRTSBAUER- UND MALESISCHK-ALM

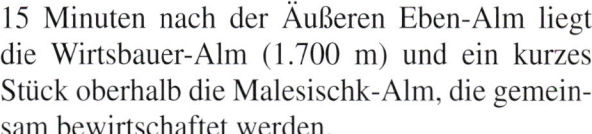

15 Minuten nach der Äußeren Eben-Alm liegt die Wirtsbauer-Alm (1.700 m) und ein kurzes Stück oberhalb die Malesischk-Alm, die gemeinsam bewirtschaftet werden.

Bewirtschaftungszeit: Anfang Juni – Ende September.

Besitzer: 4 Besitzer treiben 30 Stück Galtvieh auf, das abwechselnd betreut wird. Die Wirtsbauerhütte wird als Jausenstation geführt. Etwas taleinwärts liegt die Innere Eben-Alm (Agrargemeinschaft mit 7 Besitzern), auf die 40 Stück Galtvieh aufgetrieben werden.

Wandervorschlag: In 2½ Std. zur Elberfelderhütte (2.341 m).

Karte: s. oben.

*Wirtsbauerhütte in
der Schobergruppe.*

Südliches, mittleres, östliches Kärnten

Südliches, mittleres, östliches Kärnten

In diesem Bereich bestehen rund 1.300 Almen, von denen etwa 550 auf das Nockgebiet und Afritzer Bergland, je ca. 300 auf den Gerichtsbezirk Feldkirchen, auf das nördliche Mittelkärnten, auf das Lavanttal und rund 90 auf die Karawankenregion entfallen. Mit dem bekannten deutlichen West-Ost-Gefälle überwiegt die Galtviehalm mit über 80%. Insgesamt werden aber immerhin noch 2.100 Kühe aufgetrieben.

Nur rund 18% sind Hochalmen, 70% Mittelalmen und 12% Niederalmen. Die meisten Almen wurden seinerzeit in das geschlossene Waldland hineingerodet. In den Karawanken ist derzeit mehr als ein Drittel aller Almen nicht mehr bewirtschaftet; wie in den anderen Gebieten ist eine rückläufige Tendenz eindeutig festzustellen.

Die meisten Almen liegen in der Waldstufe in einer Höhe zwischen 1.300 und 1.700 m, und so sind sie alle nicht allzuweit von den Heimhöfen entfernt. Auf mehr als zwei Drittel aller Almen führt eine mit Lastkraftwagen befahrbare Straße, so daß auf den meisten (eingezäunten) Almen das Vieh vom Heimhof aus durch gelegentliche Besuche beaufsichtigt werden kann. Leider sind hier die früher schon bescheidenen Almgebäude überall verfallen, so daß damit auch vielfach die Attraktion des Almbesuches für den Tourismus fehlt.

Das Nockgebiet hat man seinerzeit einmal als den „Almgau" bezeichnet, weil die sanfte, wenn auch mitunter beträchtlich gegliederte Mittelgebirgslandschaft mit einer sehr großen Anzahl von Almen besetzt ist.

Foto umseitig:
Dellacher Alm.

158

Das Almdorf der Feistritzer-Alm am karnischen Grenzkamm.

196 FEISTRITZER-ALM

AP ist Feistritz a. d. Gail, von wo eine zuerst asphaltierte – später ziemlich holprige, aber dennoch gut befahrbare – Straße über 9 km bis zur Alm auf 1.718 m hinaufführt. Sie liegt mit ihren vielen Hütten, einem großen gemeinschaftlichen Almstall und dem nicht immer bewirtschafteten „Hotel Oisternigg". Eine Almhütte im Hüttendorf wird jedoch als „Schutzhütte" bewirtschaftet.

Bewirtschaftungszeit: Juni – September (die Schutzhütte wird von Mai bis Oktober bewirtschaftet; Pächterin: Mira Jannach).

Bewirtschafter: Rupert Abuja, 9613 Feistritz a. d. Gail.

Viehbestand: 3 Kühe, 150 Stück Galtvieh, 50 Pferde, 60 Schafe, 20 Ziegen.

Wandervorschlag: In ½ Std. zum Kirchlein „Maria Schnee", in 1½ Std. auf schönem Steig zum 2.052 m hohen, berühmten Aussichtsgipfel des Oisternigg, in 2 Std. über italienisches Gebiet zur Vorderberger-Alm.

Karte: Kompaß WK Nr. 60.

197 VORDERBERGER-ALM / DOLINZA-ALM

AP ist Vorderberg bei St. Stefan im Gailtal, von wo aus eine 9 km lange Schotterstraße zum Almdorf mit seinen rund 15 Hütten (1.460 m) führt. Die zum Teil als Ferienhäuser vermieteten Almhütten liegen zusammen mit dem großen gemeinschaftlichen Almstall am sog. Lomsattel, direkt am Karnischen Höhenweg an der Grenze zu Italien.

Bewirtschaftungszeit: 1. Juni – 15. September.

Besitzer: Nachbarschaft Vorderberg. Die Bewirtschafterin (Zita Leiler, Vorderberg 52) führt gleichzeitig vom 10. Juni bis Ende September auch eine Jausenstation mit Übernachtungsmöglichkeit, in der verschiedene Frischkäsearten angeboten werden.

Viehbestand: 3 Kühe, 45 Stück Galtvieh, 40 Pferde.

Wandervorschlag: Zur Feistritzer-Alm 2 Std., auf den Oisternigg 2 Std. und auf den Starhand (1.965 m) ebenfalls 2 Std.

Karte: s. oben.

198 EGGER-ALM

Der AP liegt westlich von Hermagor an der Bundesstraße, von wo ein Hinweisschild zur „Egger-Alm" leitet, die über eine voll ausgebaute Landesstraße (!) nach 12 km erreicht wird. Das Almdorf (1.422 m) mit seinen mehr als 30 Hütten liegt prachtvoll in der Mulde eines Hochplateaus. Ein Teil der Hütten wird an Feriengäste vermietet. Zwei Almgasthäuser sind vom 1. Juni – 15. Oktober geöffnet und bieten diverse Almprodukte, vor allem aber den „Gailtaler Almkäse", an.

Bewirtschaftungszeit: 15. Juni – 20. September.

Besitzer: „Almgemeinschaft Hermagor" (Obmann: Walter Krieber, Fritzendorf.).

Viehbestand: 38 Kühe, 240 Stück Galtvieh, 30 Pferde, 30 Schafe. Es wird vor allem „Gailtaler Almkäse" (45% Fett bei mind. 75 Tagen Reifezeit) erzeugt, der auf insgesamt 14 Gailtaler Almen hergestellt wird.

Wandervorschlag: In einer ¾ Std. auf den Oberdorfer Berg (1.440 m), in 2 Std. auf den Poludnig (1.999 m, Grenzberg zu Italien) mit prachtvoller Sicht zu den Julischen Alpen, in 10 Min. zum Egger-Alm-See, der perennierenden Wasserstand aufweist.

Karte: Kompaß WK Nr. 60.

Die Egger-Alm bei Hermagor.

199 DELLACHER-ALM

AP ist die Egger-Alm, von der aus man etwa 3½ km – vorbei am Egger-Alm-See – die Landesstraße weiter verfolgt. Mit ihren 36 Hütten, von denen 25 vermietet werden, liegt die Dellacher-Alm auf derselben Geländestufe wie die Egger-Alm. Im Almgasthaus erhält man Gailtaler Käse und andere Spezialitäten. Gasthaus von Mitte Mai – Ende September geöffnet.

Bewirtschaftungszeit: 10. Juni – 20. September.

Besitzer: Gemeinschaftsalm (Obmann: Rudolf Zagorz, Dellach 9).

Viehbestand: 8 Kühe, 130 Stück Galtvieh, 20 Pferde, 10 Ziegen.

Wandervorschlag: In 1½ Std. zur Poludnig-Alm und in 1 Std. weiter auf den Poludnig-Gipfel.

Karte: s. oben.

Auf der Dellacher-Alm gibt es 36 Hütten.

160

200 POLUDNIG-ALM

AP ist die Dellacher-Alm, von wo aus eine 6 km lange Schotterstraße in vielen Kehren zur Poludnig-Alm auf 1.708 m hinaufführt. Zu Fuß kürzt man von der Dellacher-Alm den Weg aber ganz stark ab, so daß man auch nicht viel länger als mit dem Auto unterwegs ist. Die 10 Hütten und der große Gemeinschaftsstall schmiegen sich in eine Hochmulde an der Nordostseite des Poludnig (1.999 m). Von der Alm genießt man einen hervorragenden Blick ins Gailtal. Die Jausenstation auf der Alm (Hüttenwirtin: Angelika Tschelissnig) ist vom 10. Juni bis 20. September geöffnet und bietet die örtlichen Almprodukte, vor allem den Gailtaler Käse an. Der Viehauftrieb erfolgt ebenfalls vom 10. Juni bis 20. September.

Besitzer: Agrargemeinschaft (Obmann: Vinzenz Pichler, Passriach.).

Viehbestand: 60 Kühe, 120 Stück Galtvieh, 30 Pferde, 120 Schafe, 40 Ziegen.

Wandervorschlag: Rundweg über den Poludnig mit seiner prachtvollen Aussicht auf die Julischen und Karnischen Alpen (Gesamtgehzeit: 1¹/₂ Std.).

Karte: Kompaß WK Nr. 60.

Auf der Poludnig-Alm.

Watschiger-Alm im Naßfeld.

201 WATSCHIGER-ALM

AP ist das Touristenzentrum Naßfeld, von wo aus eine 1,5 km lange Schotterstraße zur urigen Almhütte und dem Gemeinschaftsstall führt (1.625 m). Die Alm liegt direkt unterhalb des Gartnerkofels. Gleich oberhalb blüht von Mitte Juni bis Ende Juli die berühmte Wulfenia, eine besonders seltene Pflanze.

Bewirtschaftungszeit: 15. Juni – 20. September.

Besitzer: Gemeinschaftsalm mit angestelltem Senner (Obmann: Johann Schaar, Watschig 1). Die Almhütte (Hüttenwirt: Hans Neuwirth) wird als Jausenstation geführt und bietet verschiedene Käseprodukte sowie Räuchertopfen u.a.m. Der Gailtaler Almkäse wurde schon mehrmals prämiert.

Viehbestand: 70 Kühe, 60 Schafe.

Wandervorschlag: In 2^1/$_2$ Std. auf den Gartnerkofel (2.195 m) mit seiner großartigen Aussicht.

Karte: Kompaß WK Nr. 60.

202 TRESSDORFER-ALM

AP ist der P der Hotelzone der „Sonnenalpe Naßfeld", von dem aus eine 2 km lange Schotterstraße zum Almgasthof und zur Schaukäserei Tressdorfer-Alm führt. Die beiden Almgebäude liegen auf 1.697 m auf einer Geländestufe unterhalb des 1.979 m hohen Madritschen (direkt in der Nähe befinden sich die neuen Schilift-Anlagen).

Bewirtschaftungszeit: 15. Juni – 20. September.

Besitzer: Gemeinschaftsalm (Obmann: Herbert Müller, Guggenberg 7).

Almbewirtschafter: Gottfried Rass.

Viehbestand: 45 Kühe, 85 Stück Galtvieh.

Wandervorschlag: Rundwanderung über die Roß-Alm 1^1/$_2$ Std., Besteigung des Roßkofels (2.239 m, Grenzberg zu Italien) in 4 Std. Gesamtgehzeit.

Karte: s. oben.

203 RUDNIG-ALM

AP ist Tröpolach im Gailtal, von wo man über den Ort Schlanitzen rund 11 km auf guter Schotterstraße bis zur Alm fahren kann (2 km vorher Abzweigung zur Tröpolacher-Alm). Die Alm (1.622 m) mit ihren beiden großen Gebäuden liegt unterhalb von Roßkofel und Troghöhe in einem weitläufigen Gelände. Die Almhütte mit der Käserei und der große Gemeinschaftsstall sind eng aneinandergebaut; eine große hölzerne Kuh ziert das Dach der Hütte, die auch als Jausenstation (Gailtaler Almkäse, Frischkäse, Topfen etc.) geführt wird.

Bewirtschaftungszeit: 10. Juni – 30. September.

Besitzer: Gemeinschaftsalm. Senner: Herbert Müller, Guggenberg 7. Hüttenwirt: Gottfried Rass.

Viehbestand: 40 Kühe, 80 Stück Galtvieh.

Wandervorschlag: Besteigung des Roßkofels (2.239 m) mit einer Gesamtgehzeit von 3½ Std.; zum Rudnigsattel (1.945 m, Grenze zu Italien) in einer ¾ Std.

Karte: Kompaß WK Nr. 60.

204 TRÖPOLACHER-ALM

AP wie oben. Von der Abzweigung zur Rudnig-Alm noch 1 km. Mit ihrem neuen Stallgebäude liegt die Alm (1.656 m) prachtvoll vor der Felskulisse des Zweikofels auf einem ausgedehnten Almrücken.

Bewirtschaftungszeit: 15. Juni – 20. September.

Besitzer: Gemeinschaftsalm (Obmann: Josef Starkmann, Tröpolach) mit angestelltem Senner.

Viehbestand: 70 Kühe, 80 Stück Galtvieh, 20 Ziegen. Die Hütte wird auch als Jausenstation geführt (Almkäse, Topfen etc.).

Wandervorschlag: In 3 Std. hin u. zurück auf den Zweikofel (2.013 m), in 5 Std. auf den Trogkofel (2.280 m), in 2 Std. zur Rudnig-Alm, in 2½ Std. zur Rattendorfer-Alm.

Karte: s. oben.

Tröpolacher-Alm mit Zweikofel.

205 STRANIGER-ALM

AP ist Kirchbach im Gailtal, von wo aus man über die Ortschaft Stranig auf einer 10 km langen Almstraße bis zur Hütte samt dem großen gemeinschaftlichen Almstall auf 1.501 m hinauffährt. Die beiden Gebäude liegen in einem weiten Almgebiet knapp unterhalb des karnischen Grenzkammes zu Italien, der hier „mildere" Formen aufweist.

Bewirtschaftungszeit: 15. Juni – 20. September. Bewirtschaftung der Jausenstation: 1. Juni – 30. Oktober (Spezialitäten: Almkäse, Topfen, etc.).

Besitzer: Gemeinschaftsalm (Obmann: Johann Buchacher) mit angestelltem Senner. Hüttenwirt: Herfried Zobernigg.

Viehbestand: 50 Kühe, 120 Stück Galtvieh, 30 Ziegen. Es wird vor allem Gailtaler Almkäse erzeugt.

Wandervorschlag: Findenigkofel (2.015 m), Schulterkofel (2.014 m), Hochwipfel (2.185 m) mit einer Gesamtgehzeit von je 4 Std. In einer ³/₄ Std. zur Kleinen Kordin-Alm. In 1 Std. zur Waidegger-Alm.

Karte: Kompaß WK Nr. 60.

206 WAIDEGGER-ALM

AP ist die Straniger-Alm, von wo aus man über eine holprige Almstraße (5 km) die kombinierte Almhütte mit Stall auf 1.746 m erreicht (besser: in 1 Std. zu Fuß von der Straniger-Alm).

Bewirtschaftungszeit und Hüttenbetrieb (Jausenstation mit Käsespezialitäten): 15. Juni – 15. September.

Besitzer und Bewirtschafter: „Nachbarschaft Waidegg", Waidegg Nr. 18.

Viehbestand: 20 Kühe, 5 Stück Galtvieh.

Wandervorschlag: In ¹/₂ Std. zur Waidegger Höhe (1.961 m), in 1 Std. auf dem Karnischen Höhenweg zum Zollner See (1.809 m).

Karte: s. oben.

207 KLEINE KORDIN-ALM

AP ist die Straniger-Alm, von der aus man 3 km bis zur Kordin-Alm zurücklegen muß, die mit ihren Hütten unterhalb des Hochwipfels auf einer Geländestufe auf 1.623 m liegt.

Bewirtschaftungszeit der Alm und Jausenstation: 20. Juni – 20. September.

Besitzer: Gemeinschaftsalm (Obmann: Christof Wassertheurer, Kirchbach).

Viehbestand: 10 Kühe, 35 Stück Galtvieh, 10 Ziegen. Die Jausenstation bietet verschiedene Käsespezialitäten an.

Wandervorschlag: Schulterkofel (2.091 m), Hochwipfel (2.185 m).

Karte: s. oben.

Kleine Kordin-Alm mit Hochwipfel.

208 JOCH-ALM

AP ist Reisach im Gailtal, von dort führt eine Asphaltstraße zum „Reißkofelbad" und dann weiter eine 6 km lange, recht gut befahrbare Schotterstraße zur Joch-Alm auf 1.554 m mit ihrem neuen Gemeinschaftsstall und der urigen Almhütte. Die Almgebäude liegen auf einer weiten Geländestufe unterhalb der Felsaufbauten des Reißkofelstockes.

Bewirtschaftungszeit: Mitte Juni – Ende September.

Besitzer: AG Reisach Forst. Hüttenwirt: Andreas Wurmitsch, Reisach. – Die Hütte wird als Jausenstation geführt (Almprodukte, verschiedene Käsesorten).

Viehbestand: 30 Kühe, 130 Stück Galtvieh, 20 Pferde.

Wandervorschlag: Besteigung des Reißkofels (2.371 m) für Schwindelfreie (Gesamtgehzeit: 7 Std.).

Karte: Kompaß WK Nr. 60.

Joch-Alm unterhalb des Reißkofels.

209 LEPPNER-ALM

AP ist Irschen im Drautal, von wo aus eine gut befahrbare Almstraße bis zur Leppner-Alm mit ihren Ferienhäusern hinaufführt. P beim Gh. „Bergheimat". Von dort steigt man eine ³/₄ Std. über ausgedehntes Almgelände und durch lockeren Almwald hinauf zur Leppner Ochsnerhütte auf 1.840 m. Sie liegt im Vorgelände von Mokar und Scharnik (Kreuzeckgruppe).

Bewirtschaftungszeit: Anfang Juni – Ende September.

Besitzer: Gemeinschaftsalm. Bewirtschafter: Norbert Oberrainer, Leppen 7. – Die Hütte wird als Jausenstation geführt (verschiedene Käsesorten).

Viehbestand: 10 Kühe, 50 Stück Galtvieh.

Wandervorschlag: Auf den Scharnik (2.687 m), Gesamtgehzeit 5 Std.; zur Griebitscher-Alm (1.667 m) 3 Std.

Karte: s. oben.

210 UNHOLDE-ALM

AP ist Oberdrauburg. Von dort fährt man nach Oberpirkach hinüber. Die 11 km lange geschotterte private Almstraße beginnt – nicht leicht zu finden – nach der kleinen Ortschaft und windet sich in vielen engen Kehren, teilweise aus dem Fels herausgehauen, in kühner Trassenführung nach oben. Von Nikolsdorf im benachbarten Osttirol aus führt der gesicherte „Zabarot-Steig" (Holzleitern) in 3¹/₂ Std. für Bergwanderer zur Hütte „Hochstadelhaus", die prachtvoll auf einem Geländeabsatz liegt. Die Almhütte (1.780 m) wird vom Österreichischen Touristenclub Sektion Oberdrauburg gleichzeitig als Schutzhütte geführt (daneben einige kleine Selbstversorgerhütten) und ist von Ende Mai bis Ende September geöffnet. Ca. 100 m entfernt steht die Kalser Hütte, die von Familie Guggenberger, Oberpirkach 2, bewirtschaftet wird.

Bewirtschaftungszeit: 5. Juni – 20. September.

Besitzer: Agrargemeinschaft Unholde (Obmann: Franz Gasparrow, Unterpirkach 5).

Viehbestand: 165 Kühe, Mutterkühe und Galtvieh, 120 Schafe, 15 Ziegen. Verschiedene Käsearten, wie Gailtaler Almkäse, Gluntnerkäse, Räuchertopfenkäse usw.

Wandervorschlag: Zur Karlsbader Hütte (6 Std. Gesamtgehzeit), auf den Hochstadel (2.680 m) für geübte Bergsteiger (5 Std. Gesamtgehzeit).

Karte: Mayr, Osttirol.

Almhütte mit Hochstadel.

211 KOHLMAIER-ALM

AP ist Lendorf oder Lieserhofen (Nähe Millstättersee), von wo man über Hühnersberg auf einer Schotterstraße (4,5 km) bis zum P, etwa ¼ Std. vor der Kohlmaier-Alm, fahren kann. Sie liegt, noch in der Waldzone, auf 1.510 m im Hintereggengraben unterhalb von H. Leier und Königsangerspitze.

Bewirtschaftungszeit: Anfang Juni – Mitte Oktober.

Besitzer: Josef Kohlmaier, Hühnersberg 10.

Viehbestand: 5 Kühe, 20 Stück Galtvieh, 10 Ziegen. Jausenstation mit Käsespezialitäten (Ziegenkäse); auch Nächtigung möglich.

Wandervorschlag: Gmeineck (2.592 m; 5 Std. Gesamtgehzeit); Reißeckhütte (2.537 m), anstrengende Tageswanderung.

Karte: Kompaß WK Nr. 49.

Kohlmaier-Alm.

212 GÖRIACHER-ALM

AP ist Pusarnitz b. Spittal, von wo man über Göriach auf guter Almstraße (10 km) über die Christebauerhütte bis etwa 2 km vor die Göriacher-Alm fahren kann. Zur Pucherhütte auf der Göriacher-Alm (1.600 m) mit ihren verstreut liegenden Almhütten geht man von dort etwa ½ Std. Das ausgedehnte Almgelände liegt noch innerhalb der Waldzone.

Bewirtschaftungszeit: der Hütte: 1. Juni – 30. Oktober; der Alm: 1. Juni – 20. September.

Besitzer: Gemeinschaftsalm (Obmann: Alfred Pucher, Göriach 9). Auf der Jausenstation Pucherhütte werden verschiedene Käsespezialitäten angeboten.

Viehbestand: 40 Kühe, 90 Stück Galtvieh, 150 Schafe.

Wandervorschlag: Auf schönem Almsteig durch das „Goaßale" über die Seescharte (2.170 m) zur Reißeckhütte (2.287 m; 5½ Std. Gesamtgehzeit).

Karte: s. oben.

213 MENTEBAUERN-ALM

AP ist Gmünd (Tauernautobahn). Über Malta und in den Gößgraben bis zum Almgasthof Mentebauern-Alm auf 1.129 m (7 km von Malta). Von dort kann man noch weiter bis zur Thomanbauern-Alm fahren.

Bewirtschaftungszeit und Hüttenbetrieb: 10. Mai – 1. Oktober.

Besitzer und Bewirtschafter: Andreas Gigler, Oberbuch 5.

Viehbestand: 15 Kühe, 30 Stück Galtvieh, 10 Pferde, 350 Schafe, 120 Ziegen. Im Almgasthof werden alle ortsüblichen Käsespezialitäten angeboten.

Wandervorschlag: Urtümlicher Talschluß im Gößgraben (Gesamtgehzeit 3½ Std.), Weiterfahrt bis P Obere Thomanbauern-Alm und von dort in 1½ Std. zur prachtvoll gelegenen Gießenerhütte (2.202 m).

Karte: Kompaß WK Nr. 66.

214 ALEXANDER-ALM

AP ist Millstatt, von wo aus man über eine Mautstraße bis zur Schwaiger-Alm fährt. Von dort sind es dann noch 45 Min. auf guter Almstraße bis zur Alexanderhütte auf 1.786 m mit hervorragendem Blick auf den Millstättersee. Die Alm liegt am Rand der weiten Flächen des Tschierweger Nocks.

Bewirtschaftungszeit: der als Jausenstation geführten Hütte: 1. Juni – 15. Oktober, der Alm vom 10. Juni – 20. September.

Besitzer: Fam. Glabischnig, Ottern 2.

Senner: Fam. Tabojer, Arriach. Auf der Hütte werden die von den Sennern erzeugten Käsespezialitäten angeboten: Schnitt-, Gluntner-, Grau-, Walnuß- und Pfefferkäse, Rollino mit Kren oder Schnittlauch und Camembert.

Viehbestand: 15 Kühe, 20 Stück Galtvieh.

Wandervorschlag: Rundweg: Tschierweger Nock (2.010 m) – Millstätter Hütte (1.876 m) – Schwaiger-Alm in 2 Std.

Karte: F & B Nr. 222.

Alexander-Alm.

215 LAMMERSDORFER-ALM

AP ist Lammersdorf b. Obermillstatt, von wo eine Mautstraße ab Grantsch (ca. 5,5 km) zur wunderschön gelegenen Alm (1.644 m) am Fuß von Millstätter-Alpe und Rosenkofel hinaufführt.

Bewirtschaftungszeit: der als Jausenstation geführten Hütte: Anfang Mai – Ende Oktober, der Alm: 5. Juni – 20. September.

Besitzer: Gemeinschaftsalm (Obmann: J. Obweger, Görtschach 3) mit angestelltem Senner. Hüttenbewirtschafter: Hans und Roswitha Schmölzer. Als Spezialitäten werden Hart- und Graukäse erzeugt. (Bei der Hütte gibt es auch Murmeltierfett – als Einreibemittel – zu kaufen.)

Viehbestand: 40 Kühe, 100 Stück Galtvieh. – „Aufgekränzter" Almabtrieb.

Wandervorschlag: In 3½ Std. Gesamtgehzeit über den Lammersdorfer Berg (2.063 m) und das Obermillstätter Almkreuz (2.046 m) zur Millstätter-Alpe (2.091 m).

Karte: s. oben.

Lammersdorfer-Alm am Fuß der Millstätter-Alpe.

216 GEIGER-ALM

AP ist Arriach, von wo die Wöllaner-Nock-Mautstraße über 12 km bis auf die Alm in 1.666 m hinaufführt. Die Hütte liegt im weitläufigen Almgebiet des Wöllaner Nocks.

Bewirtschaftungszeit: der Hütte: 25. Mai – Ende Oktober, der Alm: 1. Juni – 20. September.

Besitzer: Friedrich Greimann, Oberwöllan 17. – Die Hütte wird als Jausenstation geführt (Käsespezialitäten).

Viehbestand: 10 Kühe, 40 Stück Galtvieh, 5 Pferde.

Wandervorschlag: Wöllaner Nock (2.145 m, Gesamtgehzeit 2½ Std., bei Auffahrt bis zur Walder Hütte nur ½ Std.).

Karte: F & B, Nr. 222.

Geiger-Alm am Wöllaner Nock.

217 FELDPANN-ALM

AP ist Feld am See, von wo eine Mautstraße über 8 km bis zur Weger-Hütte auf der Feldpann-Alm (1.520 m) führt. Mit mehreren Hütten liegt sie am Ostabhang des Wöllaner Nocks noch unterhalb der Waldgrenze.

Bewirtschaftungszeit : 1. Juni – 30. September. Die Weger-Hütte wird als Almgasthof geführt und bietet Käsespezialitäten.

Besitzer: Gemeinschaftsalm (Obmann: Friedrich Unterscheider, Rauth 7). Hüttenwirtin: Rosemarie Brunner.

Viehbestand: 120 Stück Galtvieh und Mutterkühe. Einige Milchkühe werden bei der benachbarten Rieser-Hütte gehalten.

Wandervorschlag: 3stündiger Rundweg über Trangoni-Hütte (1.667 m) – Wöllaner Nock (2.145 m) – Kaiserburg (2.055 m).

Karte: s. oben.

218 HIASL-ALM

AP ist Ebene Reichenau, von wo aus man die Straße auf die Hochrindl bis zum P der Sommer-Rodelbahn hinauffährt. Von dort 1 km Fußweg bis zur Hiasl-Alm, die auf dem weiten, flachen Almplateau der Hochrindl auf 1.600 m liegt. Da nur noch Mutterkühe gehalten werden, wurde der Almstall in ein Almgasthaus („Hiasl-Zirben-Hütte") umgebaut, wo Bioprodukte des Heimhofes angeboten werden.

Bewirtschaftungszeit: Ende Mai – Ende September.

Besitzer: Ing. Matthias Leitgeb, Reichenhaus 16.

Viehbestand: 30 Mutterkühe, 1 Stier.

Wandervorschlag: 1) In ½ Std. auf den Hochrindel-Kegel (1.745 m).
2) In 2 Std. auf den Gr. Speikkofel (2.270 m) und in einer ¾ Std. weiter auf die Bretthöhe (2.320 m).

Karte: F & B Nr. 222.

Die Hiasl-Alm in den Nockbergen.

219 PACHER-ALM (LÄRCHENHÜTTE)

AP ist St. Oswald b. Bad Kleinkirchheim, wo man bis zum Schranken fährt (P). Von hier sind es 3 km hübscher Fußweg bis zur Hütte auf 1.700 m, die sehr reizvoll in einem lockeren Lärchenwald liegt. Die Alm befindet sich im Taleinschnitt unterhalb von Klomnock und Falkert. Die Hütte wird als Almgasthaus geführt und ist vom 15. Mai – Ende Oktober geöffnet (Käsespezialitäten).

Bewirtschaftungszeit der Alm: 15. Juni – 30. September.

Besitzer: Mathias Steinkellner, St. Oswald 171.

Viehbestand: 3 Kühe, 5 Stück Galtvieh.

Wandervorschlag: In 2 Std. auf die Falkert-Spitze (2.306 m); in 2½ Std. auf die Moschelitzen (2.310 m).

Karte: s. oben.

Auf der Lärchenhütte gibt es Käsespezialitäten.

220 SCHROTT-ALM

AP ist Schiefling im oberen Lavanttal (Abfahrt Südautobahn: „Bad St. Leonhard"), von wo aus eine Gemeindestraße das weitläufig besiedelte Gebiet des Schönbergs erschließt. Von dort nochmals 15 km auf recht gut befahrbarer Schotterstraße bis zur Alm (immer wieder Hinweisschilder). Näher, aber schwieriger zu finden ist die Zufahrt über die Autobahnabfahrt „Pack" und sodann über Unterauerling. Die weitläufige Alm mit der urigen, als Jausenstation geführten Hütte (Spezialität: Gluntnerkäse) erstreckt sich in 1.450 m Seehöhe im ausgedehnten Almgebiet südlich des Verbindungskammes Pack – Stubalpe.

Bewirtschaftungszeit: Anfang Juni – Anfang Oktober.

Besitzer: „Agrargemeinschaft Schrott-Alpe" (Obmann: Walter Kriegl, Unterauerling 32). *Hüttenwirtin:* Susanne Schriefl.

Viehbestand: 200 Rinder (Mutterkühe und Jungvieh).

Wandervorschlag: In einer ¾ Std. auf den Bergkogel (1.812 m), in ½ Std. auf den Schrottkogel (1.556 m) sowie weitere ausgedehnte Almwanderungen.

Karte: F & B Nr. 237.

Schrott-Alm südlich von Pack und Stubalpe.

221 GÖSLER HALT

AP ist St. Gertraud i. L. oder Deutschlandsberg. Von beiden Orten führen Landesstraßen hinauf auf den Sattelübergang der Weinebene im Koralmgebiet. Die Gösler Halt mit dem großen Almgasthaus liegt direkt an der Landesstraße in 1.650 m Seehöhe. Das weitläufige Almgebiet zieht sich bis hinauf zu den Koralmgipfeln.

Bewirtschaftungszeit: Anfang Juni – Anfang Oktober. Der Almgasthof ist ganzjährig geöffnet.

Besitzer: Almgemeinschaft (Obmann: Franz Jöbstl, Vorderlinberg 5). *Bewirtschafter Almgasthof:* Franz Lenz.

Viehbestand: 20 Mutterkühe, 80 Stück Jung- und Galtvieh.

Wandervorschlag: In einer ¾ Std. auf die Hand-Alpe, in 4 Std. Gesamtgehzeit auf den Gr. Speikkogel (2.140 m).

Karte: s. oben.

Almen an der Nockalmstraße

222 ROSENTAL-ALM (PRIESSHÜTTE)

AP ist Ebene Reichenau, von wo man die Nockalmstraße das Stangenbachtal aufwärts fährt, bis man rechterhand (etwa 50 m neben der Straße) die traditionell gebaute Prießhütte sieht. Sie liegt am Beginn des Rosentales, das zwischen Rinsennock und Schiestelnock nach Norden zieht.

Bewirtschaftungszeit: Mitte Mai – Mitte September.

Besitzer: Fam. Weißmann, Reichenau 28. – Die auf 1.600 m gelegene Hütte wird als Jausenstation geführt.

Viehbestand: 15 Jungrinder.

Wandervorschlag: Zum Schneegrubensattel (2.000 m, Gesamtgehzeit 2 Std., gilt als schönste Zirbenwaldwanderung im Nationalpark); in $1/2$ Std. zur Grubenbauern-Alm (berühmt wegen ihres „Zirm-Schnapses").

Karte: F & B Nr. 222.

Prießhütte auf der Rosental-Alm.

223 TANGERN-ALM

Die Alm liegt zwischen Grund-Alm und Karlbad in Nähe der Nockalmstraße. AP ist die Abzweigung „Steigerhütte", von wo der markierte Weg in nordöstl. Richtung in 30 Min. zur Alm (1.715 m) mit der urigen Hütte führt, die im Seitental des Stangbachs unterhalb des Stangnocks liegt.

Bewirtschaftungszeit: Anfang Juni – Anfang Oktober.

Besitzer: Fam. Oberlerchner, Tangern 15. *Bewirtschafter und Senner:* Fam. Göschl, Feistritz / Drau.

Viehbestand: 4 Kühe, 15 Stück Jungvieh (teils Zinsvieh). Die Senner erzeugen verschiedene Käsesorten: Vollmilch-, Lab-, Gluntner-, Sauerkäse. Die Hütte wird als Jausenstation geführt. In direkter Nachbarschaft liegt die Stang-Alm, die ähnlich wie die Tangern-Alm geführt wird.

Wandervorschlag: Schneegrubensattel (2.000 m) in 1 Std.

Karte: s. oben.

Die Tangern-Alm in der Nähe der Nockalmstraße.

224 KARLBAD-ALM

AP: Direkt an der Nockalmstraße in 1.690 m unterhalb von Stangnock und Gr. Königstuhl gelegen. Neben der traditionellen Almwirtschaft mit der zünftigen Hütte ist Karlbad seit mehr als 300 Jahren als bäuerliches Heilbad berühmt (Quellwasser wird mit erhitzten Steinen auf Badetemperatur gebracht und in abgedeckte Holzwannen geleitet).

Die Karlbad-Alm ist seit dreihundert Jahren als bäuerliches Heilbad bekannt.

Bewirtschaftungszeit: der Alm: 1. Juni – 20. September, des „Bades": 1. Mai – 30. Oktober.

Besitzer: Gemeinschaftsalm.

Bewirtschafter: Fam. Aschbacher, St. Peter / Radenthein.

Viehbestand: 10 Kühe, 70 Stück Jung- und Galtvieh. Die Hütte wird als Jausenstation geführt und bietet bodenständige Kost.

Wandervorschlag: Rundweg über Gr. Königstuhl (2.336 m) in 4 Std.; in 1 Std. auf den Stangsattel (2.076 m).

Karte: F & B Nr. 222.

225 FRIESENHALS-ALM (ZECHNERHÜTTE)

AP: Direkt an der Nockalmstraße zwischen Grünleitennock und Gr. Königstuhl auf 1.920 m in einer weiten Almmulde gelegen. Neben der Zechnerhütte, die auch ein sehenswertes „Alm-Museum" beherbergt, wurde ein eigener Almgasthof errichtet.

Bewirtschaftungszeit: der Alm: 15. Juni – 15. September, der Hütte: Mai – Ende Oktober.

Besitzer: Richard Laggner, Pusarnitz 7.

Viehbestand: 120 Jungrinder, 15 Pferde. – 500 Meter daneben liegt die urige Heiligenbach-Alm (1.880 m), auf der 15 Kühe und 70 Stück Jungrinder gehalten werden. Die Hütte wird als Jausenstation geführt und bietet selbsterzeugten Käse und andere Milchprodukte.

Wandervorschlag: Grünleitennock (2.160 m) und Friesenhalshöhe (2.246 m) in 2 und in 3 Std. Gesamtgehzeit auf den Gr. Königstuhl.

Karte: s. oben.

226 KESSELGRUBEN-ALM

AP ist die Nockalmstraße ca. 1 km südlich von Innerkrems, wo ein Schild in Richtung „Penkerhütte – Senn-Alm" weist. Nach 2 km Schotterstraße erreicht man die auf 1.875 m gelegene Penkerhütte, die mit ihren Weideflächen noch innerhalb der Waldzone unterhalb des Grünleitennocks liegt.

Bewirtschaftungszeit: Mitte Juni – Mitte September.

Besitzer: Johann Penker, Kremsbrücke. Sennerin: Gerlinde Penker. Die Hütte wird als Jausenstation geführt.

Viehbestand: 7 Kühe, 28 Stück Jungvieh. Es werden Sauerkäse, Gluntner und Butter erzeugt.

Wandervorschlag: In 1 Std. auf das Grünleitennock.

Karte: s. oben.

Oberes steirisches Enns- und Murtal

Oberes steirisches Enns- und Murtal

In diesem Bereich liegen rund 1.300 Almen, von denen auf das Obere Ennstal (einschließlich Liesingtal) rund 500 , auf die Niederen Tauern 300 und auf das Obere Murtal (einschließlich des Gebietes um Neumarkt) rund 470 Almen entfallen. Aufgelassene Almen gibt es hier rund 200. Reine Kuhalmen finden sich bloß 2%, Gemischtalmen 16% und Galtviehalmen über 80%. Es werden 2.500 Kühe aufgetrieben.

Foto umseitig: Putzental-Alm.

Viele Privatalmen sind aus abgestifteten Höfen (Halthuben) hervorgegangen; andere wurden auf Waldblößen erst in diesem Jahrhundert angelegt.

Aufgrund der außerordentlich starken Intensivierung des Molkereiwesens (Molkerei Stainach) wurden in den letzten Jahrzehnten die Kühe verstärkt am Heimhof im Tal belassen und nur noch die Galtrinder aufgetrieben. Außerdem wurde die Almwirtschaft stärker in tiefere Lagen heruntergedrückt. Die große Ausnahme sind hier lediglich die Sölktäler, wo noch wie in alten Zeiten am offenen Feuer gekäst wird.

Verglichen mit den intensiven Almgebieten Vorarlbergs und Tirols, war die Milchverarbeitung in diesem Bereich schon immer eher wenig entwickelt, und man stellt – auch heute noch – nur Magerkäse her (Ennstaler Graukäse). Eine Ausnahme bildeten einst lediglich die Almen einiger Großgrundbesitzer, wie die des Fürsten Schwarzenberg im hinteren Pusterwald, wo auf der „Heinzelkäserei" sogar Emmentalerkäse erzeugt wurde.

Die Angerhöhe und Angerkogel-Alm, zwischen Nazogl (Hochangern) und Warscheneck gelegen, waren übrigens die beiden höchstgelegenen Almen des gesamten Gebietes. Ihre Hütten befanden sich in rund 1.900 m Seehöhe. Schon um 1880 wurden sie abgestiftet – die Überreste der Almhütten sind noch heute zu sehen. Diese Almen waren regelrechte kleine Dörfer. So bestand z.B. die Gnanitz-Alm aus 22 Hütten, die Niederhütten-Alm aus 33 Hütten, und die Langpolten-Alm wies 26 Hütten auf, um nur einige Beispiele zu nennen. Damals herrschte auf den Almen sehr reges Leben, und ein nicht unwesentlicher Teil der Talbevölkerung, besonders Frauen und Mädchen, zog jeden Frühsommer auf die Almen hinauf. Fast auf allen wurde gesennt und eines der wichtigsten Nahrungsmittel der ländlichen Bevölkerung für den Winter, nämlich Käse, gewonnen.

227 ALMEN DER NÖRDLICHEN SÖLKPASS-SEITE

Hansen-, Mautner-, Winkler- und Kaltenbach-Alm liegen mehr oder weniger direkt an der Sölkpaßstraße und sind daher besonders leicht zu erreichen. Die höchstgelegene ist die *Kaltenbach-Alm* in 1.600 m Seehöhe. Sie liegt unterhalb der beiden Kaltenbachseen bzw. des Sölkpasses. Die urige alte Hütte (samt neu erbautem Almstall) wird von Mitte Juni – Mitte September bewirtschaftet und als Jausenstation geführt.

Bewirtschafter: Maria und Stefan Stangl, Mitterberg.

Viehbestand: 12 Kühe, 28 Stück Galtvieh. *Almprodukte:* Butter, Ennstaler und Murtaler Steirerkäse, Hütten- und Frischkäse.

Wandervorschlag: In 1¹/₂ Std. zum Unteren Kaltenbachsee (1.748 m). In 1 Std. auf die Etrachböden und von dort in 1¹/₂ Std. auf das Deneck (2.433 m).

Die *Winkler-Alm* liegt etwas abseits der Straße auf 1.488 m und wird von Anfang Juni – Ende September bewirtschaftet. Derzeit werden rund 100 Stück Galtvieh aufgetrieben, die zwischendurch auf der oberhalb gelegenen Mahdfeld-Alm weiden. Besitzer der Alm ist Johann Schwab, Au b. Assach. Bewirtschafter: Franz Meier, Donnersbach, der im Sommer Halter und im Winter Schilehrer ist. *Almprodukte:* Butter und Steirerkas dzt. vom Heimbetrieb. Nach Fertigstellung des Stallneubaus werden wieder Kühe aufgetrieben.

Wandervorschlag: In 2 Std. zur Haseneck-Scharte (2.205 m).

Die *Mautner-Alm* liegt auf 1.292 m direkt an der Straße und wird als Almbuffet geführt. Besitzer ist Johann Meierl, Mitterberg. Es werden 36 Stück Galtvieh aufgetrieben.

Auch die *Hansen-Alm* (1.226 m) liegt an der Straße und wird als Jausenstation von der Pächterin Adele Maier, Fleiß, geführt. Besitzer ist Peter Schwab, Assach, der 40 Kühe und 35 Stück Jungvieh selbst betreut.

Wandervorschlag: In 3 Std. auf die Unholdingspitze (2.293 m, Trittsicherheit!).

Karte: ÖK Blatt 128, 129.

Die Winkler-Alm unterhalb des Sölkpasses.

228 SCHACHEL-ALM

Die Alm liegt auf 1.050 m direkt an der Mautstraße vor dem Gh. Breitlahner im Kleinsölktal,
das man von Stein a. d. Enns aus erreicht.

Blitzblank sind die Kupferkessel auf der Schachel-Alm.

*Bewirtschaftungs-
zeit:* Mitte Mai –
Anfang Oktober.

Besitzer: Josef Mai-
er, Gröbming.

Viehbestand: 25
Stück Galtvieh.

Wandervorschlag:
Auf markiertem Steig
vom „Breitlahner"
zur Lassach-Alm
(1.331 m; 3/4 Std.)
und weiter zur „Karl-
kirchen" und Trat-
tenscharte (2.408 m)
= 2 1/2 Std.

Karte: ÖK Blatt 128.

Schachel-Alm im Kleinsölktal.

229 ZAUNER-ALM

Die Hütten der Alm liegen direkt neben dem Gh. Breitlahner im Kleinsölktal auf 1.070 m Seehöhe. Die Alm
ist von den steilen Bergen der Schladminger Tauern umrahmt.

*Zauner-Alm: Zweistöckige Alm-
hütten sind in den Schladminger
Tauern eher selten.*

Bewirtschaftungszeit: Mitte Mai –
Ende September.

Bewirtschafter: Fam. Ebenschwei-
ger, Reith i. Kleinsölk.

Viehbestand: 6 Kühe, 20 Stück
Galtvieh.

Almprodukte: Butter und Ennstaler Steirerkas.

Wandervorschlag: In einer 3/4 Std.
zum Schwarzensee (1.163 m) und
in einer weiteren 3/4 Std. zur
Putzental-Alm (1.354 m).

Karte: s. oben.

230 TUCHMOAR-ALM

AP ist Kleinsölk, von wo wir bis zum „Kesslerkreuz" hineinfahren, von dort dem Strieglerbach folgen und sodann noch ein Stück bis zum P in Richtung Tuchmoar-Alm fahren können. Durch Hochwald erreichen wir in einer ³/₄ Std. die ausgedehnten Flächen der Tuchmoar-Alm mit ihren vier Hütten, die alle bewirtschaftet sind. Die Almflächen erstrecken sich hinein bis zum Talschluß des Bergzuges vom Gr. Knallstein bis zum Mittereck. Die Alm liegt auf 1.509 m, und in den Hütten wird auf offenem Feuer gekäst und gekocht. Sie sind bestens und liebevoll instand gehalten, wobei besonders die wunderschön bemalten Fensterläden auffallen. Auch ein kleines Blumengärtlein gibt es bei einer Hütte.

Die Atzlinger-Hütte auf der Tuchmoar-Alm.

Bewirtschaftungszeit: Mitte Juni – 20. September.

Bewirtschafter: Auf zwei von den vier Hütten wird in Art eines Alm-buffets ausgeschenkt, und zwar bei Ludmilla Atzlinger und Peter Zach (beide wohnhaft in Mitterberg bei Gröbming). Dabei kommen die köstliche auf der Alm hergestellte Butter und der Ennstaler Steirerkas auf den Tisch.

Viehbestand: Peter Zach treibt jährlich 8 Kühe und 15 Stück Galt-vieh, Ludmilla Atzlinger 9 Kühe und 17 Stück Galtvieh auf die Alm. Auf der Tuchmoar-Alm wird noch immer mit Wasserkraft gebuttert, wobei zwei verschieden ausgeführte Wasserradsysteme zur Anwendung kommen.

Wandervorschlag: Haben wir nur etwa 2 Std. zur Verfügung, dann sollte der kleine See (ca. 1.900 m) im Tuchmoarkar unser Ziel sein. Ist mehr Zeit vorhanden, sollten wir uns den Aufstieg zum Seekar-See und in die Seekar-Scharte (2.300 m) nicht entgehen lassen.

Karte: ÖK Blatt 128.

Es wird gekäst.

Steirerkas als Lohn der Sommerarbeit.
Liebevoll wird die Butter im Model geformt.

Zünftig wird's, wenn der Zach Peter das „Wuschzhorn" bläst...

231 PUTZENTAL-ALM

AP ist der Gh. Breitlahner im hinteren westlichen Kleinsölktal, erreichbar über eine Mautstraße. Von dort vorerst eben den Schwarzenseebach entlang bis zum Schwarzensee (1.163 m), dem größten See der Schladminger Tauern, und weiter zu den romantischen Hütten der Putzental-Alm (1.354 m). Gehzeit: 1¹/₂ Std. Sie liegen in einem prachtvollen Talschluß, in den 12 Wasserfälle herabstäuben.

Bewirtschaftungszeit: Mitte Mai – Mitte Oktober. Eine Hütte wird als Jausenstation geführt. Nicht nur, daß hier am offenen Feuer gekäst wird, wie dies in den gesamten Sölktälern üblich ist, es werden auch alle anderen Gerichte am offenen Feuer zubereitet (berühmt ist der Kaiserschmarrn!).

Besitzer: Fam. Ladreiter vlg. Bauer, Stein a. d. Enns.

Viehbestand: 8 Kühe, 40 Stück Galtvieh (am Heimbetrieb werden weitere 22 Kühe gehalten).

Almprodukte: Butter und Ennstaler Steirerkas.

Wandervorschlag: Es gibt im wesentlichen drei verschiedene, lohnende Ziele: Zum Prebertörl (2.194 m) in 2¹/₂ Std.; zur Landschitzscharte (2.345 m) in 3 Std. und zum Lemperkarsee (1.828 m) sowie weiter auf den Hochgang (2.230 m) in 1¹/₂ bzw. 2¹/₂ Std.

Karte: ÖK Blatt 128.

Die prachtvoll gelegene Putzental-Alm.

Kochen am offenen Feuer wie vor Jahrhunderten.

Englitztal-Alm bei Öblarn.

232 HARMER-ALM

AP ist das Gh. Breitlahner, wo die Mautstraße ins Kleinsölktal endet. Von dort wandern wir gut eine ½ Std. in Richtung Schwarzensee, ehe knapp vor ihm ein Schild zur Alm hinüberweist. Neben der Hütte (1.160 m, Jausenstation) weitet sich der Schwarzenseebach zu wunderschönen Gumpen.

Bewirtschaftungszeit: Ende Mai – Ende September.
Besitzer: Albert Binder, Dörfl / Kleinsölk.
Bewirtschafter: Fam. Binder.
Viehbestand: 8 Kühe, 24 Stück Galtvieh.
Almprodukte: Butter und Ennstaler Steirerkas.
Wandervorschlag: Über den Schwarzensee in 3 Std. zur Rettingscharte (2.326 m, Trittsicherheit!).
Karte: ÖK Blatt 128.

Die Harmer-Alm im Kleinsölktal.

233 ENGLITZTAL-ALM (s. Foto vordere Seite)

AP ist Öblarn, von wo aus man auf einer Asphaltstraße in die Walchen fährt; später Forstweg bis zum Schranken, dort P. Von hier auf einem Almweg, vorbei an den Stollen des alten Kupferbergbaues, in einer ¾ Std. bis zu den Hütten der Englitztal-Alm, die auf 1.328 m Seehöhe liegt. Von den Hütten sind zwei bewirtschaftet. Die Alm liegt im einsamen Englitztal zwischen Gumpeneck – Hangofen und dem Bergzug, der sich vom Gr. Bärneck bis zur Dornkarspitze erstreckt.

Bewirtschaftungszeit: Ende Mai – Mitte September.
Besitzer: Fridolin Kindler vlg. Berger, Sonnberg.
Wirtschafterin: Aloisia Perner, die schon 30 Jahre als „Sennin" die Alm betreut. (Am Bild zeigt sie den für den Almabtrieb vorbereiteten „Aufkränz-Schmuck".)
Viehbestand: 2 Kühe, 23 Stück Galtvieh.
Almprodukte: Butter und Ennstaler Steirerkas.
Wandervorschlag: Markierter Pfad auf den 2.056 m hohen Hangofen (4 Std.) oder markierter Weg durch das Ramertal bis zum Lämmertörl (1.920 m) und zur Mörsbachhütte; 3 Std.
Karte: s. oben.

Englitztal-Alm:
Die Sennin mit Schmuck
für den Almabtrieb.

182

234 STRICKER-ALM

AP ist der Ortsteil Fleiß von Großsölk im Großsölktal, wo wir unser Fahrzeug parken.

Wir folgen vorerst dem Almweg den Strickerbach aufwärts, lassen uns aber dann durch das Schild „Panoramaweg" leiten, der uns eine Zeitlang Ausblicke auf das Großsölktal gewährt. Später zweigen wir rechterhand zur Stricker-Alm hinüber ab und erreichen die urige Hütte, die auf 1.353 m liegt, nach 1$^1/_2$ Std.

Die traditionsreiche Stricker-Alm liegt zwischen den beiden Bergzügen Zinken – Speiereck – Karlspitze auf der einen und Moditzen – Kleiner Knallstein auf der anderen Seite in sehr schöner Lage. Am Zinken und Speiereck wurde noch bis vor wenigen Jahrzehnten in mühevoller und gefährlicher Arbeit auf sehr steilen Bergmähdern Heu gewonnen.

Bewirtschaftungszeit: Anfang Juni – 20. September.

Besitzer und Bewirtschafter: Fam. Schiefer vlg. Stricker, Fleiß.

Viehbestand: 4 Kühe, rund 100 Stück Galtvieh (teilweise Zinsvieh).

Almprodukte: Butter, Ennstaler Steirerkas, Roggene Krapfen (Fladen aus Roggenmehl). Die Hütte wird als Almbuffet geführt.

Stricker-Alm in Großsölk.

Wandervorschlag: In 1$^1/_2$ Std. können wir auf den Spuren eines Pfades (im Juli durch prachtvolle Alpenrosenbestände) hinauf zur Karlscharte, dem Übergang ins Kleinsölktal, steigen.

Karte: ÖK Blatt 128.

Liebevoll sind die Rührflügel des Butterfasses geschnitzt.

Sauber und romantisch ist der „Bettstadel" der Sennerin.

235 DIE ALMEN AM RIESACHSEE

*Royerhütte auf
der Kot-Alm.*

Am wunderschönen Riesachsee im Herzen der Schladminger Tauern liegen mehrere bewirtschaftete Almen. AP für ihren Besuch ist der P im Untertal bei den Riesachfällen, wo wir neben dem höchsten Wasserfall der Steiermark in einer 3/4 Std. zur *Oberen Gföller-Alm* hinaufsteigen. Sie liegt, wie alle anderen, etwas oberhalb des Riesachsees in die prachtvolle Landschaft der Niederen Tauern eingebettet.

Bewirtschaftungszeit: Ende Juni – Ende September.
Die Hütte wird von der Familie Pilz, Untertal, als Jausenstation geführt und ist von Pfingsten bis Anfang Oktober geöffnet.

Viehbestand: 8 Kühe, 10 Stück Galtvieh. Butter und Ennstaler Steirerkas aus eigener Erzeugung.

Wenn wir dem See entlang weitergehen, gelangen wir auf der *Schmiedlech-Alm* zu einer reizvollen alten Hütte, die zu einem kleinen Almmuseum ausgebaut wurde und an Wochenenden geöffnet hat.

Wieder ein Stück weiter liegen – nun schon mit Rückblick auf den See – die Hütten der *Kerschbaumer-Alm,* auf die nur Galtvieh aufgetrieben wird.

Schließlich gelangen wir nach einer 3/4 Std. von der Oberen Gfölleralm zur *Royerhütte* auf der *Kot-Alm* (1.414 m). Sie wird von Anfang Juli bis Ende September durch die Familie Hinteregger, Obertal, bewirtschaftet und als Almbuffet geführt. Es werden 6 Kühe und 20 Stück Galtvieh aufgetrieben.

Almprodukte: Butter und Ennstaler Steirerkas.

Die beiden anderen Besitzer auf der Kot-Alm sind aus Rohrmoos und Fastenberg und treiben je 10 Stück Galtvieh auf.

Wandervorschlag: Von der Kot-Alm in einer 3/4 Std. zur Preitalerhütte (1.657 m); hier Nächtigung und am nächsten Tag zum Klafferkessel mit seinen mehr als zwanzig Seen.

Karte: ÖK Blatt 127.

*Kerschbaumer-Alm
am Riesachsee.*

*Die Obere Gföller-Alm
ist ein beliebtes Wanderziel.*

236 SCHRABACHER-ALM

AP ist Donnersbach, von wo aus man die Planneralm-Straße bis etwa 2 km vor die Planner-Alm hinauffährt. Wenige Meter abseits der Straße liegen die urigen, an die 100 Jahre alten Hütten auf 1.336 m, eingerahmt von den steilen Flanken der Gstemmer-Spitze auf der einen und der Schober-Spitze auf der anderen Seite.

Schrabacher-Alm unterhalb der Planner-Alm.

Bewirtschaftungszeit: Ende Mai – 20. September („aufgekränzter" Almabtrieb).

Besitzer: Fam. Ilsinger, „Bär auf d. Wies", Donnersbach.

Bewirtschafterin: Sophie Ilsinger. – Jausenstation.

Viehbestand: 15 Kühe, 25 Stück Jungvieh (teilweise Zinsvieh), 4 Pferde. Es werden Steirerkas, Frischkäse und Butter erzeugt, der größere Teil der Milch wird jedoch ins Tal geliefert.

Wandervorschlag: Von der Planner-Alm in 1 Std. auf die Goldbachscharte (1.900 m), in 2 Std. auf den Hochrettelstein (2.220 m).

Karte: Kompaß WK Nr. 68.

237 DUISITZKARSEE-ALM

AP ist Rohrmoos b. Schladming, von wo aus man durch das Obertal bis zur Eschach-Alm fährt (P). Von hier führen zwei Wege (steiler Fußweg in 1 Std. oder Alm-Forststraße in 1¹/₂ Std.) zur besonders idyllisch gelegenen Alm mit ihren beiden als Jausenstationen bewirtschafteten Hütten auf 1.680 m. Die Alm liegt am Duisitzkarsee, der in einem Halbkreis von Hahnenkamp, Krukeck, Rotmannlspitze und Murspitzen eingerahmt wird.

Bewirtschaftungszeit: Ende Juni – Mitte September.

Besitzer: Gemeinschaftsalm mit 2 Eigentümern: *Duisitz-Hütte:* Willi Stocker vlg. Abelhof, Rohrmoos (Pächterin: Hermi Lettner, Obertal 49). *Fahrlechhütte:* Lorenz Reiter vlg. Fahrlechner, Rohrmoos (Pächterin: Gerti Unterberger, Rohrmoos 235).

Viehbestand: 30 Mutterkühe und Jungvieh, 150 Schafe, 8 Pferde.

Wandervorschlag: In 1¹/₂ Std. zur Keinprechthütte (1.872 m), in 2 Std. zur Ignaz Mattis-Hütte (1.986 m).

Karte: Kompaß WK Dachstein / Tauern.

Duisitzkarsee-Alm mit ihren beiden Hütten.

238 SATTENTAL-ALMEN

AP ist Pruggern, von wo aus wir den Alm-Forstweg bis knapp vor die Sattental-Almen hinein- bzw. hinauf-fahren können. Bei der Fahrverbotstafel mit P stellen wir unser Fahrzeug ab und gehen nun nur noch 20 Minuten bis zur hintersten Alm, die praktisch im Talschluß liegt und von der Hochwildstelle auf der einen und dem Säuleck auf der anderen Seite landschaftlich großartig umrahmt wird.

Bewirtschaftungszeit: Anfang Juni – 20. September.

Besitzer: „Weidegenossenschaft Sattental-Alm" mit 9 Mitgliedern.

Bewirtschafter: Zwei Almen, nämlich die Perner-Alm und die Tag-Alm, werden als Jausenstationen geführt. Beide werden von Sennerinnen mit je 6 Kühen bewirtschaftet.

Viehbestand: Insgesamt werden ins Sattental 180 Stück Galtvieh und Kühe aufgetrieben. Von Juli bis Mitte August kommt das gesamte Galtvieh auf die oberhalb gelegene Schneetal-Alm (1.754 m).

Almprodukte: Auf beiden Hütten werden Butter und Ennstaler Steirerkas erzeugt. Die Sennerinnen verstehen sich aber auch auf die Zubereitung der „Neunhäutelnudeln" (einer Spezialität aus Eiern, Teig und Schnaps.

Wandervorschlag: Vom Talschluß folgen wir der Markierung, vorbei am Stierkarsee, hinauf zu den Seen der „Goldlacken" (2.000 m) in 1 1/2–2 Std.

Karte: ÖK Blatt 128.

Die Sattental-Almen am Fuß der Hochwildstelle.

239 LÄRCHKAR-ALM

AP ist Donnersbachwald, von wo aus wir ca. 5 km auf asphaltierter Straße bis zur kleinen Feriensiedlung hineinfahren. Vom P folgen wir dem Lärchkarbach auf romantischer Wegstrecke über mehrere Brückerln und Stege und erreichen die Lärchkar-Alm (1.292 m) in 1 Std. Die wunderschöne, 300 bis 400 Jahre alte Gerstlreithhütte mit ihrem prachtvollen Blumenschmuck ist eine echte „Bilderbuchalm" und liebevoll mit altem Mobiliar eingerichtet. Der Almboden erstreckt sich entlang des Siebenhüttenbaches weit nach hinten, und hier liegen noch zwei weitere, mit Galtvieh bestoßene Hütten.

Bewirtschaftungszeit: Ende Mai –Ende September. Die Hütte wird als Almbuffet geführt.

Besitzer und Bewirtschafter: Fam. Dankelmayer, Donnersbach.

Viehbestand: 7 Kühe, 40 Stück Galtvieh (teils Zinsvieh), das meist auf der höher gelegenen Stalla-Alm (mit eigenem Halter) geweidet wird.

Almprodukte: Butter und Ennstaler Steirerkas.

Das neben der Hütte stehende „Almkreuz" trägt folgende Inschrift:

Hier steh ich ehrfurchtsvoll vor dir – Schöpfer der Natur.
Schenkst uns das Leben und die Liebe zu Menschen und Kreatur.
Gehst mit uns Wege, Brücken, Straßen; nicht immer sind sie klar und breit.
Führst uns durch enge Gassen, im Laufe unsrer Zeit.
Jede Pflanze schenkt uns Nahrung;
mancher Baum dein Dach kann sein.
Hör das Gezwitscher vieler Vögel;
es kommt dem Lob- und Danklied gleich.
Der Berg, der Bach, das Vieh, die Hütte;
sie alle sind mein Himmelreich!

Wandervorschlag: In 2 Std. über die Stalla-Alm zur Goldbachscharte (ca. 1.900 m) und auf die Jochspitze (2.037 m).

Karte: ÖK Blatt 129.

Gerstlreithhütte auf der Lärchkar-Alm.

240 HINTEREGGER-ALM

AP ist Liezen, von wo aus eine rund 10 km lange Bergstraße hinauf auf die Alm (1.150–1.350 m) führt.

Die 23 Hütten der Alm liegen weit verstreut auf einem an die 200 ha großen Plateau, das im Norden von den prachtvollen Felsstufen des Nazogl – Hochangern eingerahmt wird.

Im Westen grüßen Hochtausing und Grimming herüber.

Bewirtschaftungszeit: Mitte Mai – Ende September.

Von der Seehöhe her ist Hinteregg eher eine Niederalm. Früher, als auch die Weidegründe der Hochlagen voll genutzt werden mußten,

Die 23 Hütten der Hinteregger-Alm sind fast alle bewirtschaftet.

wurde daher auch die auf rund 1.900 m gelegene, für das Vieh aber schwierig zu erreichende Angern-Alm als sogenannte „Hochalm", bestoßen. Ende Juni wurde hinauf- und nach dem 15. August wieder auf die Hinteregger-Alm abgetrieben. Die alten Almbauern wissen noch zu erzählen: „Je weiter man mit den Tieren zur Angern-Alm kam, desto größer wurden die von den wundgetretenen Füßen der Kühe stammenden Blutflecken auf den scharfkantigen Gesteinsplatten." Da die Schweine den beschwerlichen Weg nicht bewältigen konnten, mußten die Sennerinnen jeden zweiten Tag zur Hinteregger-Alm hinunter, um die Tiere zu füttern. Dazu trugen sie das „Kaswasser" (Molke) in Holzbehältern am Kopf hinunter. Beim Wiederaufstieg nahmen sie oft sogar Grünfutter (!) mit hinauf.

Besitzer: 23 Bauern besitzen die (unterschiedlich großen) Anteile der „Hinteregger Almgenossenschaft".

Viehbestand: 110 Kühe, rund 100 Stück Galtvieh.

Almprodukte: 20 Hütten sind bewirtschaftet, die Milch wird täglich ins Tal gefahren. Fast alle Hütten laden zum gemütlichen Verweilen ein. Die Kinkhütte und die Schlagerbauerhütte werden als Jausenstationen (mit eigener Butter und Ennstaler Steirerkas) geführt.

Wandervorschlag: Besteigung des Nazogl (2.057 m) in 2 Std. Von dort Rundweg über Angernkogel – Angern-Alm – Aipl – Hinteregger-Alm in 5 Std., sehr lohnend.

Karte: ÖK Blatt 98.

Hinteregger-Alm mit Blick zum Grimming (links) und Hochtausing.

241 GRABNER-ALM

AP ist der Buchauersattel (861 m) bei Admont, von wo aus wir (ausreichend P vorhanden) der Markierung 636 durch den Wald hinauf zum Grabneralm-Haus (1.391 m) folgen; 1½ Std. Von dem als Jausenstation geführten Haus (50 Schlafplätze) genießt man einen großartigen Blick auf die Gesäuseberge mit Buchstein, Planspitze, Ödstein, Hochtor, Reichenstein und Kalbling.

Schon beim Aufstieg über den alten Almweg stoßen wir auf die erste der Schautafeln des „Almlehrpfades", die uns dann weiter hinauf bis zum Gipfel des Grabnersteins begleiten.

Besitzer der Grabner-Alm ist die „Landwirtschaftsschule Grabnerhof" (Land Steiermark). Das Grabneralm-Haus wird von einem Pächter geführt, der aber mit der Viehbetreuung nicht befaßt ist.

Almabtrieb von der Buchau.

Viehbestand: 50 Kühe, die jedoch den ganzen Sommer auf der Buchau bleiben; auf der Grabner-Alm hingegen weiden 52 Stück Galtvieh (Mitte Juni – Mitte September).

Almlehrpfad (gleichzeitig Wandervorschlag):

Schon im untersten Teil Schautafel über die Funktion des Almwaldes; ab dem Grabnerhaus folgen wir dem markierten Pfad auf den Grabnerstein. Die nächsten Tafeln geben Auskunft über die Almdaten, durchschnittliche Gewichtszunahme des Viehs, Probleme der Verunkrautung mit Alpenampfer sowie über die „Botanik am Weg"; der Grabnerstein ist ja ein echter „Blumenberg". Wir kommen an der ehemaligen Latschenkieferölerzeugung vorbei, die genau erläutert wird. Sodann geht es durch teilweise schrofiges Almgelände aufwärts; eine Informationstafel gibt Auskunft über das Gamswild, und knapp unterhalb des Gipfels, in 1.819 m, stoßen wir überraschend auf die Reste eines ehemaligen Versuchs-Almstalles mit Jauchegrube und Düngerstätte. Dann ist es nicht mehr weit zum Gipfelkreuz (1.847 m), das wir in 2½ bis 3 Std. vom Buchauersattel aus erreicht haben.

Karte: ÖK Blatt 99.

Grabner-Alm mit Gesäusebergen.

242 SEEKAR-ALM

AP ist Hinterradmer, wo man bis zum P in den Talschluß hineinfährt. Ab hier leitet ein gut markiertes Steigerl in 1½ Std. zuerst durch Hochwald, später durch lockeren Bergwald hinauf auf die Alm. Die urige Hütte, die auch über einige Notschlafstellen verfügt, liegt auf der ersten freien Geländestufe im weiten Seekar, in prachtvoller Lage gegenüber dem Lugauer.

Bewirtschaftungszeit: Mitte Juni – Mitte September.

Bewirtschafterin: Maria Furtner, Landl.

Viehbestand und Almprodukte: 35 Stück Jungvieh. – Die Hütte (1.591 m) wird als einfache Jausenstation geführt, obwohl die Alm keine Zufahrtsstraße hat und alles die letzte halbe Stunde heraufgetragen werden muß. Butter und Ennstaler Steirerkas werden am Heimbetrieb in Landl erzeugt.

Wandervorschlag: Eine sehr lohnende Wanderung führt in 1 Std. hinauf zum Antonikreuz (1.932 m), auf den Verbindungskamm Zeiritzkampel – Lahnerleitenspitze, und von dort in wenigen Minuten zum Hinkareck (1.982 m). Schon 20 Minuten nach der Hütte erreicht man den ersten der sieben kleinen Seen und Lacken, nach denen das Seekar seinen Namen hat.

Karte: ÖK Blätter 100, 131.

Seekar-Alm mit Lugauer im Hintergrund.

Speik für das Weidevieh und die Parfümerie

Der echte Speik gedeiht auf vielen unserer Hochalmen und gehört zur Familie der Baldrianangewächse. Der Wurzelstock enthält die besonders stark duftende Baldriansäure, und so wurde der Speik schon seit alten Zeiten als Trägerstoff für Parfüms verwendet und vor allem in den Orient exportiert. Zentrum des „Speikens" war die Obersteiermark, von wo über die Sammelstelle Judenburg jährlich große Schiffsladungen über Venedig in den Orient gebracht wurden. Auch als Räucherwerk wurde der Speik dort verwendet.

Interessant ist die Tatsache, daß Rinder auf ausgesprochenen „Speikweiden" besonders gut gedeihen — so wird es zumindest von Bauern immer wieder behauptet. Es ist dies insoferne glaubhaft, als diese „Duftpflanze" häufig zusammen mit guten Futterpflanzen auftritt, und wohl auch möglich, daß der Duftstoff auf die Verdauung anregend wirkt. Nur selten wird berichtet, daß die Milch einen Baldriangeschmack annimmt, dafür aber gelegentlich eine Blauverfärbung.

243 HÖLZLER-ALM

AP ist Winklern bei Oberwölz, von wo aus man den langen Eselsberggraben auf leidlich gutem Fahrweg bis zu den Almhütten im Talschluß hineinfahren kann. P knapp vor der Hölzerhütte. Sie wird als Jausenstation geführt und bietet auch Schlafmöglichkeiten (12 Betten und 18 Lager). Sie liegt auf 1.540 m im hintersten Eselsberggraben in der prächtigen Landschaft der südlichen Niederen Tauern mit einer Unzahl von Wandermöglichkeiten.

Bewirtschaftungszeit: Mitte Juni – Ende September (Hütte bis Ende Oktober geöffnet).

Besitzer: Fam. Bogensperger, Winklern / Oberwölz.

Viehbestand und Almprodukte: 5 Kühe, 80 Stück Jungvieh (teils Zinsvieh). Es werden Butter und „Bier"- oder „Bröselkäse" (wie der Ennstaler Steirerkas hier genannt wird) erzeugt.

Wandervorschlag: Um nur einige wichtige herauszugreifen: In 3 Std. auf die Idlereckscharte und Talkenschrein; 2¹/₂ Std. auf die Schoberspitze (2.423 m); in 3 Std. auf die Rettelkirchspitze (2.475 m).

Karte: ÖK Blätter 129, 159.

Im hinteren Eselsberggraben.

Hölzlerhütte mit Hochstubofen im Hintergrund.

244 KNOLLI-ALM

AP ist Winklern bei Oberwölz, von wo aus man in den langen Eselsberggraben direkt bis zur Hütte im Talschluß hineinfahren kann. Sie wird als Jausenstation geführt und bietet auch Schlafmöglichkeiten.

Bewirtschaftungszeit: Anfang Juni – Ende September.

Besitzer: Hubert Leitner vlg. Knolli, Winklern / Oberwölz.

Viehbestand und Almprodukte: 12 Kühe, 40 Stück Jungvieh (etwas Zinsvieh). Es werden Butter, Murtaler Steirerkäse und „Bröselkäse" erzeugt.

Wandervorschlag: s. Hölzer-Alm.

Karte: ÖK Blätter 129, 159.

245 FUNKL-ALM

AP ist Winklern bei Oberwölz oder Pöllau am Greim, von wo aus man in den Eselsberggraben hineinfahren kann. Die Hütte liegt auf 1.503 m und wird als Jausenstation geführt; es gibt auch 35 Betten sowie 2 kleine Selbstversorgerhütten.

Bewirtschaftungszeit: Anfang Juni – Ende September.

Besitzer: Johann Bogensperger, Eselsberg 24 / Oberwölz.

Viehbestand und Almprodukte: 10 Kühe, 50 Stück Jungvieh (auch Zinsvieh). Es werden Butter, Murtaler Steirerkäse und „Brösel-käse" erzeugt; ein Teil der Milch wird jeden 3. Tag ins Tal geliefert.

Wandervorschlag: s. Hölzer-Alm.

Karte: s. oben.

Auf der Funklhütte im Eselsberggraben wird Tradition noch hochgehalten.

246 BEISTEINER-ALM

Die Beisteiner-Alm ist ein besonders beliebter Wanderer-Stützpunkt.

AP ist Wald am Schoberpaß, von wo aus wir an die 6 km bis zum Gh. Jansenberger vlg. Beisteiner (1.230 m) auf guter Schotterstraße hineinfahren. Von hier folgen wir der Markierung über den steilen Almzufahrtsweg in einer ³/₄ Std. hinauf zur Beisteiner-Alm (in manchen Karten fälschlich „Peilsteineralm"). Die Hütte mit anschließendem Stall liegt auf 1.540 m in freier Lage mit Blick auf die Gesäuseberge und den Hochreichartstock. Sie wird als Jausenstation geführt.

Bewirtschaftungszeit: Mitte Juni – Ende September.

Besitzer: Fam. Jansenberger.

Bewirtschafter: Pensionisten-Ehepaar.

Viehbestand und Almprodukte: 6 Kühe, 12 Stück Galtvieh. Es werden Butter, Ennstaler Steirerkas und Frischmilchkäse erzeugt.

Wandervorschlag: Von der Alm in einer ³/₄ Std. hinauf zum Bärensulsattel (1.794 m) und weiter in 1 Std. auf das Himmeleck (2.096 m).

Karte: ÖK Blatt 131.

247 SCHEIBEL-ALM

AP ist Hohentauern, von wo aus wir über die Mautstraße bis zum P vor der Edelrautehütte fahren. Von hier in wenigen Minuten zur Scheibel-Alm (1.680 m), die hübsch im Kar zwischen Hauseck – Bösenstein und Gr. Hengst liegt. Einfache Jausenstation.

Bewirtschaftungszeit: Anfang Juni – Mitte September.

Bewirtschafter: Margaretha Krenn-Hallinger, Dietmannsdorf.

Viehbestand und Almprodukte: 4 Kühe, 40 Stück Galtvieh. Es werden Butter, Murtaler Steirerkas, Roggene Krapfen und Almkaffee angeboten.

Wandervorschlag: In 20 Min. über die Edelrautehütte zum Scheibelsee und weiter in 2 Std. auf den Bösenstein (2.448 m) oder 1¹/₂ Std. auf den Gr. Hengst (2.159 m; für beide Gipfel ist Trittsicherheit erforderlich!).

Karte: ÖK Blatt 130.

Scheibel-Alm am Fuß des Bösensteins.

Salzkammergut

und *Eisenwurzen*

Salzkammergut und Eisenwurzen

Hier liegen 700 Almen, von denen 360 auf das Salzkammergut, 160 auf die oberösterreichischen und 180 auf die steirischen Eisenwurzen entfallen. Ein Drittel davon steht im direkten Privatbesitz, die Hälfte gehört jedoch dem Bund (Bundesforste). 50% der Almen sind Niederalmen, 33% Mittelalmen und nur 17% Hochalmen. 81% werden nur mit Galtvieh bestoßen, 17% sind Gemischtalmen, während die Kuhalmen nicht einmal 1% ausmachen. Es werden lediglich rund 570 Kühe aufgetrieben.

Foto umseitig: Augstwies-Alm.

Noch immer sind in diesem Gebiet die Forste mit Weiderechten belastet, und die Waldalmweide macht einen nicht unerheblichen Prozentsatz der Gesamtalmfläche aus. Mit der Intensivierung und Modernisierung der Forstbetriebe in diesem Jahrhundert wurde die Weidenutzung stark eingeschränkt, aber aus formalrechtlichen Gründen besteht sie noch immer in nicht unbeträchtlichen Ausmaßen.

Schon im Mittelalter war hier durch die Landesfürsten gesetzlich festgelegt worden, daß ausreichende Waldungen für den Betrieb der Salinen zur Verfügung standen. So wurde schon in alten Zeiten der Wald geschützt und die Alm- und Weidewirtschaft eher in Grenzen gehalten. Noch immer ist man in diesem Gebiet bemüht, aus bäuerlichem Besitz Almen aufzukaufen und vor allem die Servitute abzulösen.

Der Almbestoß nahm im allgemeinen im oberösterreichischen Salzkammergut wesentlich rascher als im steirischen ab, so daß weite Teile der Almen heute zugewachsen sind.

Das Gebiet der steirischen Eisenwurzen hat sich sehr ähnlich wie das Salzkammergut entwickelt. Es überwiegen Großwaldbesitz der öffentlichen Hand mit den großen Jagden, und der größte Teil des Almgebietes besteht aus Servitutsweiden. Die Täler sind dicht bewaldet und dünn besiedelt, und die Almen sind außerordentlich klein. So existieren z. B. im Salzatal von Gußwerk bis zur Mündung in die Enns nur noch rund 30 Almen.

Die Jagd wurde in der kaiserlichen Sommerresidenz Bad Ischl mit größter Intensität betrieben, unterstand doch im gesamten Gemeindegebiet von Bad Ischl die Hofjagdleitung dem Kaiser Franz Joseph selbst. Unter diesen Umständen fristete die Landwirtschaft im Salzkammergut nur ein bescheidenes Dasein, und die bäuerlichen Wirtschaften waren durchwegs sehr klein. Schon aus der Zeit Kaiser Josefs II. stammt der Ausspruch: „Die wenigsten Bauern könnten sich bei ihren kleinen Sacheln erhalten, wenn sie nicht im kaiserlichen Dienst stünden!" Die Frauen und Kinder mußten den größeren Teil der Arbeit in der Wirtschaft verrichten; weil die Männer meist die ganze Woche nicht zu Hause waren, stand auch die Almwirtschaft unter der Obsorge der Frauen. Daher fand sich hier der größte Anteil an weiblichem Almpersonal in ganz Österreich.

248 AUGSTWIES-ALM *(s. Kapitelbild)*

AP ist Altaussee, von wo aus wir den $2^1/_2$stdg. Aufstieg zur Alm beginnen. Zuerst geht es auf romantischem Weg den See entlang bis an sein Nordende, wo der markierte Pfad, durch Hochwald aufwärts, seinen Anfang nimmt. An der Hütte der kleinen Stummer-Alm vorbei, erreichen wir schließlich in schrofigem Gelände den Hochklapfsattel (1.498 m), steigen dort kurz ab und kommen dann in die Grünkarst-Plateaulandschaft des Toten Gebirges mit oft beträchtlichen Weideflächen. – Nun ist es nicht mehr weit zu den mehr als zehn Hütten der Augstwies-Alm (1.415 m), alle im klassischen Ausseer Stil erbaut, mit kleinem Stall unten und Wohnraum der „Almdirn" oben. Bis zum Zweiten Weltkrieg gab es hier wie in den vielen anderen Almhüttendörfern des Toten Gebirges ein reges Almleben mit Sänger-, Gstanzl- und Jodlerwettstreit der Almleute. Mit Wehmut muß man heute feststellen, daß diese Zeiten unwiederbringlich vorbei sind.

12 Bauern aus Aussee besitzen hier oben ihre Servitutsweiderechte von den Bundesforsten, und es werden derzeit jährlich an die 65 Mutterkühe und Galtrinder zwischen Mitte Juni und Mitte September aufgetrieben.

Wandervorschlag: 1) In $^1/_2$ Std. zum A. Appelhaus (1.638 m). 2) In einer $^3/_4$ Std. zur Wildensee-Alm (1.525 m) und in einer weiteren $^1/_2$ Std. zum Wildensee (1.535 m).

Karte: ÖK Blätter 96, 97.

249 BRÄUNING-ALM

AP ist der P bei der Bergstation der „Loser Mautstraße" (1.600 m). Wir genießen hier einen Prachtblick auf den Altausseer-See und hinüber zum Dachstein und folgen den Wegweisern in Richtung Bräuningzinken. Auf angenehmem Steigerl geht es fast eben hinüber zu den hübsch gelegenen Hütten der Bräuning-Alm, die wir nach $^1/_2$ bis $^3/_4$ Std. erreichen (1.608 m).

Sechs Bauern besitzen die Servituts-Weiderechte von den Bundesforsten und treiben rund 50 Stück Mutterkühe und Galtvieh auf.

Wandervorschlag: In einer $^3/_4$ Std. kann der Bräuningzinken (1.899 m) ohne große Mühe erstiegen werden.

Karte: ÖK Blatt 96.

Bräuning-Alm am Loser.

250 ZIMITZ-ALM

AP ist der Gh. Ladner am Grundlsee, von wo aus wir dem Zimitzbach und den Hinweisschildern mäßig ansteigend folgen. Durch Hochwald geht es auf einem alten, mit Steinmauern gestützten Almweg aufwärts, wir kommen am Zimitz-Wasserfall vorbei und erreichen bereits nach einer ³/₄ Std. die besonders romantisch gelegene Zimitz-Alm auf 983 m Seehöhe. Die klassische Niederalm mit ihren sechs Hütten ist vom Felsrund des Backensteins, Reichensteins und Siniwelers umgeben.

Auf die Alm werden lediglich an die 15 Stück Galtvieh aufgetrieben.

Bewirtschaftet ist im Juli und August die Hütte der Familie Albrecht Seidl, Mosern, als Almbuffet.

Wandervorschlag: Unmarkiert in 15 Min. hinauf auf die Forststraße zur Schachner Schwaiba und Rundweg hinunter nach Schachen und zurück zum „Ladner" (1¹/₂ Std.).

Karte: ÖK Blatt 97.

251 GSPRANG-ALM

AP ist der Ödensee im Gemeindegebiet von Kainisch, wo wir uns am besten in der Kohlröserlhütte erkundigen, welchen der Wege wir wählen sollen. Am angenehmsten ist jener Forstweg, der etwa einen ³/₄ km vor dem Ödensee rechterhand seinen Ausgang nimmt, am kürzesten der alte – jedoch teilweise steile – Almweg, der durch den Seisenbachgraben direkt zur Alm führt. Die drei Hütten der einsam auf 1.450 m gelegenen Gsprang-Alm erreichen wir nach etwa 1³/₄ Std. Besonders die abgebildeten Hütten zeigen in bester klassischer Form die alte Ausseer Almhütten-Bauweise mit blitzsauberem Wohnbereich oberhalb des Stalles (Hüttenbesitzer: Franz Grill, Eselsbach).

Besitzer: Bundesforste. Servitutsberechtigt sind drei Bauern, von denen nur noch zwei zusammen 16 Stück Galtvieh auftreiben.

Wandervorschlag: Zugang zur Alm.

Karte: ÖK Blatt 96.

Die Hütten auf der Gsprang-Alm zeigen den klassischen Ausseer Almhütten-Stil.

252 GNANITZ-ALM

AP ist der Ort Tauplitz, von wo man auf einem Asphaltstraßerl an die 6 km über „Greithbauernhalt" bis zum Wegschranken mit P hineinfahren kann. Von hier folgen wir einem Forstweg in mäßiger Steigung und erreichen die Almflächen im weiten Boden des Gnanitztales in einer ³/₄ Std. (1.100 m). Die 6 Almhütten, von denen 4 noch bewirtschaftet werden, liegen romantisch unterhalb der Felsabstürze des Hechlsteins auf der einen und des Roßkogels auf der anderen Seite.

Bewirtschaftungszeit: Mitte Juni – 20. September.

Bewirtschafter: Als Jausenstation bewirtschaftet sind die Johnsleitnerhütte (Mutterkuhhaltung) und die Hechlhütte (auf der kein Vieh gehalten wird). Auf den beiden anderen Hütten werden je 10 Kühe und 20 Stück Galtvieh gehalten. Die Milch wird täglich nach Tauplitz hinausgefahren.

Wandervorschlag: Sehr lohnender – allerdings 5 bis 6 Std. langer – Rundweg von Greithbauernhalt über Schwarzensee – Leist-Alm – Interhütten-Alm – Gnanitz-Alm.

Karte: Kompaß WK Ausseerland / Ennstal.

253 SEIDENHOF-ALM

AP ist die Postbusumkehrstelle am Radlingpaß zwischen Kainisch und Grundlsee. Hier folgen wir der Markierung in Richtung Röthelstein auf angenehmem Pfad durch Hochwald aufwärts, bis rechterhand Hinweisschilder zur „Tal-Alm / Seidenhof-Alm" weisen. Über Forstwege erreichen wir nach insgesamt 2 Std. die Alm mit ihren 6 Hütten in 1.585 m. Prachtvoll ist der Ausblick hinüber zu den Gletschern des Dachsteins.

Bewirtschaftungszeit: Mitte Juni – 20. September. Die Alm ist eine Servitutsalm der Bundesforste, und 6 Bauern aus Obersdorf treiben insgesamt 90 Stück Galtvieh auf (Halter: Siegfried Grasl, Obersdorf). Bewirtschaftet ist die Bunzbauernhütte als Jausenstation (eigene Butter und Ennstaler Steirerkas vom Heimbetrieb) der Familie Emil Brechtler, Oberndorf 34.

Wandervorschlag: Über das Marterl „Jesu Nam'" in ¹/₂ Std. auf den Kampl (1.685 m) mit bester Sicht zum Grimming und auf das Tote Gebirge oder in 1 Std. auf den Röthelstein (1.612 m).

Karte: s. oben.

Bunzbauernhütte auf der Seidenhof-Alm mit Dachstein im Hintergrund.

Die Hütten der Blaa-Alm an der Loser-Nordseite.

254 BLAA-ALM

AP ist Altaussee, von wo wir noch einige km (vorbei an der Mautstelle zur Loserstraße) bis zum geräumigen P direkt vor der Blaa-Alm fahren können. Mit ihren 8 Hütten im traditionellen Ausseer Stil liegt sie auf 900 m reizvoll zwischen den Steilabbrüchen des Losers auf der einen und des Hohen Sandlings auf der anderen Seite. Weitere 5 Hütten stehen auf der nahe gelegenen Ausseer Rettenbach-Alm und 3 weitere auf der Fluder-Alm.

Bewirtschaftungszeit: Ende Mai – Mitte Juli und Ende August – Ende September. Im Hochsommer weiden die Rinder auf der Schwarzenberg- und Wildensee-Alm.

Besitzer: Servitutsalm der Bundesforste mit 46 Berechtigten (Almherr: Josef Grill, Puchen 25, Altaussee).

Viehbestand: 160 Stück Jungvieh und Mutterkühe. Gasthaus auf der Alm.

Wandervorschlag: In einer ³/₄ Std. zur Ausseer Sandling-Alm.

Karte: Kompaß WK Nr. 20.

255 AUSSEER SANDLING-ALM

AP ist die Blaa-Alm, zu der man von Altaussee auf guter Straße gelangt. Die Markierung Nr. 201 führt uns von dort in einer ³/₄ Std. durch Wald an den Nordostsockel des Hohen Sandlings heran, an dessen Ausläufern die 5 Hütten (errichtet im klassischen Ausseer Stil mit zwei Geschossen) auf 1.250 m stehen. Im Norden wird die Alm von den Felsschrofen des Pötschensteins überragt, gegenüber erhebt sich der Loser, und von unten spiegelt der Altaussee-See herauf.

Bewirtschaftungszeit: 20. Juni – 10. September.

Besitzer: Servitutsalm der Bundesforste mit 5 Berechtigten (Almherr: Veronika Stadl, Lupitsch 120, Bad Aussee).

Viehbestand: 30 Stück Jungvieh.

Wandervorschlag: In ¹/₂ Std. zur Vorderen Sandling-Alm, in 1¹/₂ Std. auf den Hohen Sandling (1.717 m, Trittsicherheit erforderlich!).

Karte: Kompaß WK Nr. 20.

Ausseer Sandling-Alm.

256 BÄRENFEICHTEN-ALM

AP ist Wörschachwald bei Tauplitz, wo in der Nähe des Spechtensees die Alm-Forststraße hinauf in das weite Weidegelände unterhalb der Schrofen des Hechlstein-Ausläufers führt (Schlüssel für Wegschranken gegen Entrichtung einer Mautgebühr bei vlg. Rohrmooser in der Nähe des Gh. Dachsteinblick). Zu Fuß ist man gut eine Stunde unterwegs. Die 8 Almhütten liegen malerisch auf 1.474 m vor dem scharfen Felskeil des Hochtausings.

Bewirtschaftungszeit: Mitte Juni – Mitte September.

Besitzer: Almgemeinschaft mit 8 Mitgliedern.

Bewirtschafter: Cilli Kerschbaumer, Wörschachberg 57. Die Hütte wird als Jausenstation geführt.

Viehbestand: 60 Stück Jungvieh.

Wie auf vielen Almen, haben Sennerinnen und Senner oft jahrzehntelang mit Hingabe auf „ihrer" Alm die Lebenserfüllung gefunden. So auch Theresia Pürcher, die auf der „Bärenfeichten" von 1937 bis 1993, volle 56 Jahre lang, gewirkt hat und der man in Dankbarkeit dieses Marterl errichtet hat.

Wandervorschlag: In einer ³/₄ Std. zur Schneehitz-Alm (1.611m), in ¹/₂ Std. zur Stoiring-Alm (1.432 m). Etwa 15 Min. in westlicher Richtung von der Bärenfeichten-Alm finden sich alte Felszeichnungen (ohne Führer nicht einfach zu finden).

Karte: Kompaß WK Nr. 68.

Marterl für die Sennerin Theresia Pürcher, die auf der „Bärenfeichten" 56 Almsommer hindurch ihre „liabn Kuhalan" betreut hat.

257 TAUPLITZ-ALM

Die Losenbauer-Hütte auf der Tauplitz-Alm ist eine der ältesten Almhütten Österreichs.

Das ausgedehnte Almgebiet liegt auf einer Seehöhe von 1.600 m und kann entweder über die Mautstraße von Bad Mitterndorf oder mit dem Sessellift über den Ort Tauplitz erreicht werden. Das Weidegebiet mit seinen insgesamt vier Seen wird von Traweng und Lawinenstein im Norden beherrscht. Nach Süden ist der Blick zum gewaltigen Massiv des Grimmings und hinüber zu den Niederen Tauern frei. Obwohl der Fremdenverkehr mit Hotels und Schutzhütten auf der Alm eine große Rolle spielt, prägt doch die Almwirtschaft nach wie vor das Bild.

Bewirtschaftungszeit: Anfang Juli – Ende August.

Besitzer: Almgemeinschaft mit 34 Mitgliedern. Bewirtschaftet werden 2 Hütten, und zwar die Losenbauerhütte mit 9 Kühen und die Kohlmeierhütte mit 10 Kühen. Daneben sind 220 Stück Jungvieh aufgetrieben.

Die Losenbauerhütte stammt aus dem Jahre 1503 und ist eine der ältesten Hütten Österreichs. Wanderer erhalten hier Steirerkas und Milch.

Wandervorschlag: 1) In 1½ Std. über den Steirersee zur Leist-Alm (1.650 m). 2) In 1 Std. auf den Traweng (1.981 m; Trittsicherheit!). 3) Vom Steirersee in 2 Std. auf das Gr. Tragl (2.179 m).

Karte: Kompaß WK Nr. 68.

258 WALCHER-ALM

AP ist Ramsau am Dachstein, von wo man über die Mautstraße bis zum P für die Walcher- und Neustadt-Alm fährt. Von hier sind es bloß 5 Min. bis zur urigen Walcher-Hütte mit angebautem Stall auf 1.630 m. Prachtvoll liegt die als Jausenstation geführte Hütte vor den Dachsteinwänden. Nach Süden gibt es eine hervorragende Aussicht auf die Gipfel der Schladminger Tauern.

Bewirtschaftungszeit: Anfang Juni – Ende September (mit „aufgekränztem" Almabtrieb).

Besitzer: Fam. Walcher, 8972 Ramsau Nr. 10.

Viehbestand: 24 Kühe, 20 Stück Jungvieh, 8 Pferde. Die Milch wird zu Süßkäse, Radstädter Bierkäse und Gluntner verarbeitet (Schaukäserei für Interessenten).

Wandervorschlag: In 20 Min. zur Austria-Hütte, in einer ¾ Std. zur Südwandhütte, in 1 Std. zur Bachler-Alm (1.495 m).

Karte: Kompaß WK Dachstein / Tauern.

Auf der Walcher-Alm am Dachstein.

259 VIEHBERG-ALM

AP ist Gröbming-Winkl, von wo man bis zum P noch ein Stück in Richtung Viehberg-Alm fahren kann. Hier satteln wir auf „Schusters Rappen" um und wandern nun durch die Schlucht der sog. Öfen auf einer imposant angelegten Alm-Forststraße hinauf auf die mit schütteren Lärchen-, Zirben- und Fichtenwald bestandenen Hochflächen des Kemetgebirges. Unerwartet finden sich hier auch immer wieder erstaunlich gute Almweideflächen in kleine Mulden eingestreut. An der „Rahnstube" vorbei (markierte Abzweigung zur Alm) erreichen wir den „Kammboden", befinden wir uns nun doch schon hinter den Felsbarrieren der Kammspitze, und nach insgesamt 1¹/₂ Std. Aufstiegszeit kommen wir in das weit auseinandergezogene Almdorf der Viehberg-Alm mit seinen 11 Hütten auf 1.445 m. – Von der anderen Seite, nämlich von Bad Mitterndorf, führt eine Forststraße direkt zur Alm, wobei ihre Begehung ab Salza-Stausee gut 3 Std. in Anspruch nimmt. Kommt man von dieser Seite, dann empfiehlt es sich, den Taxi-Dienst der Fa. Bechter in Neuhofen 134 bei Bad Mitterndorf in Anspruch zu nehmen (Tel.: 0 36 23/31 44; regelmäßige Fahrten zur Viehberg-Alm an drei Tagen in der Woche).

Am „Großen Frauentag" erlaubt sich die Sennerin, Festtagstracht anzulegen.

Bewirtschaftungszeit: Mitte Juni – Ende September.

Besitzer: Bundesforste mit 11 Servitutsberechtigten. Von den 11 Hütten sind drei voll bewirtschaftet: Fam. Gruber vlg. Ritzinger, Gröbming /Winkl 79, 8962 Gröbming; Fam. Knerzl vlg. Simeter, Einöd, 8965 Pruggern; Fam. Schrempf vlg. Wirt, 8954 Tipschern.

Viehbestand: Auf allen drei Hütten werden je 3 Kühe gehalten, und insgesamt wird die Alm darüber hinaus mit 120 Stück Jungvieh bestoßen. Alle drei Almwirte erzeugen Steirerkäse und Butter; ferner erhalten die Almbesucher auch andere Spezialitäten, wie Roggene Krapfen usw. Auf den Hütten gibt es auch einige Schlafstellen.

Wandervorschlag: In 1 Std. zur „Notgasse", in 2¹/₂ Std. zur Brünnerhütte, für Geübte in 2 Std. auf die Kammspitze (2.139 m).

Karte: ÖK Nr. 128 Gröbming.

Viehberg-Alm im Kemetgebirge.

260 VORDERE SANDLING-ALM

AP ist die Blaa-Alm bei Altaussee, von der man der Markierung in Richtung „Ausseer Sandling-Alm – Sandling" folgt und über erstere, an der Sandling-Ostseite vorbei, das kleine Almdorf mit seinen 8 Hütten in 1½ Std. erreicht. Der zweite Zugang führt über die Raschberghütte bei St. Agatha (P) auf markiertem Steig über die Lambacherhütte in 1½ Std. zur Alm, deren Hütten sehr malerisch unterhalb der Felsabstürze des Sandlings und mit einem Prachtblick zum Dachstein auf 1.340 m liegen.

Bewirtschaftungszeit: Ende Mai – September.

Besitzer: Bundesforste mit Almservitut für 8 Bauern. Als Jausenstation bewirtschaftet werden die beiden Hütten der Fam. Gassenbauer und Fam. Engleitner aus Au und Riedln bei Bad Goisern.

Viehbestand: 25 Stück Mutterkühe und Galtvieh.

Wandervorschlag: Besteigung des Hohen Sandlings auf versichertem Steig (nur für Schwindelfreie) in 1 Std., Wanderung zur Hinteren Sandling-Alm in ½ Std.

Karte: Kompaß WK Nr. 20.

Vordere Sandling-Alm.

261 HINTERE SANDLING-ALM (PITZING-ALM)

AP ist entweder die Vordere Sandling-Alm in ½ Std. oder die Blaa-Alm über Knerzenstüberl in 1 Std. Die Alm mit ihren beiden Hütten liegt auf 1.205 m; die vor zehn Jahren neu erbaute Hausl-Hütte wird als Jausenstation geführt (Spezialität ist der Schnittkäse nach „Hausl"-Art). Die beiden Hütten liegen sehr romantisch am Rand des Pitzingmooses.

Bewirtschaftungszeit: Juni – September.

Besitzer: Bundesforste (Servitusalm).

Bewirtschafter Hausl-Hütte: Fam. Haslauer, Herndl 11.

Viehbestand: 2 Kühe, 12 Stück Galtvieh und Mutterkühe.

Wandervorschlag: Besuch des nahe gelegenen Pitzingmooses mit seltener Flora (Fieberklee u.a.).

Karte: s. oben.

Hintere Sandling-Alm am Pitzingmoos.

262 RETTENBACH-ALM

AP ist Bad Ischl, von wo aus man in das Rettenbachtal 5 km bis zum P, direkt vor der Alm, hinfahren kann. Die Niederalm mit ihren ausgedehnten Weideflächen liegt auf 640 m. Die 14 Almhütten sind längs des Rettenbaches verstreut. Überragt wird die Alm vom Schönberg auf der einen und vom Perneck auf der anderen Talseite.

Bewirtschaftungszeit: Mai – Ende September.
Besitzer: Bundesforste; Servitusalm für 22 Bauern. Eine Hütte wird als Jausenstation geführt.
Bewirtschafter: Franz Unterberger, Sulzbach 33.
Viehbestand: 60 Rinder (teils Mutterkühe, teils Galtvieh).
Wandervorschlag: In 1¹/₂ Std. zur Blaa-Alm, in 1¹/₂ Std. zur Kaar-Alm, in 1¹/₂ Std. zur Ischlerhütte (1.369 m).
Karte: Kompaß WK Nr. 20.

263 KAAR-ALM

AP ist die Rettenbach-Alm. Von dort ca. 1 km Forststraße in Richtung Blaa-Alm, sodann auf weiterer Forststraße ein Stück in Richtung Ischlerhütte (wohin die Markierung von der Forststraße abzweigt). Wir folgen der Forststraße jedoch bis in den hintersten Talgrund und sehen ober uns öfters den Geländeabsatz mit der Hütte (unterwegs Materialseilbahn zur Ischlerhütte). Vom Ende der Forststraße steiler Fußsteig zur Alm auf 1.177 m mit ihren 4 Hütten, die auf einer Geländestufe liegen, die von Gamskogel, Kaarkogel und Bärenkogel eingerahmt wird. Aufstiegszeit: 1¹/₂ Std.

Bewirtschaftungszeit: Juni – August.
Besitzer: Bundesforste mit 7 Servitutsberechtigten.
Bewirtschafter: Fam. Unterberger, Sulzbach 33.
Viehbestand: 30 Stück Galtvieh.
Wandervorschlag: Aufstieg von der Rettenbach-Alm.
Karte: s. oben.

Kaar-Alm oberhalb der Rettenbach-Alm.

Hintere Gosausee-Alm mit Dachstein.

264 HINTERE GOSAUSEE-ALM

AP ist der Vordere Gosausee, von dem man den prachtvollen Weg (ständiger Blick auf Gosaukamm und Dachstein), weiter über die Gosaulacke und kurze Steilstufe, bis zum Hinteren Gosausee wählt. An seinem Ende liegt die Holzmeister-Hütte auf 1.154 m mit Dachstein und Gosaugletscher im Hintergrund, die nach 1^1/$_2$ Std. erreicht wird.

Bewirtschaftungszeit: Anfang Juni – Anfang Oktober.

Besitzer: Bundesforste, servitutsberechtigt: Fam. Schweighofer vlg. Holzmeister, Gosau 4. Jausenstation.

Viehbestand: 2 Kühe, 15 Stück Mutterkühe.

Wandervorschlag: In 3 Std. zur Adamekhütte (2.196 m). An die 14 verschiedene Touren kann man von der Adamekhütte aus unternehmen; die interessanteste ist aber zweifellos jene auf den Dachstein. Man erreicht den Gipfel von dieser Seite über den Westgrat, der völlig gesichert ist. Er hat den großen Vorteil, steinschlagsicher zu sein, was man vom letzten Stück der meistbegangenen Route, die bei der Bergstation des Hunerkogels ihren Anfang nimmt, leider nicht sagen kann. Lediglich Schwindelfreiheit ist hier angesagt, denn vom Westgrat aus gibt es manchmal atemberaubende Tiefblicke in die Südwand des Dachsteins.
Von der Adamekhütte aus halten wir uns am Westrand des Großen Gosaugletschers in der Nähe der mächtigen Schneebergwand und können hier gletscherspaltenfrei (bei normalen Verhältnissen sind nicht einmal Steigeisen notwendig) bis zur Oberen Windlucke (2.746 m) hinaufqueren. Dort setzt dann der gesicherte Westgrat an, der für Geübte keinerlei Probleme darstellt.
Die Aufstiegszeit von der Adamekhütte bis zum Gipfel (2.995 m) beträgt 3 Std.

Karte: F & B Nr. 392.

265 KRANABETHSATTEL-ALM

AP ist die Bergstation der Feuerkogel-Seilbahn, von der man 10 Minuten zu den drei Almhütten absteigt, die in 1.560 m reizvoll auf einer weiten Geländestufe vor den Erhebungen des Höllengebirges liegen. Voll bewirtschaftet ist die Kolleralm-Hütte (Jausenstation).

Bewirtschaftungszeit: Mitte Juni – Anfang Oktober.

Besitzer: Bundesforste mit 3 Servitutsberechtigten.

Besitzer der Hütte: Josef Loidl, Ebensee.

Bewirtschafter der Hütte: Linde und Fritz Haubenhofer, Ebensee.

Viehbestand: 30 Mutterkühe, 1 Stier. Traditioneller Almabtrieb.

Wandervorschlag: Aufstieg vom Tal in 2 Std., zur Riederhütte (1.752 m) in 1 Std., auf den Gr. Höllkogel (1.862 m) in 1½ Std., zum Hochleckenhaus (1.572 m) in 2 Std.

Karte: s. oben.

Kolleralm-Hütte am Kranabethsattel im Höllengebirge.

266 WURZER-ALM

AP ist die Bergstation der Wurzeralm-Standseilbahn, oder man folgt von der Talstation dem markierten Weg in 2 Std. auf die Alm (1.430 m), die in einem reizvollen Bergrund liegt, das von Warscheneck und Stubwieswipfel überragt wird. Die 4 Hütten liegen am Fuß des letztgenannten Berges. Eine davon wird als Jausenstation geführt.

Bewirtschaftungszeit: 15. Juni – 20. September.

Besitzer: Agrargemeinschaft mit 4 Mitgliedern.

Bewirtschafter: Gottfried Völkl, Ardning.

Viehbestand: 4 Kühe, 60 Stück Jungvieh.

Almprodukte: Butter.

Wandervorschlag: In 1 Std. auf den Stubwieswipfel (1.786 m), in 1 Std. zu den Felszeichnungen in der „Höll" (nach dem Weg fragen!).

Karte: ÖK Nr. 98.

Wurzer-Alm am Warscheneck.

267 HINTERSTEINER-ALM

AP: 1,5 km südlich des Pyhrnpasses zweigt eine Stichstraße von der Bundesstraße zur Hintersteiner-Alm (und zum abseits gelegenen Gipssteinbruch) ab. Nach etwa 2 km P am Rand des auf 1.030 m gelegenen Almdorfes mit seinen 11 Hütten. Die ausgedehnten Weideflächen erstrecken sich in sanfter Neigung unterhalb des Waldgebietes, das dem Warscheneck vorgelagert ist. 3 Hütten sind voll bewirtschaftet, die anderen zum Teil vermietet.

Bewirtschaftungszeit: Anfang Juni – Ende September.

Besitzer: Creditanstalt und Bundesforste. Die Hüttenbesitzer haben entsprechende Servitute und sind in der „Agrargemeinschaft Hintersteiner-Alm" organisiert. Obmann: Günther Gschwandner, Liezen, der eine der Hütten als Jausenstation führt.

Viehbestand: 30 Kühe, 50 Stück Jungvieh. Es wird Steirerkäse erzeugt, der größere Teil der Milch aber täglich ins Tal geliefert.

Wandervorschlag: In 1³/₄ Std. zur Wurzer-Alm.

Karte: Kompaß WK Nr. 69.

Hintersteiner-Alm am Pyhrnpaß.

268 SEEKLAUS-ALM

AP ist der P der Gosaukamm-Seilbahn, von dem aus die Alm mit ihren beiden urigen Hütten in 5 Min. erreicht wird. Sie liegt unvergleichlich schön am Vorderen Gosausee unterhalb der Felswände des Gosaukamms mit Blick zum Dachstein und zum Gosaugletscher.

Bewirtschaftungszeit: Ende Mai – Ende September.

Besitzer: Bundesforste; die beiden Bauern sind servitutsberechtigt. Eine der beiden Hütten wird von Veronika Egger, Gosau, als Jausenstation bewirtschaftet.

Viehbestand: 6 Kühe.

Wandervorschlag: In 2¹/₂ Std. auf den Steigelpaß (2.016 m), in 1¹/₂ Std. zur Alm am Hinteren Gosausee.

Karte: F & B Nr. 392.

Seeklaus-Alm mit Vorderem Gosausee.

269 HOHE ZWIESEL-ALM

AP ist die Bergstation der Gosaukamm-Seilbahn, von der aus die Breininghütte in ¼ Std. erreicht wird. Die aus dem Jahre 1810 stammende zünftige Almhütte (1.580 m, Jausenstation mit bodenständiger Kost) liegt in einem ausgedehnten Almgebiet prachtvoll vor der Kulisse des Dachsteins und Gosaukammes.

Bewirtschaftungszeit: Ende Mai – September.

Besitzer: Bundesforste mit 3 Servitutsberechtigten.

Bewirtschafter: Fam. Hönegger, Gosau 48.

Viehbestand: 30 Mutterkühe und Galtvieh.

Wandervorschlag: In 1½ Std. auf den Gr. Donnerkogel (2.055 m; nur für Geübte), in 20 Min. zur Unteren Zwiesel-Alm.

Karte: F & B Nr. 392.

Breininghütte auf der Hohen Zwiesel-Alm.

270 UNTERE ZWIESEL-ALM

AP ist die Bergstation der Gosaukamm-Seilbahn, von der man in 20 Min. auf bequemem Weg zur Unteren Zwiesel-Alm absteigt. Diese liegt auf 1.436 m in einem ausgedehnten Weidegebiet, das zum größeren Teil bereits dem Bundesland Salzburg zugehörig ist.

Untere Zwiesel-Alm.

Bewirtschaftungszeit: Mitte Mai – Ende September.

Besitzer: „Agrargemeinschaft Zwiesel-Alm".

Pächter und Bewirtschafter: Fam. Jäger, Gosau 55.

Viehbestand: 80 Stück Galtvieh, 10 Pferde. Die beiden Hütten (Nächtigungsmöglichkeit) werden als Almgasthaus geführt.

Wandervorschlag: Über den „Herrenweg" in 2 Std. nach Gosau, in 1 Std. auf die Hornspitze (1.433 m).

Karte: s. oben.

271 STEFANSBERG-ALM

(auch „Schicketanzerreith")

AP ist der P in Fahrenberg / Oberweng (Spital a. P.) bei der „Flindermühle". Von hier folgt man dem reizvollen Weg ins einsame, schmale Goslitztal, vorbei an Wollgraswiesen, Weideflächen und kurzen Waldstücken. Im Talhintergrund bauen sich die Abstürze des Kl. und Gr. Pyhrgas auf. In $^1/_2$ Std. erreicht man schon das hübsche alte Almgebäude der „Schmeißlreut", und gleich daneben steht die im traditionellen Stil neu erbaute Hütte der Stefansberg-Alm auf 940 m.

Bewirtschaftungszeit: Mitte Mai – Anfang Oktober.

Besitzer: Fam. Immitzer, Oberweng. Die Hütte wird als Jausenstation mit hofeigenen Produkten geführt.

Viehbestand: Mutterkuhhaltung.

Wandervorschlag: In $^1/_2$ Std. zur Holzer-Alm, in $1^1/_2$ Std. zur Gowil-Alm.

Karte: Kompaß WK Nr. 69.

Schmeißlreut-Alm unweit der Stefansberg-Alm.

272 GOWIL-ALM

AP ist der P wie oben. Der kürzeste Weg quert zuerst mehrmals Forstwege und folgt später dem sehr steilen Almzufahrtsweg über einen bewaldeten Kammrücken in $1^1/_2$ Std. zur Alm (Weg Nr. 616). Die schönere Aufstiegs- und Abstiegsvariante (Nr. 617) führt jedoch wie vorhin beschrieben zur Stefansberg-Alm und über die Holzer-Alm in 2 Std. zur Gowilhütte (1.375 m). Hütte und Stall liegen auf einer Hochfläche vor dem Anstieg zum Kl. u. Gr. Pyhrgas. Beste Ausblicke auf Sengsengebirge, Priel, Spitzmauer und Warscheneck.

Bewirtschaftungszeit: Hütte von Pfingsten – Allerheiligen, der Alm von Anfang Juni – Ende September.

Besitzer: Fam. Gösweiner, Oberweng 75. Die Hütte wird als Jausenstation geführt.

Viehbestand: Mutterkuhhaltung.

Wandervorschlag: Kl. Pyhrgas (2.023 m) in $1^1/_2$ Std. und Gr. Pyhrgas (2.244 m) in $2^1/_2$ Std.

Karte: s. oben.

Gowil-Alm am Fuß des Gr. Pyhrgas.

273 ZICKERREITH-ALM

AP ist Windischgarsten bzw. Altenmarkt, wo jeweils die Hengstpaßstraße ihren Anfang nimmt. Die Alm liegt an der Straße knapp unterhalb der Paßhöhe in 960 m Seehöhe. Ein Anmarsch zu Fuß ist nicht zweckmäßig, aber man kann von hier aus ausgedehnte Wanderungen unternehmen. Haus und Almstall sind in die Almlandschaft des Hengstpasses eingebettet.

Bewirtschaftungszeit: Mai – Ende September. *Besitzer:* Josef Kreutzhuber, Rading 32.

Viehbestand: 25 Jungrinder mit Behirtung. Im Almhaus werden hofeigene Produkte, wie Speck, Topfen und Most, gereicht.

Wandervorschlag: Schwarzkogel (1.554 m), Kampermauer (1.394 m) oder Wanderungen ins Reichraminger Hintergebirge.

Karte: ÖK Nr. 99.

274 PUGL-ALM

AP ist die Hengstpaßstraße. Das behäbige, traditionsreiche Almgebäude liegt 2 km östlich der Paßhöhe, nur wenige Meter abseits der Straße, unterhalb der Felspartien der Kampermauer.

Bewirtschaftungszeit: Ende Mai – Ende September. *Besitzer:* Gemeinschaftsalm zweier Bauern.

Bewirtschafter: Franz Schmied, Spital / Phyrn 116.

Viehbestand: 40 Stück Galtvieh. Die Hütte wird als Jausenstation geführt.

Wandervorschlag: Die Hütte liegt am „Alm-Themenweg", in den Eggl-Alm, Laussabauern-Alm und Inselsbach-Alm eingebunden sind.

Weitere Wanderungen: s. Zickerreith-Alm.

Karte: s. oben.

Der gefährliche Seidelbast

In der Nähe von Almhütten und an vielbegangenen Viehwegen kann gelegentlich der Seidelbast vorkommen, der sonst nur in den lichten Bergwäldern der mittleren Lagen über Kalkuntergrund gedeiht. Die Pflanze und besonders die roten Beeren sind für Mensch und Vieh gleichermaßen gefährlich und giftig. Sie erzeugen in Mund und Hals ein brennendes Kratzen, Durstgefühl und, in schweren Vergiftungsfällen, narkotische Nebenwirkungen mit Schwindel, Betäubung und Krämpfen. Bereits kleine Wunden im Mund können sehr verhängnisvoll werden. Zehn bis zwölf Beeren sollen bereits genügen, um den Tod eines Menschen herbeizuführen, und aus alten Berichten geht hervor, daß man früher Wölfe schon mit sechs Beeren vergiftet hat. Selbst die Ziegen, die alle möglichen giftigen Pflanzen, wie etwa die Tollkirche, ohne Gefahr fressen können, gehen nach dem Genuß von Seidelbastbeeren unter starken Blähungserscheinungen zugrunde. Wenn Kühe auch nur Spuren von Seidelbastteilen zu sich nehmen, schmeckt die Milch bereits sehr eigenartig.

Einst benutzte man kleine Mengen der Rinde als Medizin gegen syphilitische und rheumatische Beschwerden, und die Homöopathie kennt heute die Inhaltsstoffe des Seidelbastes in den üblichen winzigen Mengen als Heilmittel.

Auf den Almen diente der Seidelbast früher besonders zur Vertreibung des Bösen. Wenn jemand seinen Nachbarn haßte, so legte er ihm in die Fuge eines hölzernen Gefäßes, das zur Aufbewahrung der Milch diente, ein Stückchen Seidelbastholz oder -rinde; während des gesamten Sommers gelang dann die Käsebereitung nicht richtig. Auch galt der alte Volksbrauch, daß man die Beeren unter ein Herdloch werfen möge, wenn darauf nicht mehr ordentlich gekocht werden und alle Speisen anbrennen sollten.

275 LAUSSABAUERN-ALM

AP ist die Hengstpaßstraße, 3 km östlich der Paßhöhe. Die Almgebäude liegen einen halben Kilometer abseits der Straße – prachtvoll vor den schroffen Felswänden der Haller Mauern in einem wunderschönen Talschluß-Boden auf 780 m.

Bewirtschaftungszeit: 20. Mai – 10. Oktober.

Besitzer: Gemeinschaftsalm zweier Bauern mit getrennten Gebäuden und Beweidung.

Bewirtschafter: Herbert Baumann, Bichl 7 bei Weißenbach / Enns.

Viehbestand: Mutterkuhhaltung mit Stier. Die Alm wird als Jausenstation geführt (Camping auf Anfrage).

Wandervorschlag: s. Pugl-Alm sowie Bergsteigen in den Haller Mauern.

Karte: ÖK Nr. 99.

Die lebensfrische Kranawet-Staude

In den meisten Almgegenden Österreichs wird der Wacholder Kranawet oder Kranawit genannt, und dieses stachelige, strauchartige Gehölz, das uns in höheren Lagen als Zwerg-Wacholder entgegentritt, wird von den Älplern in der Volksmedizin besonders hochgeschätzt.

Vor allem die Beeren erfreuten sich früher bei verschiedenen Krankheiten großen Ansehens. Sie sind ein uraltes Antiseptikum. In den „Pesthäusern" des Mittelalters wurde mit Wacholderbeeren geräuchert. Einen Nachklang an diesen Brauch bilden die Wacholderräucherungen der Stuben und Ställe am Dreikönigstag. Auch glaubt man heute noch in vielen Gegenden der Alpenländer, vor ansteckenden Krankheiten sicher zu sein, wenn man Wacholderbeeren kaut. Gern werden sie zum Konservieren von Fleisch und als Gewürz zum Sauerkraut verwendet. Im Glauben und Brauchtum der deutschsprachigen Alpenländer spielt der Wacholder eine große Rolle. „Vor dem Wacholderstrauch muß man den Hut abnehmen", sagt man in vielen Gebirgsländern Österreichs.

Wegen seines starken Geruchs und der stechenden Nadeln gilt der Wacholder seit alters her als ein Strauch, der dem Teufel und den Hexen zuwider ist. Räucherungen mit Wacholder vertreiben auch die Krankheitsdämonen und wirken reinigend. Aus diesem Grund mußte in manchen Gegenden Österreichs der Rührstößl, mit dem die Sennerin die Milch butterte, aus Wacholderholz sein.

Der immergrüne Wacholder wird auch als „Lebensrute" verwendet, mit der am „Tag der unschuldigen Kinder" die Erwachsenen geschlagen werden.

Sehr bekannt ist in vielen Gegenden Europas der Wacholderbranntwein (Steinhäger, Gin usw.): Er wird meist durch Destillation von Spiritus oder von Schnaps über Wacholderbeeren hergestellt, manchmal auch bloß durch Versetzen von Schnaps mit Wacholderöl gewonnen.

Das aus Beeren erzeugte ätherische Öl wird in der Medizin als harntreibendes Mittel verwendet, und das Wacholderholzöl ist ein besonders beliebtes Volksheilmittel für Einreibungen bei rheumatischen Leiden. Das Wacholderharz wurde früher als „unechter Weihrauch" gehandelt.

Laussabauern-Alm am Fuß der Haller Mauern.

276 PETERBAUERN-ALM

AP ist die Hengstpaßstraße. Die Alm liegt 4 km östlich der Paßhöhe, etwas abseits der Straße (unauffällige Abzweigung), umgeben von Wald auf 740 m Seehöhe.

Bewirtschaftungszeit: Ende Mai – Anfang Oktober.

Besitzer: Josef Kaltenbrunner, Breitau 4 b. St. Gallen.

Viehbestand: 30 Stück Galtvieh. Keine Einkehrmöglichkeit.

Wandervorschlag: s. Laussabauern-Alm.

Karte: ÖK Nr. 99.

Peterbauern-Alm an der Hengstpaßstraße.

277 MENAUER-ALM

AP ist die Hengstpaßstraße, 7 km westlich von Altenmarkt. Die 1 km von der Straße entfernte Selbstversorgerhütte liegt oberhalb des Heimgutes „Menauer" auf den dortigen Weideflächen in 600 m Seehöhe.

Bewirtschaftungszeit: Mitte Mai – Ende September.

Besitzer: Franz Rodlauer, Unterlaussa 32.

Viehbestand: 30 Stück Jungrinder und Mutterkühe. – 35 Schlafplätze in 3 Räumen, hofeigene Produkte.

Wandervorschlag: Weitläufiges Wandergebiet.

Karte: ÖK Nr. 100.

Schüttbauern-Alm mit dem „Blumenberg" Bodenwies.

278 SCHÜTTBAUERN-ALM

AP ist die Hengstpaßstraße, 5 km westlich von Altenmarkt beim Heimgut „Schüttbauer", von wo (Hinweisschild) eine 6 km lange Schotterstraße bis auf die Alm in 1.070 m hinaufführt. Der urige Almgasthof (hofeigene Produkte) liegt inmitten von Almflächen unterhalb der Bodenwies.

Bewirtschaftungszeit: Mitte Mai – Ende Oktober.

Besitzer: Adolf Schoiswohl, Unterlaussa 37.

Viehbestand: 30 Jungrinder und Mutterkühe.

Wandervorschlag: Besteigung der Bodenwies (1.540 m), die als „Blumenberg" gilt, in 1 1/2 Std.

Karte: ÖK Nr. 69, 70, 100.

Anlaufboden-Alm im Reichraminger Hintergebirge.

279 ANLAUFBODEN-ALM

AP ist Großraming, von wo aus wir rund 10 km durch den Lumplgraben bis Brunnbach (P) fahren. Von hier auf Weg Nr. 490 in 1¹/₂ Std. zu den weiten Flächen der Alm (1.055 m), die schon im Reichraminger Hintergebirge liegt (Nationalpark Kalkalpen).

Bewirtschaftungszeit: Anfang Juni – Ende September.

Besitzer: Österreichische Bundesforste. Auftriebsrechte: „Weidegenossenschaft Großraming" mit 55 Mitgliedern. Pächterin der Almhütte, die als Jausenstation geführt wird: Anna Punkenhofer.

Viehbestand: 3 Kühe, 100 Stück Galtvieh.

Wandervorschlag: In ¹/₂ Std. auf den Hochkogel (1.250 m), für Geübte Abstieg zum romantischen Hochschlacht-Wasserfall in 1 Std.

Karte: ÖK Nr. 69.

280 NIGL-ALM

AP ist Kleinreifling, von wo aus eine asphaltierte Zufahrtsstraße durch den Hammergraben (7 km) zur Alm mit ihrem ganzjährig bewirtschafteten Almgasthaus auf 1.070 m (Nächtigungsmöglichkeit; Familie Hopfner, Mayrhoftal 99; hofeigene Produkte) führt.

Besitzer: Engelbert Schausberger, Kleinreifling 17.

Viehbestand: Jungrinder und Mutterkühe.

Wandervorschlag: 1) In 2 Std. auf die Bodenwies (1.540 m). 2) In 2 Std. auf den Almkogel (1.513 m).

Karte: ÖK Nr. 70.

Mur-, Mürztal
und steirisches

Randgebirge

Mur-, Mürztal und steirisches Randgebirge

In diesem Gebiet gibt es rund 1.200 Almen, von denen 440 auf das Mur- und Mürztal, 430 auf das weststeirische und 310 auf das obersteirische Randgebirge entfallen. Rund 20% davon wurden in den letzten Jahrzehnten aufgelassen. 70% zählen zum Bereich der Niederalmen, 27% sind Mittelalmen und nur 3% Hochalmen. Durch einigermaßen gut befahrbare Straßen sind fast 80% der Almen erschlossen. Es werden lediglich 1.700 Kühe aufgetrieben, und 90% der Almen werden als sogenannte Galtviehalmen genutzt.

Im vergangenen Jahrhundert wurden im Zuge der Industrialisierung nicht nur zahlreiche Bauerngüter abgestiftet, auch eine Reihe von Almen wurde von nichtbäuerlichen, kapitalkräftigen Gruppen aufgekauft, die diese Flächen in erster Linie für Jagdzwecke erwarben. Während die Almen früher größtenteils als Gemischtalmen genutzt wurden, hat sich dies nach dem Zweiten Weltkrieg nahezu gänzlich aufgehört.

Lediglich das Eisenerzer Gebiet nimmt eine gewisse Sonderstellung ein. Zur Zeit der Blüte des Eisenwesens erlebte nämlich auch die Almwirtschaft hier ihren Höhepunkt. Seit dem 19. Jahrhundert geht sie aber ständig zurück, wobei auch hier der Großgrundbesitz viele Höfe und Almen aufkaufte und abstiftete.

Im weststeirischen Randgebirge überwiegen die Privatalmen; in der Stub- und Glein-Alpe kommen zu diesen noch einige bedeutende Agrargemeinschaftsalmen hinzu. Auf der Koralpe spielt der private Großgrundbesitz des Fürsten Liechtenstein eine beachtliche Rolle. Diese Almen, die als Zinsviehalmen geführt werden, liegen zum größten Teil in der Nutzungsstufe des alpinen Grünlandes. Die bäuerlichen Privatalmen hingegen liegen wesentlich tiefer und sind aus Heimweiden knapp oberhalb des Dauersiedlungsraumes hervorgegangen.

Im oststeirischen Randgebirge hat sich die Almwirtschaft eher weniger verändert; sie bestand auch früher schon aus der traditionellen Ochsenweide.

Foto umseitig:
Schnee-Alm mit Windberg.

281 GRAFEN-ALM

AP ist Seckau, von wo aus wir zuerst der Asphaltstraße bis zum „Teichwirt" folgen, sodann 2 km Schotterstraße bis vlg. Kühberger (P). Nun folgen wir der Markierung in Richtung Maria Schnee – Hochalm; zuerst auf Forst-, dann auf Almweg; zum Schluß markierter Steig zur Alm (1 Std.). Hütte und Stall liegen auf 1.450 m, noch in der Waldzone mit wunderschönem Blick auf die Abtei Seckau und hinüber zur Glein-Alm.

Bewirtschaftungszeit: Mitte Mai – Ende September.

Besitzer: Fam. Hölzl, Oberfarrach; Bewirtschafter: Christiane und Johann Perwein.

Viehbestand und Almprodukte: 7 Kühe, 18 Stück Jungvieh. Es werden Butter und Murtaler Steirerkäse erzeugt (einfache Jausenstation).

Wandervorschlag: Oberhalb der Hütte markierter Wanderweg zum Kircherl „Maria Schnee" (1.822 m) und auf die „Hoch-Alm" (1.860 m) 1 Std.

Karte: ÖK Nr. 131.

Grafen-Alm bei Seckau.

282 DREIWIESEN-ALM

AP: Entweder Auffahrt von St. Lambrecht 10 km (zum Großteil Schotterstraße) bis zur Dreiwiesenhütte oder – wenig beschwerlich – markierter Weg je 2¹/₂ Std. zu Fuß von Pöllau oder von St. Lambrecht (Nr. 134 und 137).

Die Dreiwiesen-Alm mit der zu einem Gasthof ausgebauten Dreiwiesenhütte liegt in 1.770 m auf einem breiten Almsattel zwischen 1. und 2. Grebenzenhöhe; daneben die neu erbaute „Hubertuskapelle". Übernachtungsmöglichkeit in vier Lagern und drei Zimmern (35 Betten).

Bewirtschaftungszeit: Juni – September.

Bewirtschafter: A. und F. Kerschbaumer, St. Lambrecht.

Viehbestand: Mutterkuhherde.

Wandervorschlag: In ¹/₂ –1 Std. zur Grebenzenhöhe (1.874 m) und zum Scharfen Eck (1.818 m) bzw. zur Gunzenberghütte (1.800 m).

Karte: ÖK Nr. 159, 160.

283 STEINBACH-ALM

AP ist Pusterwald, von wo aus wir (gut beschildert) durch den „Fuchsgraben" bis zum P am Beginn des dort steiler werdenden Almweges fahren. Die Zufahrt zur Alm ist gestattet, aber es lohnt sich, den bloß ¾stündigen Fußmarsch durch Wald bis hinauf zur Alm zu unternehmen. Die im urigen Stil errichtete Steinbach-Hütte liegt auf 1.555 m am unteren Rand der weiten Almflächen, die sich bis zur Grillerlucke und zum Zinken hinaufziehen.

Bewirtschaftungszeit: Anfang Juni – Ende September (festlicher Almabtrieb nach Schönberg / Lachtal; eine Woche zuvor auf der Alm „Rumpelnudel-Tanz").

Besitzer: Fam. Steinbach, Gartengasse 16, 8750 Judenburg. Bewirtschafterin: Die legendäre Sennerin Betty Steinbach, die schon 50 Almsommer lang ihre Gäste mit Humor und Herzlichkeit unterhält und mit Almspezialitäten verwöhnt. Die Hütte wird als Jausenstation geführt.

Viehbestand: 2 Kühe, 70 Stück Jungvieh (Zinsvieh aus dem Raum Oberwölz). Die Milch wird zu „Murtaler Räucher-Knödelkäse" (Magermilchtopfen; 3wöchige Räucherung), zu Röstkäse und Butter verarbeitet.

Wandervorschlag: In 2 Std. über Schleiferboden und Bischoflacke auf den Hohen Zinken (2.222 m).

Karte: ÖK Nr. 130.

Steinbach-Alm zwischen Pusterwald und Lachtal.

284 WILD-ALM

AP ist Pusterwald, von wo aus wir in den Scharnitzgraben bis zum Wegschranken und P hineinfahren können (1.350 m). Auf einem Forstweg und später über einen abkürzenden Pfad erreichen wir in 1 Std. die Wildalm-Hütte (1.753 m). Die Alm liegt in einem ausgedehnten Kar zwischen Gruber Hirnkogel, Jauriskampl und Kleinhansl.

Bewirtschaftungszeit: Mitte Juni – Ende September.

Besitzer: „Fleckviehzuchtgenossenschaft Oberzeiring". Bewirtschafter: Karl und Theresia Lanz, Möderbrugg.

Viehbestand: Es werden nur 2 Kühe, jedoch 460 Schafe aufgetrieben.

Almprodukte: Butter, Murtaler Steirerkäse und Ennstaler Steirerkas. Die Hütte wird als Jausenstation geführt.

Wandervorschlag: Rundwanderung über Jauriskampl (2.064 m) und Gruber Hirnkogel (2.080 m) in 3 Std.

Karte: ÖK Nr. 129, 130.

Auf der Wild-Alm weiden jährlich mehrere Hundert Schafe.

Die „Hemmerstaude", der Weiße Germer

Dieses auffallende Liliengewächs mit den hübschen weißgelben Blüten wird oft bis zu eineinhalb Meter hoch und gedeiht häufig auf leicht feuchten Almweiden der mittleren Höhenlagen. Jedem Bergwanderer sind diese großen Stauden mit den grünglänzenden Blättern schon aufgefallen.

Im jungen Zustand ist das Kraut sehr giftig, besonders für Jung- und Kleinvieh, weniger für Pferde, die es gelegentlich fressen, ohne Schaden zu nehmen. Zweieinhalb Gramm des Giftes können einen Menschen töten. Gelegentlich sind schon ganze Viehherden vergiftet worden, wenn irrtümlicherweise Germer zusammen mit den anderen Pflanzen der Almweiden als Heu gewonnen und dann dem Vieh gehäckselt vorgesetzt wurde. Die Almleute stehen in ständigem Kampf gegen dieses „Unkraut", das möglichst frühzeitig abgemäht oder ausgerissen werden sollte.

Aus dem Wurzelabsud wurde früher ein wirksames Mittel gegen Läuse hergestellt, daher heißt die Staude auch in manchen Gegenden der Alpen Hemdwurz. In der Volksmedizin hat der Germer (im Gegensatz zur Tierheilkunde) nie Verwendung gefunden.

285 PÖLSEN-ALM

AP ist Pusterwald, von wo wir in den „Hinterwinkel" bis zum vlg. Heinzl auf 1.338 m hineinfahren können. Von hier erreichen wir die Pölsenalm-Hütte auf 1.678 m in 1 Std. über einen angenehmen Forst-Almweg. Die Alm liegt direkt unterhalb von Großhansl, Pölseck und Hohenwart.

Bewirtschaftungszeit: Mitte Juni – 20. September.
Bewirtschafter: Josef Rauch, Oberwölz.
Viehbestand: 18 Kühe, 30 Stück Galtvieh.
Almprodukte: Butter. Der größte Teil der Milch wird jeden 2. Tag ins Tal geliefert. Die Rinder werden jedes Jahr vom Schöttelgraben bei Oberwölz über das Pölseckjoch (2.011 m) herübergetrieben.
Wandervorschlag: In 2 Std. über das Pölseckjoch auf den Hohenwart (2.363 m) oder in 1½ Std. auf das Pölseck (2.200 m).
Karte: ÖK Nr. 129.

286 GAMPER-ALM

AP ist Bretstein, von wo wir bis in den hinteren Bretsteingraben hineinfahren können. Neben der Straße liegen Hütte und Stall auf 1.339 m, direkt unterhalb des Bergzuges Hochschwung – Seitnerzinken – Breiteckkoppe.

Bewirtschaftungszeit: Anfang Juni – Mitte Oktober.
Besitzer: Eduard Perchthaler, Bretstein.
Viehbestand: 8 Kühe, 25 Stück Galtvieh.
Almprodukte: Ennstaler Steirerkas und Murtaler Steirerkäse. Die Hütte wird als Almbuffet geführt.
Wandervorschlag: Von der nahe gelegenen Schwabergerhütte zur Windlucke und von dort in je 1½ Std. auf den Schrattnerkogel (2.104 m) oder Kreuzkogel (2.109 m).
Karte: s. oben.

Gamper-Alm im hinteren Bretsteingraben.

287 SCHWABERGER-ALM

AP ist der hinterste Bretsteingraben (2 km nach der Gamperhütte); man kann bis zur Hütte fahren. Sie liegt auf 1.511 m im Talschluß zwischen Windlucke und Heinzl-Wasserkogel; sonst ähnlich wie bei der Gamper-Alm.

Bewirtschaftungszeit: Anfang Juni – Oktober.
Besitzer: Fam. Rumpold vlg. Schüttner, Reitbach bei Möderbrugg.
Viehbestand: 18 Kühe, 30 Stück Galtvieh. Gemolken wird mit einer durch Wasserkraft betriebenen Vakuumpumpe.
Almprodukte: Ennstaler Steirerkas und Murtaler Steirerkäse. Die Hütte wird als Almbuffet geführt.
Wandervorschlag: s. Gamper-Alm.
Karte: s. oben.

Pölsenalm-Hütte mit Hohenwart.

288 GÖRIACHER-ALM

AP ist die Seeberg-Alm (von Graz kommend hinter dem Seebergsattel), von wo ein Mautstraßerl an die 2 km durch das Lappental bis zum P hineinführt. Von hier bloß ³/₄stündiger Aufstieg durch Hochwald auf die schönen Flächen der Göriacher-Alm (1.429 m). Rund zehn Hütten stehen auf der weiten Einsattelung. Die Mit-

glieder der „Agrargemeinschaft Göriacher-Alm" treiben rund 90 Stück Galtvieh zwischen 1. Juni und 20. September auf (Halter: Ernst Matscheko). Voll bewirtschaftet ist die „Jausenstation Göriacher-Alm" (Besitzer: Heinrich Strobl, Graßnitz), wo eine Mutterkuhherde von 10 Tieren gehalten wird. Hauseigene Spezialitäten.

Wandervorschlag: Besteigung des Hochangers (1.682 m) in einer ³/₄ Std.

Karte: ÖK Nr. 102.

Göriacher-Alm zwischen Hoher Veitsch und Hochschwab.

289 TURNAUER-ALM

AP ist Turnau, von wo aus eine Straße durch den Brücklergraben – die letzten 6 km Mautstraße – bis auf die Turnauer-Alm (1.385 m) führt. Die ausgedehnten Almflächen erstrecken sich zwischen Rauschkogel / Hoher Veitsch und Hochanger.

Bewirtschaftungszeit: Ende Mai – 20. September. „Agrargemeinschaft Turnau" mit 10 Mitgliedern, von denen jedes eine Hütte besitzt. Es werden 134 Stück Galtvieh (einschließlich Mutterkühen) aufgetrieben und vom Halter Karl Großauer aus Bruck betreut. Seine Frau führt die der Agrargem. gehörende Schutzhütte Turnauer-Alm (geöffnet während der Almzeit und an Wochenenden), wo auch Almspezialitäten verabreicht werden.

Wandervorschlag: ³/₄stündiger Aufstieg zum Turntalerkogel (1.610 m) mit Blick auf H. Veitsch, Tonion, Ötscher, Kräuterin und Hochschwab.

Karte: ÖK Nr. 103.

Turnauer-Alm.

Beim Verabreichen von „Gleck" wird der Halter regelrecht bedrängt.

290 GSOLL-ALM

AP ist die „Gsollkehre" zwischen Präbichl und Eisenerz, wo wir einen großen P sowie eine gute Informationstafel finden. Von hier folgen wir der Markierung zur Gsoll-Alm über Forstwege und abkürzende Waldpfade ($^3/_4$ Std.). Die von Wald eingeschlossene Alm mit ihrer bodenständigen Hütte und dem Almstall liegt auf 1.201 m und wird vom Fels der Frauenmauer überragt.

Gsoll-Alm mit Frauenmauer.

Bewirtschaftungszeit: Ende Mai – 15. September.

Besitzer: Gebrüder Hohenberg, Eisenerz.

Bewirtschafter: „Almgemeinschaft Gsoll-Alm" mit der Wirtschafterin Walpurga Dreher, die auf der Hütte eine Jausenstation führt.

Viehbestand: 60 Stück Galtvieh (Bauern aus St. Michael und Traboch).

Wandervorschlag: In $^1/_2$ Std. zum Frauenmauer-Gipfel in 1.827 m.

Karte: ÖK Nr. 101.

291 ANDROTH-ALM

AP ist der P bei der Pfarrer-Alm (900 m) hinter dem Grünen See bei Trofaiach. Von hier folgen wir der Markierung in den Jassinggraben und durch Schrofengelände hinauf auf das südwestliche Plateau des Hochschwabstocks, lassen die Abzweigung zur Pfaffing-Alm linkerhand liegen und gelangen über grüne Inseln im Kalkgestein über den sog. Bärnsboden in $1^1/_2$–2 Std. zur Androth-Alm, die auf 1.550 m liegt.

Bewirtschaftungszeit: Mitte Juni – Mitte September.

Besitzer: Reinhard Rust, Obertal / Tragöß. Ein angestellter „Halter" sieht nach den rund 30 Stück aufgetriebenen Galtrindern.

Wandervorschlag: In einer $^3/_4$ Std. zur Pfaffing-Alm (1.569 m) oder 1 Std. zur Sonnschienhütte (1.523 m).

Karte: s. oben.

Androth-Alm am Hochschwab.

292 HEINZLER-ALM

AP ist der bekannte Alpengasthof „Bodenbauer" in der Gemeinde St. Ilgen an der Südseite des Hochschwabmassivs. Von hier wandern wir durch das Josertal gemütlich auf mäßig ansteigender Forststraße unterhalb der Felsschrofen der Meßnerin, die meiste Zeit durch Hochwald, in einer ¾ Std. zur Alm auf 1.170 m. Noch innerhalb der Waldzone liegen die ausgedehnten Weideflächen mit der urigen Hütte unterhalb des romantischen Josersees und des Felsriegels der Schafmauer.

Bewirtschaftungszeit: Anfang Juni – Mitte September.

Besitzer: Renate und Herbert Pierer vlg. Heinzler, Innerzwain.

Bewirtschafter: Edeltraud und Hubert Graf, 8772 Traboch, Schulweg 6. Die Sennerin Edeltraud ist schon mehr als 25 Sommer mit großer Liebe zur Almwirtschaft tätig.

Viehbestand: 2 Kühe, 10 Mutterkühe mit Kälbern, 8 Stück Jungvieh. Die Milch wird zu Röst-, Brösel- und Frischkäse (Kümmelkas) sowie Butter verarbeitet. Wanderer können sich die Köstlichkeiten in der Hütte schmecken lassen. Der Almabtrieb wird festlich begangen, und die Tage zuvor gibt es Rahmkoch und Rumpelnudeln zu verkosten.

Wandervorschlag: In 20 Min. zum reizenden Josersee (1.228 m), von dem aus man in einer ¾ Std. auf gutem (aber nicht markiertem) Pfad zur Häusel-Alm (1.526 m) aufsteigen kann.

Karte: ÖK Nr. 101.

Heinzler-Alm.

293 SONNSCHIEN-ALM

AP ist entweder der Gh. „Bodenbauer" in der Gemeinde St. Ilgen an der Südostseite des Hochschwabs (Aufstieg über Häusel-Alm und Sackwiesensee in 3 Std.) oder der Jassinggraben in der Gemeinde Tragöß. Von Tragöß fährt man am Grünen See vorbei in die „Jassing" bis zum P des Tourismusverbandes und folgt dort der kühn durch die Felsen hinaufgeführten „Russenstraße" in etwa 2 Std. bis auf die Alm mit der Schutzhütte des AV und mehreren Almhütten, von denen aber nur die Höld-Hütte mit Milchkühen bewirtschaftet ist. Das ausgedehnte Almgelände liegt auf 1.500 m prachtvoll vor der Erhebung des Ebensteins, einem der westlichen Eckpfeiler des Hochschwabstocks.

Bewirtschaftungszeit: Anfang Juni – Ende September.

Besitzer: Forstgut Pyhrr mit einer Reihe von Almservituten (und einem im Turnus gewählten Almmeister). Insgesamt werden rund 200 Rinder aufgetrieben (zum Teil Zinsvieh).

Bewirtschaftet sind: *Höld-Hütte,* Hubert Gassauer, Sonnberg 19, mit 9 Kühen (es werden Butter, Topfen und Frischkäse erzeugt) und lediglich mit Jung-und Galtvieh die *Klachler-Hütte:* Gerhard Kohlhuber, Unterdorf 34, ferner die *Dirnbacher-Hütte:* Franz Reiter, Pichl-Großdorf 15, und die *Moser-Hütte:* Anton Stronegger, Schattenberg 57.

Wandervorschlag: In 1^1/$_2$ Std. auf den Ebenstein (2.123 m), in ^{1}/$_2$ Std. zum Sackwiesensee, in 3^1/$_2$ Std. über die Androth-Alm zum P in der Jassing.

Karte: ÖK Nr. 101.

Sonnschien-Alm am Hochschwab.

294 BRUNNKAR-ALM

AP ist Vorderradmer, von wo aus man in den Finstergraben an die 3 km bis zum Schranken (P) hineinfährt. Hier weist uns ein Schild in Richtung „Brunnkar-Alm", und wir folgen einem Forstweg bis zum Beginn des Pfades (Hinweistafel), der uns nun rechterhand in weit ausholenden Serpentinen in 2 Std. durch den Wald bis zur Alm auf 1.455 m hinaufführt. Die 1994 im traditionellen Stil neu erbaute romantische Hütte liegt am unteren Rand ausgedehnter Weideflächen, die sich in das Kar unterhalb des Zeiritzkampels hinaufziehen.

Bewirtschaftungszeit: 15. Juni – 20. September.

Besitzer: Forstgut Hohenberg. Pächter: Hannes Brandl, Hinterradmer 32.

Viehbestand: 4 Kühe, 44 Stück Galtvieh (die Hälfte Zinsvieh), 5 Pferde. Almprodukte (Steirerkäse etc.) auf der Hütte. Versorgung der Hütte mittels Saumpferdes.

Wandervorschlag: In 1^1/$_2$ Std. auf den Zeiritzkampel (2.125 m), in ^{1}/$_2$ Std. auf den Brunnecksattel (1.619 m), in einer ^{3}/$_4$ Std. zur Kühbacher-Alm (1.500 m).

Karte: ÖK Nr. 131.

295 SCHAFBÖDEN-ALM

AP ist Hinterradmer, von wo aus man noch einige km bis knapp vor den Talschluß (Wegschranken und P) fahren kann. Hier finden sich schon die Hinweisschilder „Schafböden" und „Kammerl", und wir folgen nun rechterhand einem Forstweg, der in weiten Kehren nach oben führt. Das letzte Stück ist nur noch ein Karrenweg. Wegkundige können die Kehren mehrmals mit bedeutendem Zeitgewinn abkürzen. Gehzeit: 2 Std. Die Alm mit der urigen Hütte samt Stall liegt auf 1.610 m am Beginn der „Schafböden" in einer weiten Hochmulde, die von der wuchtigen Lahnerleitenspitze auf der einen und dem sanften Gscheideggkogel auf der anderen Seite begrenzt wird.

Bewirtschaftungszeit: Mitte Juni – Mitte September (festlicher Almabtrieb nach Hinterradmer).

Besitzer: Greifenbergsche Guts- und Forstverwaltung. *Pächter:* Franz Berthold, Gams bei Hieflau Nr. 90. *Sennerin:* Elisabeth Furtner, Radmer.

Viehbestand: 2 Kühe, 14 Stück Jungvieh. Die Milch wird zu Steirerkäse und Butter verarbeitet. Jausenstation.

Wandervorschlag: In 1½ Std. auf den Gscheideggkogel (1.788 m), in einer ¾ Std. zum Leobnertörl (1.739 m) und von dort in einer ¾ Std. auf den Leobner (2.036 m).

Karte: ÖK Nr. 100, 131.

296 KAMMERL-ALM

AP wie Schafböden-Alm, nur daß bei den Hinweisschildern linkerhand abgezweigt wird: Ein Forstweg wird bereits nach wenigen Minuten verlassen, und nun führt die Markierung auf gutem Steiglein in vielen Serpentinen – zuerst über einen ausgedehnten Holzschlag – zügig nach oben. Schließlich folgt eine kurze Waldpassage, und bereits nach 1 Std. erreicht man die zünftige Hütte samt Stall und einer daneben stehenden Jagdhütte. Über den hier auf 1.400 m noch waldumschlossenen Weideflächen baut sich wuchtig die Nordflanke des Zeiritzkampels auf.

Bewirtschaftungszeit: Mitte Juni – Ende September.

Besitzer: Greifenbergsche Guts- und Forstverwaltung. Pächter: Wolfgang Siebenbrunner, Hinterradmer.

Viehbestand: 3 Kühe, 15 Stück Jungvieh. Die Milch wird zu Steirerkäse und Butter verarbeitet. Wanderer erhalten die Almprodukte.

Wandervorschlag: In 2 Std. auf den Zeiritzkampel (2.125 m).

Karte: s. oben.

297 SCHNEE-ALM

AP ist die Straße zwischen Kapellen und Neuberg a. d. Mürz, wo man in Richtung „Michlbauernhof" abzweigt. Ab dort 6 km lange Mautstraße bis zum P auf der „Kohleben" in 1.462 m. Von hier folgen wir der Almstraße in weiten Kehren auf das Plateau der Schnee-Alm. Sodann immer wieder abkürzende Pfade, vorbei an Latscheninseln, zur weiten Almmulde mit dem Hüttendorf auf 1.730 m. Gehzeit: 1 Std.

Bewirtschaftungszeit: 20. Juni – 20. September.

Besitzer: Bundesforste, jedoch 10 servitutsberechtigte Bauern mit großem Gemeinschaftsstall. Es gibt 8 Hütten, von denen eine vom „Halter" der Weidegemeinschaft bewohnt wird. Als Gasthaus voll bewirtschaftet ist die Michelbauernhütte (Besitzer: Herbert Holzer, Kapellen).

Viehbestand: 130 Stück Galtvieh (einschließlich Mutterkühe).

Wandervorschlag: Besteigung des Windbergs (1.903 m) in ½ Std. sowie 2stdge. Wanderung zum Ameisbühel und zur Lurgbauerhütte.

Karte: ÖK Nr. 104.

298 MALLEISTEN-ALM

AP ist Neuberg a. d. Mürz, von wo aus wir in den Arzbachgraben bis zum Gehöft vlg. Paar fahren. Nun zuerst Weg Nr. 483 zum „Nikolauskreuz" und dann weiter in Richtung Malleisten-Alm, die wir nach 1½ Std. erreichen (1.300 m).

Bewirtschaftungszeit: Ende Mai – Ende September.

Besitzer: „Agrargemeinschaft Malleisten" mit drei Mitgliedern und angestelltem Halter, der auf der geräumigen Hütte auch ein Almbuffet betreibt und Butter sowie Frischkäse anbietet.

Viehbestand: 80 Stück Galtvieh, 1 Kuh.

Wandervorschlag: Über den Roßkogel (1.397 m) zur Kaarlhütte (1.310 m) in 1¾ Std.

Karte: ÖK Nr. 103, 104.

299 TEICH-ALM / SOMMER-ALM

AP ist entweder Fladnitz / T., von wo aus man nach 10 km die Teich-Alm (1.200 m) erreicht, oder Brandluken bei St. Kathrein / O., von wo es 6 km bis zur Sommer-Alm (1.400 m) sind. Beide Almen hängen zusammen (verbunden durch eine 7 km lange, asphaltierte Straße), womit sich eines der größten geschlossenen Almgebiete Österreichs ergibt. Das weite Areal wird vom Hochlantsch im Westen und dem Plankogel im Osten begrenzt. Auf der Alm befindet sich eine Reihe von Almhütten und Gasthöfen.

Bewirtschaftungszeit: Anfang Juni – Ende September.

Besitzer: Privatbesitz und mehrere Agrargemeinschaften. Die gesamte almwirtschaftlich genutzte Fläche beträgt rund 1.800 ha.

Viehbestand: 11 Kühe, 2.700 (!) Stück Jung- und Galtvieh, darunter sehr viele Ochsen. Es gibt mehrere Viehhalter; voll als Sennerei bewirtschaftet ist jedoch nur die *Harrer-Hütte* am Fuß des Ossers auf 1.200 m gelegen: Sie steht im Besitz und in Bewirtschaftung der Fam. Leitner vlg. Harrer, Tulwitz 39 bei Fladnitz / T. Es werden 11 Kühe und 30 Stück Jungvieh gehalten. Die Milch wird zu Hartkäse sowie verschiedenen Frischkäsesorten und Butter verarbeitet und zur Gänze auf der Hütte (Jausenstation) abgesetzt. (Im übrigen sind die Teich- und Sommer-Alm aber wegen ihrer Jungochsen berühmt, die hier zum „Almo-Qualitätsfleisch" heranwachsen.)

Wandervorschlag: In 1 Std. auf den Osser (1.548 m), in 1½ Std. auf den Hochlantsch (1.720 m), in ½ Std. (vorbei am interessanten Windkraftwerk) auf den Plankogel (1.531 m).

Karte: F & B Nr. 131.

Die Autofahrer müssen den Ochsen auf der Teich-Alm „Maut" zahlen...

Nieder-
österreichische
Almen

Niederösterreichische Almen

Der Rückgang der Almwirtschaft setzte in den niederösterreichischen Alpen schon sehr früh ein; bereits im 19. Jahrhundert wurden sehr viele Almen stillgelegt und für Jagdzwecke aufgekauft.

Nur an wenigen Stellen, wie z.B. auf der Rax, am Schneeberg und am Ötscher, reichen die Almen in das Hochgebirge hinauf; weitaus die meisten Betriebe sind Niederalmen, auf denen das Vieh bis zu 5 Monate weiden kann.

Im niederösterreichischen „Alm- und Weidebuch" bzw. im „Alpkataster" sind rund 14.000 Hektar eingetragen. Dies entspricht einem Anteil an der landwirtschaftlich genutzten Fläche von rund 1%.

In den Verzeichnissen der niederösterreichischen Agrarbehörde sind 380 Almen mit einer Durchschnittsgröße von 36 Hektar registriert. Ein Drittel Fläche steht im Besitz von Privatpersonen, ein weiteres Drittel befindet sich im Eigentum von Agrargemeinschaften und Genossenschaften, das dritte Drittel gehört den österreichischen Bundesforsten und der Kirche. In den Bereich der Hochalmen über 1.400 Meter Seehöhe sind 80 Almen eingestuft.

Die wichtigsten Almgebiete sind einerseits die Wechsel – Schneeberg – Region bis zum Göller und andererseits das Gebiet Hochkar – Königsberg.

Foto umseitig:
Schwölleckau-Alm bei
Göstling a. d. Ybbs.

300 REHBERG-WEIDE

AP ist Lunz a. See, von wo aus man auf guter Straße – zuerst ein Stück entlang des Sees – die 3 km bis zur Rehberg-Weide fahren oder die Strecke ohne nennenswerten Verkehr auch zu Fuß zurücklegen kann. Die Weide liegt auf 900 m gegenüber dem Maiszinken.

Bewirtschaftungszeit: Anfang Mai – Ende September.

Besitzer: „Agrargemeinschaft Rehberg-Weide" (Obmann: Josef Reingruber, Holzapfel 1).

Viehbestand: 40 Stück Fleckvieh mit Behirtung.

Unterkunft: Rehberghaus (ganzjährig bewirtschaftet) mit bodenständiger Kost.

Wandervorschlag: In 1 Std. zum Mittersee und von dort in 1 Std. zum Obersee (1.177 m).

Karte: ÖK Nr. 70, 71.

Rehberg-Weide bei Lunz am See.

301 HOCHSTEINBERG-ALM

AP ist Kirnberg a. d. Mank, von wo aus man auf gut ausgebauter Straße 3 km bis zur Almhütte (500 m) fahren kann. Sie liegt am Hochsteinberg an einem Steilabbruch mit prachtvoller Aussicht über das Alpenvorland.

Bewirtschaftungszeit: Anfang Mai – Ende Oktober.

Besitzer: „Weidegenossenschaft Mank" (Obmann: Wilhelm Foringer, Sonnleiten).

Viehbestand: 90 Stück Galtvieh mit Behirtung durch den Gasthauspächter.

Unterkunft: Almgasthaus mit bodenständiger Kost (jährliches Almfest).

Wandervorschlag: In 2–3 Std. zur Grüntalkogelhütte und zum Schloß Plankenstein; Römerweg.

Karte: ÖK Nr. 72.

302 KAPLER-ALM

Kapelle auf der Kapler-Alm.

AP ist Reinsberg b. Gresten / Gaming, von wo uns eine teils asphaltierte Straße über 9 km bis auf die Alm (950 m) führt. Etwa 2 km davor zweigt ein befahrbarer Stichweg zum ganzjährig bewirtschafteten Hochkogelhaus ab. Die Almzufahrt ist teilweise mit dem „Bioland-Weg" ident, an welchem die umliegenden Bauern Bioprodukte verkaufen. Die Alm liegt am Buchberg in bester Aussichtslage.

Bewirtschaftungszeit: Mai – Oktober.
Besitzer: „Weidegenossenschaft Reinsberg" mit Behirtung.
Viehbestand: 30 Stück Galtvieh.
Wandervorschlag: Zum Hochkogelhaus, zur Bichl-Alm in 2½ Std.
Karte: ÖK Nr. 72.

303 HOCHKOGEL-WEIDE

AP ist Randegg bei Gresten. Von dort führt eine asphaltierte Straße bis zum Almhaus auf 600 m. Etwa 100 m höher steht das Gipfelkreuz des Hochkogels; schon vom Almhaus (als Jausenstation an Wochenenden bewirtschaftet) Blick auf Ötscher und Dürrenstein.

Bewirtschaftungszeit: Mai – September.

Besitzer: „Weidegenossenschaft Randegg" (Obmann: Rudolf Wurm, Buchberg 5).

Viehbestand: 95 Stück Galtvieh mit Behirtung.

Wandervorschlag: Aufstieg auf markiertem Weg von Randegg (1½ Std.), weiters zum Pöttenberg (880 m) und Hinterberg (795 m) in 2 Std.

Karte: ÖK Nr. 53.

Hochkogel-Weide bei Gresten.

304 HAMOTH-WEIDE

AP ist Bodingbach bei Lunz a. See, von wo aus eine asphaltierte Straße über 3 km bis zum Almhaus auf 900 m führt. Die Weidefläche liegt am Fuß des Eggerberges (1.134 m).

Bewirtschaftungszeit: Ende Mai – Mitte September.

Besitzer: „Weidegenossenschaft Purgstall a. d. Erlauf" (Obmann: Joh. Pöchhacker, Petzelsdorf 7).

Viehbestand: 70 Stück Galtvieh mit Behirtung.

Wandervorschlag: Auf den Eggerberg, zum Bachlerwald und zum Prebichl (1.320 m) in 1½–2½ Std.

Karte: ÖK Nr. 71.

305 SCHWÖLLECKAU-ALM

AP ist Strohmarkt b. Göstling, von wo aus ein teilweise asphaltierter Weg in 30 Min. bis zu den Gebäuden der Schwölleckau führt, die auf 800 m liegen. Überragt werden die Weideflächen vom 1.159 m hohen Eisenspitz.

Bewirtschaftungszeit: Mitte Mai – Ende September.

Besitzer: Österreichische Bundesforste.

Bewirtschafter: Servitutsgenossenschaft Schwölleckau (Obmann: Hubert Teufel, Königsberg 21).

Viehbestand: 35 Stück Galtvieh mit Behirtung.

Wandervorschlag: Auf den Scheibenberg (1.400 m), zur Hochkar-Alm.

Karte: ÖK Nr. 71.

Schwölleckau-Alm bei Göstling.

306 HOCHBÄRNECK-ALM

AP ist St. Anton a. d. Jeßnitz b. Scheibbs, von wo eine fast durchgehend asphaltierte Straße bis zu den Almflächen mit dem urigen Almgasthaus auf 1.050 m Seehöhe führt. Oberhalb der Almgebäude befindet sich eine Aussichtswarte (Blick zum Ötscher), daneben ein kleiner Alpengarten. Das Almgasthaus wird als Schutzhaus geführt und ist ganzjährig bewirtschaftet (bodenständige Kost). Almfest im Juli.

Besitzer: Gemeinde St. Anton.

Bewirtschafter: „Weidegenossenschaft Hochbärneck" (Obmann: Ernst Reiter).

Viehbestand: 130 Stück Galtvieh.

Wandervorschlag: Zur Rapoltenstein-Alm, zur Treffling-Weide und zum Trefflingfall (Naturpark Ötscher) in 2 Std.

Karte: ÖK Nr. 72.

Hochbärneck-Alm bei Scheibbs mit dem Almgasthaus.

307 SCHEIM-ALM

AP ist Miesenbach b. Grünbach a. Schneeberg, von wo aus eine 4,5 km lange Schotterstraße zur Alm mit der Scheimhütte (870 m) führt, die an Wochenenden als Jausenstation ganzjährig geöffnet ist. Die Almflächen befinden sich in hübscher Lage an der Südostseite der Hohen Wand.

Bewirtschaftungszeit: Juni – September.

Besitzer: Rupert Stückler, Kaltenberg 9.

Viehbestand: 6 Stück Fleckvieh.

Wandervorschlag: Anschluß an zahlreiche Wanderwege der Hohen Wand.

Karte: ÖK Nr. 75.

Scheim-Alm an der Südostseite der Hohen Wand.

308 SCHWAGREIT-WEIDE

AP ist Kaumberg b. Altenmarkt a. d. Triesting, von wo aus ein 2 km langer Weg zur Almweide (750 m) führt. Die Weidefläche liegt im Bergland der sog. „Obertriesting".

Bewirtschaftungszeit: Mai – Oktober.

Eigentümer und Bewirtschafter: „Weidegenossenschaft Kaumberg" (Obmann: Johann Zechner, Gerichtsberg 24).

Viehbestand: Galtvieh der Rassen Fleckvieh und Schwarzbunt mit Behirtung.

Wandervorschlag: Anschluß an zahlreiche Wanderwege (keine Einkehrmöglichkeit).

Karte: s. oben.

Schwagreit-Weide im Bergland der „Obertriesting".

309 GROSSLEITEN-WEIDE

AP ist Klamm b. Kaumberg, von wo aus ein 2 km langer, asphaltierter Weg zu den Almgebäuden (550 m) führt. Die Flächen liegen ebenfalls im Bergland der „Obertriesting". Die Weide stand seinerzeit im ärarischen Besitz der „k. u. k. Kavallerie".

Bewirtschaftungszeit: Mai – Oktober.
Eigentümer und Bewirtschafter: „Weidegenossenschaft Neulengbach".
Viehbestand: 100 Stück Galtvieh mit Behirtung.
Wandervorschlag: Anschluß an zahlreiche Wanderwege (keine Einkehrmöglichkeit).
Karte: ÖK Nr. 75.

310 HOCHECK-ALM

AP ist Furth a. d. Triesting, von wo aus eine 7 km lange Mautstraße bis zum Hocheck-Schutzhaus führt. Direkt daneben befindet sich die Hocheck-Aussichtswarte (1.037 m). Unterhalb des ganzjährig bewirtschafteten Schutzhauses (eigene Produkte) erstrecken sich die Weideflächen.

Bewirtschaftungszeit: Mai – Oktober.
Besitzer und Bewirtschafter: Peter Karlhofer, Furth 59.
Viehbestand: 10 Stück Galloway.
Wandervorschlag: Zum Mittagskogel (862 m), zur Steinwandklamm, zur Araburg in 2½ Std.
Karte: s. oben.

311 STEYERSBERGER SCHWAIG

AP ist Kirchberg am Wechsel, von wo aus eine 9 km lange asphaltierte Straße durch den Molzegg-Graben bis zum ganzjährig bewirtschafteten Almhaus auf 1.250 m hinaufführt. Es liegt am Rand der ausgedehnten Almweideflächen, die auch durch einen Schilift erschlossen sind.

Bewirtschaftungszeit: Anfang Mai – Ende September.
Besitzer und Bewirtschafter: „Wald- und Weidegenossenschaft Molzegg" (Obmann: Karl Hütterer, Molz 4).
Viehbestand: 90 Stück Galtvieh.
Wandervorschlag: Aufstieg von Trattenbach zur Kranichberger Schwaig; auf den Hochwechsel (1.743 m), zur Feistritzer Schwaig, zum Feistritzsattel (je 2–3 Std.).
Karte: ÖK Nr. 105.

DER MENSCH HAT DIE ALMLANDSCHAFT GESTALTET

Für den Bauern bedeutet die Alm ein Ausweiten seines Lebens- und Wirkungsbereiches nach oben, in die rauhe Gebirgswelt.

Zwar sind harte Arbeit, zähes Mühen und umsichtiges Sorgen notwendig, aber sie verbinden sich mit den Freuden der Almwelt für Mensch und Vieh. Den Bauern war ihre Alm immer schon weit mehr als nur eine betriebswirtschaftliche Frage.

Eine Fülle von Kenntnissen, die sie ihren Vorfahren verdanken, ermöglicht ihnen das Wirtschaften auf den Hochalmen. Für einige Monate des Jahres wird die Grenze des menschlichen Wirkens um viele hundert – ja bis zu eintausend – Meter höher getragen.

Wo jetzt oberhalb der Baumgrenze nur noch Bergmähder und Almen liegen, waren die Berghänge vor 4.000 Jahren hoch hinauf mit Wald bedeckt. Auch noch vor Jahrhunderten reichte der Wald weiter empor, Baumstrünke von mächtigen Lärchen, Fichten oder Zirben oder gar rindenlose, abgestorbene Stämme mit abgedörrten Aststümpfen finden sich oberhalb des geschlossenen heutigen Waldgürtels als Zeugen dafür. Das Sinken der Waldgrenze ist aber im wesentlichen auf die seither eingetretene Klimaverschlechterung zurückzuführen. Unrichtig ist die Behauptung, daß die Waldgrenze durch die Almwirtschaft generell um mehrere 100 m gesenkt wurde. Sie ist vielmehr großklimatisch bedingt. Vegetationsgeschichtliche Studien

Der Obere Bregenzerwald ist durch sanfte Matten und steilen Fels charakterisiert.

beweisen, daß mit der Veränderung der Großklimalage immer Höhenverschiebungen der Waldgrenze verbunden waren. Sie reicht auch heute selbst auf nie beweideten Flächen nicht über die generelle, auffallend horizontal verlaufende Waldgrenze hinaus. Dennoch gehört die frühe Entwicklung der Almwirtschaft im Hochgebirge zu den größten kolonisatorischen Pionierleistungen der ältesten Siedler; die schicksalhafte Verbindung des Bergbauernhofes mit seinen Almen und Bergwiesen zu einer selbständigen Wirtschaftseinheit wurde zur Existenzgrundlage bergbäuerlichen Lebens überhaupt.

Schon die Kelten und Illyrer betrieben Almwirtschaft

Bereits in den Jahrhunderten vor Christus wurden die Almen wirtschaftlich genutzt, denn die Täler waren damals stark versumpft, weglos und vermurt; so boten sich die ebeneren Teile der Hochlagen besonders als Weideland an. Mit Sicherheit gab es vor Christi Geburt und auch im Mittelalter wesentlich mildere klimatische Bedingungen in unseren Alpen, als dies heute der Fall ist, so daß auf Almen häufig Dauersiedlungen möglich waren. So ist unser Land, eigentlich von den Hochlagen ausgehend, nach unten besiedelt worden. Aus der La-Tène-Zeit gibt es Berichte von römischen Schriftstellern über die Almwirtschaft, welche von einem „bedeutenden Wirtschaftszweig" der Alpenländer sprechen.

Nach der römischen Besatzungszeit blieben über Jahrhunderte hinweg römische Lehnwörter für Almgerätschaften und auch für die Bezeichnung von Almen im Gebrauch; sie lassen auf eine ungebrochene Weiterbewirtschaftung der Almen schließen.

So fanden später die einwandernden Slawen und die nach ihnen vordringenden Bayern und Alemannen bereits eine hochentwickelte Almwirtschaft vor. Viele keltische Bezeichnungen von Almgerät und Almen selbst geben Zeugnis von diesen Geschehnissen.

Käse – wichtige Nahrungsquelle im Mittelalter

Auch die Slawen nützten in den östlichen Teilen der Alpen die Hochalmen. Aus der bayrischen Besiedlung der Ostalpen (aus den Jahren zwischen 900 und 1200) sind schon agrargeschichtlich bezeugte Urkunden vorhanden. Es wurden damals auch Almen in Lehen gegeben – und zwar an einzeln oder gemeinsam siedelnde Bauern. Als dann im 12. und 13. Jhdt. die Besiedlungsdichte in den Ostalpen rasch zunahm, kam es sogar schon zur Rodung innerhalb der Waldzone und zur Errichtung von Waldalmen, die besonders in den Urbaren der Ostalpen als „Schwaigen", das waren untertänige Bauerngüter, angeführt sind. So gab es z.B. im Ennstal damals fast 500 solcher Schwaigen, die an ihre Grundherrschaft Käse und Butterschmalz „zinsen" mußten. Für eine Kuh mußten damals 50 und für ein Schaf 10 Käslaibchen zu einem halben bis einem Kilo abgeliefert werden. Um das Jahr 1300 betrug der Almzins an den Landesfürsten der Steiermark 40.000 und an das Kloster Admont 30.000 solcher Käse; in Tirol mußten an den Landesfürsten gar 115.000 Käse und an den Salzburger Erzbischof 40.000 Käse gezinst werden.

Klimaverschlechterung erzwang die Aufgabe der höchsten Almen

Wahrscheinlich führten wesentlich verschlechterte klimatische Bedingungen im 17. Jahrhundert dazu, daß ein nicht unbeträchtlicher Teil der höheren Dauersiedlungen – die sogenannten Schwaighöfe – aufgegeben werden mußte; diese Höfe und ihre Flächen wurden schon damals zu Almen im heutigen Sinne.

Knapp vor dem industriellen Wirtschaftsaufschwung im 18. und 19. Jahrhundert waren die Almwirtschaften für die Selbstversorgung der bäuerlichen Bevölkerung von außerordentlicher Bedeutung. Man erkennt dies daraus, daß damals nur am eigenen Hof überwintertes Vieh – und nicht zugekauftes – gealpt werden durfte. Damals wurden auch, wie es heute nur noch selten geschieht, Bergmähder gemäht und das

Heu von diesen Steilflächen, die oft weit über den Almen gelegen waren, mühsam heruntertransportiert. In jene Zeiten fiel auch immer mehr die von den Forstmännern so kritisierte Miteinbeziehung des Waldes in die angrenzenden Weideflächen.

Große Unterschiede zwischen West- und Ostösterreich

Unter dem Einfluß der grundherrschaftlichen Verhältnisse (im speziellen der unterschiedlichen Sitten und Gebräuche beim Erbgang) bahnten sich in den österreichischen Alpen zwei verschiedene Entwicklungen an. Kärnten und Steiermark sowie die angrenzenden ober- und niederösterreichischen Kalkalpen, also das ehemalige „Innerösterreich", standen hier den westlichen Ländern Salzburg, Tirol und Vorarlberg gegenüber. Im östlichen Bereich herrschte das Freistiftrecht, d.h. die Herrschaft konnte die Höfe nach Belieben „abstiften". Unter dem Einfluß der liberalistischen Wirtschaftspolitik und der gleichzeitig zunehmenden Industrialisierung in diesem Bereich kam es aber besonders nach der Grundentlastung im Jahre 1848 zu einer beträchtlichen Abnahme der Zahl der landwirtschaftlichen Betriebe, weil Adel und Großkapital besonderes Interesse an großen geschlossenen Forstbetrieben hatten und die Jagd bedeutend war.

Wesentlich anders verlief aber die Entwicklung im westlichen Teil Österreichs, wo der Einfluß vor allem ortsfremder, kapitalkräftiger Schichten gering blieb. Das für den Bestand der Bauernhöfe günstige Erbrecht hatte hier zu einer recht stabilen bäuerlichen Sozialordnung geführt, die eigentlich erst in der Gegenwart durch den Fremdenverkehr allmählich erschüttert wird. Wurden in jenen Gebieten Höfe aufgegeben, so kaufte der Nachbar Grund und Boden wieder auf, und es gab kaum nichtbäuerliche Schichten, welche am

Der gekreuzte Steckenzaun (manchmal auch „Giersch" genannt) ist im Salzburgischen und im oberen Ennstal daheim (Knapp-Alm bei Dienten am Hochkönig).

Grunderwerb interessiert waren. So ist in diesen Gebieten – nicht zuletzt natürlich aber auch wegen des höheren Gebirgsanteiles – der Anteil von Almen am gesamten landwirtschaftlichen Nutzungsland ein viel größerer als im Osten Österreichs.

Alpe oder Alm?

Jene Sommerweidegebiete, die in den österreichischen Bergen in der Regel über 1.000 Meter hoch liegen, während des Sommers durch das aufgetriebene Vieh beweidet und von den Heimgütern getrennt bewirtschaftet werden, bezeichnet man von Niederösterreich bis weit nach Tirol hinein – also im bajuwarischen Sprachraum – als Almen.

Nur in Vorarlberg und Westtirol ist der alemannische Begriff „Alpe" gebräuchlich. In einigen Teilen Niederösterreichs spricht man allerdings auch von „Schwaigen".

Das Wort „Alpe" stammt nach Hans Haid aus dem Altsemitischen, wo „alpu" das „Rind" bedeutet. Im Lateinischen hieß die Rinderweide „alpis". Im Keltischen wurde mit dem Wort „alpes" eine Gebirgshöhe bezeichnet. – So finden die „Alpen" ihre sprachliche Wurzel bei den auf ihren Hochweiden offensichtlich schon in sehr alten Zeiten gehaltenen Rindern.

Sennalmen und Galtviehalmen

Almen, auf denen außer Kühen nur noch Schweine zur Verwertung der Abfallprodukte der Molkereiwirtschaft aufgetrieben werden, nennt man „Sennalmen" oder „Kuhalmen". Daneben gibt es dann die bekannten „Galtviehalmen". „Galt" ist ein weibliches Rind, das noch keine Milch oder keine Milch mehr gibt oder

auch vor einer Geburt „trockensteht", wie der Bauer sagt. Beim Galtvieh handelt es sich in der Regel also um Kalbinnen, die häufig auch trächtig vor dem ersten Abkalbtermin, der meist in die Zeit zwischen Weihnachten und Frühjahr fällt, aus gesundheitlichen Gründen auf die Alm aufgetrieben werden.

Daneben gibt es reine Ochsen- und Stieralmen, wobei Stiere schon sehr selten auf die Alm aufgetrieben werden. An sich wird im alpinen österreichischen Sprachgebrauch auch der Ochs zum Galtvieh gezählt. Die häufigste Form sind aber Mischalmen, auf denen Galtvieh und Kühe zugleich gehalten werden.

Das Alpkreuz gehört zu jeder Vorarlberger Alp (Alpe Metzgertobel, Großwalsertal).

Almen, auf denen ausschließlich Pferde gehalten werden, sind heute selten geworden.

Bei den Kleintieralmen überwiegen die *Schafalmen* gegenüber den *Ziegenalmen*. Sie liegen vielfach oberhalb der Rinderweiden – dort, wo die Hänge für das große Rind zu steil sind und wo auch nur noch spärlicher Graswuchs anzutreffen ist.

Schließlich gibt es auch noch vereinzelt reine *Pferdealmen*.

Nieder-, Mittel- und Hochalmen

Die *Niederalmen* liegen im Durchschnitt tiefer als 1.300 m und damit auch nicht selten unter der Obergrenze des Getreideanbaues in diesen Gebieten. Oft sind sie aus abgestifteten Bauernhöfen hervorgegangen.

Die *Mittelalmen* erstrecken sich in Lagen zwischen 1.300 und 1.700 m. Hier handelt es sich um die typisch vom Wald eingeschlossenen Almbereiche, sozusagen im „Zwischenstockwerk" (zwischen dem Tal und den natürlichen Almmatten über der Waldgrenze). Charakteristisch für dieses Gebiet sind das Nebeneinander und die Verzahnung von Wald und Weide.

Über 1.700 m erstrecken sich schließlich im allgemeinen die *Hochalmen,* die aber eigentlich nur in Ausnahmefällen über die ehemalige alte Waldgrenze hinausreichen. Nach oben gehen sie dann in das Ödland über.

Der Oberflächengestaltung der Bundesländer entsprechend, befinden sich die meisten Niederalmen in Niederösterreich, Oberösterreich, in der Steiermark und in Vorarlberg. Kärnten hingegen hat den größten Anteil an Mittelalmen, gefolgt von Vorarlberg, Salzburg und der Steiermark. Tirol hat mit über 40% den größten Anteil an Hochalmen, gefolgt von Salzburg und Kärnten.

Die *Waldgrenze* liegt an der Ostabdachung der Alpen und in den Kalkvoralpen im Durchschnitt bei 1.500 bis 1.700 m. Sie steigt gegen die Kalkhochalpen auf 1.900 m an, und in den Zentralalpen reicht sie bis 2.200 m empor.

Auf vielen Niederalmen kann die Weidezeit bis zu 150 Tage betragen, während sie auf den Hochalmen häufig nur von Ende Juni bis Anfang oder Mitte September dauert, also oft nur 60 Tage beträgt.

Im allgemeinen kann man sagen, daß je 100 Höhenmeter die Weidedauer um durchschnittlich zwei Tage verkürzt wird!

Der Bauer mißt die Leistung seiner Alm am Zuwachs des Lebendgewichts der aufgetriebenen Jungtiere:

Gibt es in hundert Weidetagen beim Jungrind einen Lebendgewichtszuwachs von ca. 85 kg, dann war dieser Almsommer ein sehr guter Erfolg, 50 kg ein guter Erfolg und 35 kg ein schlechter Erfolg.

Eine Kalbin sollte auf der Alm im Tag durchschnittlich 650 Gramm an Gewicht zunehmen.

Maiensäße – Asten – Kaser

Im Gegensatz zu den Bauern im Flachland und zu den reinen Talhofbauern bewirtschaften die Bergbauern oft Besitzungen, die sich über mehrere hundert, teilweise sogar über mehr als tausend Höhenmeter nach oben erstrecken. Dies hat unter anderem den Vorteil, daß die Futterpflanzen bergwärts später reif werden, so daß sich auch die Heuernte über einen längeren Zeitraum erstrecken kann.

In den Berggebieten schließen an die hofnahen Äcker und Wiesen häufig Heimweiden an, die vom Bauernhof aus bewirtschaftet werden, aber dennoch schon ein gutes Stück die Berghänge hinaufreichen; sie liegen noch so nahe zum Heimbetrieb, daß die Milchkühe täglich in den Stall zum Melken nach Hause getrieben werden können.

In Gegenden, in denen es zwischen den Heimhöfen und den Hochalmen noch dazwischenliegende Besitzungen gibt, auf denen Weidegang möglich ist, werden diese zur Vor- und Nachweide zum Auftrieb auf die Hochalmen bewirtschaftet. In Vorarlberg werden sie als Maiensäße (auch Vorsaß), in Tirol als Asten und in Salzburg als Kaser bezeichnet. Oft können sie schon beweidet werden, wenn sich auf der Hochalm der Schnee erst langsam zurückzieht, und so werden sie eben häufig schon ab Mitte Mai „bestoßen", wie der Fachausdruck für beweiden lautet.

Wenn sie sich ungefähr einen Monat dort aufgehalten haben, werden die Tiere auf die Hochalm gebracht; während der Sommermonate werden diese Flächen gemäht, um den Tieren, die im Spätsommer von den Almen abgetrieben werden, noch eine Nachweidezeit und den Verbrauch des hier im Sommer geernteten Heus zu ermöglichen. Die Mähnutzung ist auf diesen Maiensäßen also im allgemeinen wichtiger als die Beweidung. Die Almhütten sind stabil gebaut und meist sehr gut eingerichtet. In Vorarlberg zieht oft die ganze Bauernfamilie auf die Maiensäße hinauf, in anderen Bundesländern werden sie von den Heimhöfen aus bewirtschaftet.

GESUNDBRUNNEN FÜR DAS VIEH

Höhere UV-Einstrahlung

Die Sonneneinstrahlung ist infolge der staub- und rauchfreien, dünneren und trockeneren Luft im Alpengebiet kräftiger. Sie beträgt in Meereshöhe etwa 50%, in 1.800 m Seehöhe dagegen rund 75%. Darin liegt auch die stärkere Einwirkung der Höhenstrahlen (ultraviolette Strahlen) begründet.

Die Auswirkungen der intensiveren Strahlung sind:

• vor allem Bildung von Vitamin D;
• Einbau von Kalk und Phosphor in die Knochensubstanz; Rachitis kommt zur Abheilung;
• der Vitamin-D-Gehalt der Almmilch ist um das Zwei- bis Dreifache größer als der der Talmilch.

Gesundbrunnen für Mensch und Vieh (Bregenzerwald).

Zum Schutz gegen die UV-Strahlung wird die Haut der Tiere in der Hornhautschicht verdickt und mit Farbstoff (erst rot, dann braun) ausgestattet. Durch die UV-Strahlung werden gewisse Bestandteile in der Haut verändert und ihre Fermente anders wirksam gemacht; es treten neue Stoffe auf und in den Körper ein. Darauf beruht auch die Heilwirkung der Behandlung durch Ultraviolett-Licht.

Aber auch der Nährstoffgehalt der Alpenpflanzen ist bei sonst gleichem Pflanzenbestand bis zu einem Drittel höher als jener der Niederungen, und das Futter ist aromatischer als in den Talniederungen.

Das Wasser der Almseen hat Trinkqualität.

Der Luftdruck nimmt je hundert Meter Höhenunterschied um etwa 8 mm Quecksilbersäule ab. Die dünnere Luft hat aber einen geringeren Gehalt an Sauerstoff und Kohlensäure.

Intensivere Atmung

Dies hat zur Folge, daß die Atmung intensiviert und vertieft werden muß, was wiederum zur Kräftigung von Lunge und Herz und in der Folge zu einer erhöhten Bildung von roten Blutkörperchen führt.

Im Durchschnitt steigt bei der Alpung der Rinder der Hämoglobingehalt um 10% an. Dadurch kommt es zu einem besseren Sauerstofftransport und schließlich zu einer Anregung des gesamten vegetativen Nervensystems.

Mehr rote Blutkörperchen

Bei der Alpung vermehren sich bei den Rindern die roten Blutkörperchen im Durchschnitt um 37%, die weißen nehmen um 5% ab. Die dünne Luft bedingt infolge ihres geringeren Sauerstoffgehalts noch größere Änderungen im Körper der Tiere als das Höhenlicht. Kommen Kühe zu rasch aus dem Tiefland in Höhen um 2.000 m, so können auch sie bergkrank werden. Anpassungsfähige Lebewesen überwinden diese Bergkrankheit sehr rasch.

Größere Abwehrkraft gegen Krankheiten

Kälte und Sturm sowie große Temperaturunterschiede beeinflussen die Lebewesen auf der Alm. Diese Klimaeigenheiten stellen an den tierischen Körper große Ansprüche, vor allem an die Anpassungsfähigkeit. Sie härten ihn ab und machen ihn abwehrkräftig gegen ähnlich wirkende Angriffe auf den Körper im Alter, besonders dann, wenn ein wachsendes Rind diese harte Kur durch zwei Almsommer hindurch mitgemacht hat.

Bei Almtieren erhält das Haarkleid eine pelzartige Beschaffenheit, und die Tiere sind dichter mit gröberem, längerem Deckhaar und kürzerem, feinerem Unterhaar besetzt, das bei reiner Stallhaltung und Heimweide in nur geschützter Lage fehlt. Beim Schaf begünstigt das Almklima allerdings die Ausbildung gröberer Wolle. Man kann sich leicht vorstellen, daß sich die ständige Reizwirkung des harten alpinen Klimas auf die Gewebezellen und deren Inhalt direkt auswirkt. Das Tier ist somit ausgestattet, Wetterunbilden standzuhalten – ein Zustand, der häufig über Jahre hinweg erhalten bleibt, so daß es tatsächlich zu einer größeren Abwehrkraft gegen Krankheiten kommt.

Auch der Gang im unebenen Gelände ist für die Übung der Muskeln, Sehnen und Gelenke bedeutungsvoll. Diese Gewebe werden trockener und fester, und das Nervensystem wird leistungsfähiger. Das ganze Tier wird lebhafter und findiger, sein Körper erhält eine schlankere Form, Bein- und Rückenfehler treten zurück.

Höheres Durchschnittsalter

Die Alpung macht die Tiere vielfach gegen eine gefürchtete Rinderkrankheit, nämlich gegen die Tuberkulose, widerstandsfähig. Gealpte Tiere erreichen ein höheres Durchschnittsalter, eine längere Zuchtfähigkeit und eine höhere Kälberzahl als nicht gealpte.

Besonders gefährdet sind heute Kühe, welche auf intensiv gedüngten Talweiden gehalten werden und nicht mehr gealpt sind; bei ihnen kommt es sehr häufig zu Fruchtbarkeitsstörungen.

Vorteile der Alpung auch für den Menschen

Auf den Almen gibt es keine Pollen und Staubmilben, keine Industrieabgase oder verunreinigtes Wasser, daher auch keine Allergien und Asthma. Die notwendige körperliche Betätigung beim Besuch einer Alm tut dem menschlichen Körper unendlich gut, und daher gibt es hier auch keine Neurosen.

Wie schön, daß viele der besten Dinge im Leben nicht käuflich sind – auch ein Almbesuch gehört dazu...

DIE „ALMHEILIGEN" ALS VIEHPATRONE

Die alte Hüterin der Herde war die heilige Margaretha; in späterer Zeit wurde sie in dieser Funktion von der heiligen Barbara abgelöst.

Der heilige Wendelin gilt nicht nur als Viehpatron, sondern auch als Patron der Hirten, da er selbst Hirte war. Auf vielen Almen Tirols wird nur er verehrt, auf den meisten Almen der Steiermark hingegen die Heiligen Leonhard und Antonius.

Oft ändert sich die Verehrung der Heiligen von Gebiet zu Gebiet auf engem Raum. So wird zum Beispiel im Stubaital nur der heilige Wendelin verehrt, während im benachbarten Unterbergtal alle Hoffnungen auf den heiligen Antonius gesetzt werden. Im Außerfern werden alle drei Heiligen verehrt; im Lechtal hingegen gilt St. Martin als allgemeiner Alpheiliger, St. Wendelin ist dort nur für das Rindvieh zuständig und St. Leonhard für die Pferde.

Im Gebiet von Reutte hat wiederum nur der heilige Koloman als Viehpatron Bedeutung. Dazu wird folgende heitere Geschichte erzählt: In der Reformationszeit sprach man davon, daß ein „neuer Herrgott" eingesetzt werden solle. Ein altes Weiblein schüttelte den Kopf und meinte dann: „Wenn es wenigstens der Kolomanus wär', der verstünd' wenigstens etwas vom Vieh!"

ALMAUF- UND -ABTRIEB

„Bold da Schoberspitz is wia a gscheckate Kalm,
aft foahr ma auf die Alm.
Bold da Schoberspitz ist wia a griana Huat,
nocha is af olle Olman guat."

Derlei Sprüche und Verse drücken aus, daß die Bauern jedes Jahr die Zeit des Almauftriebes beobachten und der Almfahrt entgegensehen. Die späte Frühlingssonne hat den Schnee schon zum Großteil weggeschmolzen, und auf den Hängen des Großen Schobers liegt er nur noch fleckenweise, und so sieht dieser wie eine gescheckte Kalbin aus – jetzt kann aufgetrieben werden!

Der normale Zeitpunkt für den Almauftrieb fällt je nach Höhenlage der Alm in die Zeit zwischen Anfang Mai und Ende Juni. Für ein und dieselbe Alm können aber je nach Witterungsverlauf und vorjähriger Nutzungsart Verzögerungen bis zu vier Wochen eintreten. Daneben gibt es aber auch „frühe" und „späte" Almjahre. So kann in einem sogenannten „frühen Jahr" auch bei sehr zeitig angesetzter Almfahrt schon genügend Futter vorhanden sein, und in sogenannten „späten Jahren" kann man trotz späteren Almauftriebs froh sein, wenn das Vieh mit dem sehr spärlich nachwachsenden Almfutter von Tag zu Tag gerade das Auslangen findet.

„Im Juni wächst dem Rind das Gras ins
Maul, im September hingegen muß das
Rind das Gras suchen!"

Für die höheren Almen gilt daher in manchen Gegenden Österreichs auch die sehr wichtige Regel:

„Beim Almauftrieb sollte ein Drittel der
Alm grün, ein Drittel braun und ein
Drittel weiß sein!"

Das heißt also, im untersten Teil des Almgeländes wächst das Gras schon, in der Mitte ist der Schnee gerade weggeschmolzen, und auf den oberen Teilen liegt er noch.

Wird zu spät im Jahr abgetrieben, so verliert das Weidevieh nicht nur vom bereits erzielten Gewichtszuwachs, die Tiere kommen meist auch durchgefroren, struppig und unansehnlich ins Tal, denn auf höheren Almen herrscht zu dieser Zeit ja oft schon rauhes Wetter.

Erfahrene Almwirte raten unbedingt, den Almabtrieb nicht zu lange hinauszuzögern, damit die Weidenarbe nach dem letzten Abweiden noch die Möglichkeit besitzt, etwas nachzuwachsen und Reserven anzulegen. Auch die im kommenden Frühjahr zuerst zur Beweidung vorgesehenen Almflächen müssen im Herbst zuvor rechtzeitig geschont werden, damit sich die Grasnarbe vor dem „Einwintern" gut erholen kann.

Der Almbauer handelt nach folgendem Leitsatz:
„Lieber zu früh auffahren als im Herbst zu spät
von der Alm abfahren!"

Besonders der Almabtrieb wird fast überall festlich begangen (Bregenzerwald).

Im Spätfrühling und Vorsommer gibt es nämlich innerhalb von kurzer Zeit einen hohen Futteranfall, welcher nach einem frühzeitigen Almauftrieb verlangt, wobei dann allerdings auch ein schneller Weidewechsel am Almgelände vor sich gehen sollte. Außerdem läßt sich durch einen frühen Weidebeginn die gesamte Auftriebszeit verlängern. Das Weidegras wird durch das rasche Abweiden des ersten Aufwuchses nicht überständig und strohig; dies drückt sich dann in einem guten Fleischzuwachs bei den aufgetriebenen Tieren aus. Im Durchschnitt betragen die Gewichtszunahmen im Spätsommer meist nur noch 20 bis 30% der Leistungen, welche im Mai und Juni erzielt werden.

Einige Fakten über das Weiden auf der Alm

Eine Kuh benötigt pro Tag 70 bis 80 kg Gras. Für die Futteraufnahme hat sie im Durchschnitt von ihrer Physiologie her nur 8 Stunden zur Verfügung. 5 bis 10 Stunden dauert – je nach Umständen – das Wiederkauen, und die restliche Zeit braucht sie zum Ruhen. Wenn sie nun z.B. in diesen 8 Stunden nur 50 kg an Pflanzen aufzunehmen vermag, weil zu wenig Futter vorhanden ist, geht die Milchleistung entsprechend zurück.

In Gebieten, in denen es viele Bremsen gibt – wie z.B. in den Kitzbühler Alpen –, werden die Kühe übrigens während der Nacht auf die Almweide getrieben und tagsüber eingestallt.

Die Kalenderheiligen bestimmen den Almauf- und -abtrieb

So wie im übrigen Alltag viele wichtige Ereignisse durch die Kalenderheiligen „reguliert" werden, geschieht dies auch beim Auf- und Abtrieb.

	Almauftrieb:		Almabtrieb:
St. Urban	25. Mai	Maria Himmelfahrt	15. August
St. Bonifaz	5. Juni	St. Bartholomäus	24. August
St. Vitus	19. Juni	Mariä Geburt	8. September
St. Johann	24. Juni	St. Rupert	24. September
St. Peter u. Paul	29. Juni	St. Michael	29. September
St. Kilian	8. Juli		

Aber auch auf die Wochentage kam es früher an: So wurden im Ötztal grundsätzlich der Mittwoch und Freitag gemieden, und im Unterinntal durfte an keinem „Fleischknödeltag" (das waren Dienstag, Donnerstag und Sonntag) aufgetrieben werden – dies würde Unglück bringen. Im Stanzertal hingegen wurde „nur" dienstags und donnerstags aufgetrieben. In Imst und in Osttirol mußte auch der Mond im richtigen Zeichen stehen. – Heute werden diese „strengen" Regeln freilich kaum mehr beachtet

Früher einmal war, wenn es zum Almauftrieb ging – zum „Almfahren", wie die Bauern sagen –, um zwei Uhr morgens schon alles auf. Die Sennerin und die Bäuerin gingen mit Weihwasser und geweihter Kerze von Kuh zu Kuh, besprengten sie und gaben jeder einige Tropfen Wachs auf den Rücken, damit Gottes Segen über den Sommer alles Unglück verhüten möge. Der Halterbub kam mit der „Fahrglockn" und brachte damit erst die Unruhe in den Stall, denn die Kühe erkannten, woran es nun ging.

Die Sennerin nahm Abschied von der Bäuerin, und diese sagte: „Pfiat di Gott, bleibt's schön g'sund und geht's in Gottes Nam und bringt's wieder olles guat hoam!" Bei den Nachbarn – wenn auf eine Gemeinschaftsalm aufgetrieben wurde – war das gleiche geschehen, und schon nach Sonnenaufgang bewegte sich ein langer Zug den Berg hinauf. Voraus die Geißen mit den Böcken. Außerhalb des Dorfes war's schon zum „Z'sammlassn". Da mußten zwischen den Ziegen und vor allem unter den Rindern die ersten Rangkämpfe ausgefochten werden, daß die Rasen oft nur so staubten und die Hüterbuben alle Hände voll zu tun hatten, um die Ordnung einigermaßen aufrechtzuerhalten. Manche meinen, daß ein Bestreichen mit Pechöl gegen das arge „Zusammenraufen" helfen soll.

Im Wallis gibt es heute noch bei den „Kuhkämpfen" anläßlich des Almauftriebes viele Zuseher.

Nun hatte damit das Leben auf der Alm, wie seit Jahrhunderten, wieder neu begonnen. Inzwischen waren die Fuhrwerke der anderen Bauern nachgekommen, die Hütten wurden besiedelt, die Sennin suchte das erste Brennholz zusammen und heizte einmal ordentlich unter den Wasserkessel, und alle halfen zusammen, damit bald alles seine Richtigkeit hatte.

Die Bauern mit den Knechten machten um die Hütten herum Ordnung, und dann ging es ans Reparieren und Ausbessern der Zäune und Steinmauern, der Triebwege in die oberen Karstufen und wohl auch noch einige Tage ans Schwenden – weil man schon auf der Alm heroben war. Lawinenreste mußten aufgeräumt und für die kommenden Wochen Brennholz geschnitten und Holz gekloben werden, damit es den Sommer über reichte. Erst einige Tage später kamen dann die Viehtreiber mit dem Zinsvieh auf die Alm herauf.

Die Sennerinnen hatten inzwischen ihre Hüttenstüberln wieder sauber hergerichtet, schönes Geschirr aufgestellt, das Altartüchl für den Herrgottswinkel ausgebreitet, und die Kupferkessel und Pfandeln glänzten nun schon in der Sonne. Natürlich durfte auch der Almblumenstrauß (im Juli war und ist es auch heute noch traditionell ein Strauß Alpenrosen) nicht als Schmuck des Stubentisches fehlen.

Am Abend kamen die Geißen und Kühe zum Melken, die älteren Kühe wußten wohl noch vom Vorjahr ihre Plätze im Almstall; die jungen mußten sich erst fügen lernen. Die Milch wurde in der Zentrifuge heruntergetrieben, der Rahm verbuttert, und die Magermilch kam in ein „Milchbrentl", das ist ein Faß zum Sauerwerden. Nach der Reife wurde die Milch zu Almkäse verarbeitet.

Erst am zweiten oder dritten Tag kamen meist die Bäuerinnen mit den Schweinen auf die Alm, da das erste Kaswasser, die Molke, das „Saufutter", reif war.

Natürlich legten die Sennerinnen ihren Ehrgeiz darein, bis zum Besuch der Bäuerin die Hütte bestens instandgesetzt zu haben. Der Stubenboden war sauber geputzt, das Bett der Sennerin hoch aufgebettet und mit einer schönen roten „Hüll" mit weißem Spitzenleintuch und schönem Polster ausgestattet.

Auch heute geht es im wesentlichen noch so zu, wenngleich durch die Motorisierung vieles erleichtert und verkürzt wird. Außerdem ist für Senner und Sennerin das Mobiltelefon ein unentbehrlicher Gebrauchsgegenstand geworden.

SCHWINGMUS UND ZIGERSUPPE

Die Kost auf den Almen war einseitig, aber nicht ungesund, da alle Milchprodukte sehr vitaminreich sind. Man aß gemeinsam aus der Pfanne, und der Löffel wurde einfach abgewischt, ehe man ihn in die Tischschublade steckte.

Heute haben sich die Tischsitten und auch die Vielseitigkeit der Ernährung gewandelt, aber Milch, Butter und Käse werden von den Almleuten noch immer bevorzugt. Auf manchen „qualitätsbewußten" Almen Tirols und Vorarlbergs darf auch heute der Bergkäse nicht vor dem Großen Frauentag (15. August) angeschnitten werden.

Die *Brennsuppe* ist noch immer Bestandteil des Speiseplans: Etwas Butter wird ausgelassen, Mehl dazugerührt und sodann ein wenig Milch und Salz beigegeben.

Räucher-Kugelkäse (Steinbach-Alm, Stmk.) – eine besondere Spezialität, die man nur selten findet.

Die *Zigersuppe* rangiert schon ein bißchen weiter oben: Butter wird in der Pfanne ausgelassen und solange mit Mehl verrührt, bis die Mischung bräunlich ist. Ein Stück Ziger (Topfen der Buttermilch) wird mit Wasser und nochmals etwas Mehl zugegeben, um die Suppe einzudicken.

Früher einmal gab es Mus aus Gerste, Hirse und Hafer; sehr selten aus Weizen. Am meisten gelästert wurde vom Almpersonal über das *Wassermus,* nur eine dick eingekochte Brennsuppe. Da war und ist das *Schwingmus* schon etwas anderes.

In den westlichen Bundesländern Österreichs sind vor allem Männer auf den Almen beschäftigt, und da ist dann natürlich auch das Kochen Männersache. Es gibt sogar eine Speise, von der behauptet wird, daß nur die Männer sie richtig zubereiten können, das sogenannte „Melkermus", auch „Schwingmus" genannt. Es wird aus Mehl, Milch und sehr viel Butter zubereitet, und man benötigt dazu zwei verschiedene Pfannen, von denen die eine nie ausgewaschen werden darf! Zum Schluß wird das omeletteähnliche Mus wie eine Omelette gewendet, und dazu „schutzt" es der Melker durch den offenen Kamin hoch über das Hüttendach hinauf. Er sollte dann mit der Pfanne so rasch um die Hütte laufen, daß er das fertige Melkermus vor der Hüttentür mit der Pfanne abfangen konnte – so schrieb es der alte Melkerbrauch vor... Aber das dürfte wohl „Almlatein" sein!

Wie gesagt: Mit Milch, Butter und Käse wurde und wird nicht gespart – es wäre ja auch paradox! So wird von manchen Almen verbürgt berichtet, daß der Verbrauch pro Tag und Kopf der Almleute 25 Liter Milch betragen habe.

Der kostbare Zucker wurde früher nur in geringsten Mengen verbraucht, und Gemüse gab es nur in den seltensten Fällen. In alten Zeiten wurde auf den Bauernhöfen in den Alpenländern nur zweimal im Jahr Brot gebacken, und da erhielt dann auch der Hirte seine Laibe. – Das hat sich aber seither alles wesentlich verändert!

SCHNEEFLUCHT –
FRATZUNGS- UND WILDHEURECHT

Jeder Bergwanderer weiß, daß auf höhergelegenen Almen auch mitten im Sommer Schnee fallen kann, der kürzere oder auch lange Zeit den Boden bedeckt. Ein Beweiden dieser verschneiten Flächen ist unmöglich, die Tiere magern rasch ab, trächtige Tiere verwerfen nicht selten, und es können sich auch alle möglichen Krankheiten einstellen.

Schlimm sind zur Zeit solcher Schneefälle jene Alpen daran, auf denen es keine Hütten und nicht genügend Futtervorräte gibt. Hier setzt aber das alte Recht der „Schneeflucht" ein. Darunter versteht man die Notwendigkeit, gegebenenfalls niedriger gelegene Gebiete aufzusuchen und beweiden zu dürfen. In vielen Teilen Westösterreichs und der angrenzenden Schweiz gibt es dieses Recht schon seit Jahrhunderten. Natürlich bietet es wenig Nutzen, wenn es nahezu bis ins Tal herabgeschneit hat oder die für die Schneeflucht bestimmten Plätze bereits abgeweidet sind.

Schnee ist im Juli auf den Hochalmen nichts Seltenes.

252

Viele Osttiroler Almen können noch immer nur mittels schwerster Handarbeit bewirtschaftet werden.

Welche Bewandtnis hat es nun mit dem Fratzungsrecht für Ziegen? Unter Fratzungsrecht (auch Atzungsrecht) versteht man die Berechtigung, zu gewissen Zeiten Alpen- oder Talweidegründe, gleichgültig, in wessen Eigentum sie stehen, vorübergehend beweiden zu dürfen. Dieses Recht, das zweifellos ein Überbleibsel der freien Weidewirtschaft vergangener Jahrhunderte ist, führte seinerzeit oft zu Streitigkeiten mit den Almbesitzern. Meist war dieses Nutzungsrecht ein sogenanntes „Geißrecht", das eben nur für Ziegen galt und dem Besitzer der Ziegenherde für wenige Tage das Recht einräumte, auf bestimmten Plätzen mit seiner Ziegenherde durchzuziehen.

Das sogenannte „Wildheurecht" hatte nichts mit der Heugewinnung für das jagdbare Wild zu tun, sondern unter einem „Wildheuplatz" verstand man ein Almgebiet, auf dem die Nutzung nicht durch Weidevieh erfolgte, sondern das Gras gemäht und das Heu als Winterfutter entweder bis ins Tal oder meist zur Notheulagerung (Schneefälle) zur nächsten Alm gebracht wurde. Dieses „Bergheuen" mußte manchmal auf extrem hochgelegenen und schwer zugänglichen Plätzen stattfinden, und diese Stellen waren oft so steil und der Futterbedarf so groß, daß sogar das Leben der Mäher oder Bergheuer gefährdet war. Diese Leute waren mit besonderen Steigeisen ausgerüstet und mußten an sehr steilen Stellen oft angebunden werden.

Das gefahrvolle Arbeiten der Wildheuer bringt Schiller im „Wilhelm Tell" zum Ausdruck, wenn er die den Landvogt Geßler kniefällig bittende Armgard auf die Frage, wer ihr Mann sei, sprechen läßt:

> *„Ein armer Wildheuer, guter Herr, vom Rigiberge,*
> *Der überm Abgrund weg das freie Gras*
> *Abmäht von den schroffen Felsenwänden,*
> *Wohin das Vieh sich nicht getraut zu steigen –",*

worauf Geßlers Stallmeister, Rudolf der Harras, den gefährlichen Beruf dieser Art von Heugewinnung Geßler gegenüber besonders betont, wenn er spricht:

> *„Bei Gott, ein elend und erbärmlich Leben!*
> *Ich bitt' Euch, gebt ihn los, den armen Mann,*
> *Was er auch Schweres mag verschuldet haben,*
> *Strafe genug ist sein entsetzlich Handwerk."*

Man sieht also aus diesen Zeilen Schillers, als wie gefährlich diese Tätigkeit seinerzeit – wohl zu Recht – angesehen wurde.

Schafe auf der Herbst-Nachweide im Tal.

DIE SCHAFALMEN

Die absoluten Schafalmen sind nicht selten so steil, grob und seichtkrumig, daß ihre almwirtschaftliche Nutzung nur durch Kleinvieh wie Schaf oder Ziege möglich ist. Wo auf einer Alm das Schaf Rinderplätze beweidet, ist es sicher am falschen Platz, weil das Rind an solchen Stellen eine viel höhere Futterverwertung bringt.

Als Almen für das Schaf kommen die steinigen Hochflächen in Betracht, die für das Rind zu dürftig und auch zu gefährlich sind. Das Schaf wird im allgemeinen, ohne eine feste Einstallung zur Verfügung zu haben, gealpt, manchmal sind Schlupfwinkel unter Felsblöcken als Quartier für die Tiere völlig ausreichend.

In den meisten Fällen bleiben die Schafe ohne Behirtung, weil ein Hirte zu teuer käme und auch nicht notwendig ist.

Angesichts der bekannten Furchtsamkeit des Schafes, die jene des Pferdes übertrifft, sind Panikschäden leider nicht selten, da das Schaf dem Leithammel noch bedenkenloser folgt als das Pferd seinem Leittier, so ein solches vorhanden ist.

Früher einmal war die Sommerschur der Almschafe ein besonderes Ereignis. Um den Jakobstag zogen zahlreiche Schafherden mit Lämmern vor allem durch die obersteirischen Almgräben zu den Höfen zur Sommerschur hinaus. Dieser lange Marsch wurde der Almschur vorgezogen, weil das Waschen leichter vor sich ging und weil mehr Leute helfen konnten. Die Sommerschur gibt etwa gleich viel Wolle wie die im Frühling oder im Herbst, da die Wolle im Winter langsamer wächst.

Vor dem Almabtrieb der Schafe wird schon am Abend des Vortages zu den Almen aufgestiegen, um die hirtenlosen Tiere zu suchen. Mit Lockrufen werden sie auf das mitgebrachte Salz aufmerksam gemacht; die älteren wissen schon Bescheid. Wie besessen strömen die Tiere dann herbei und stürzen sich über die Salzgaben. – Auch während der Sömmerung werden sie mehrmals mit Salz gelockt, um sie zwischendurch immer wieder an den Menschen zu gewöhnen.

Ein einmaliges Ereignis ist in unseren Alpen nach wie vor der berühmte Zug der Schnalstaler Schafe aus Südtirol über das 3.012 Meter hohe Niederjoch über den Hauptkamm der Ötztaler Alpen auf die Hochweiden von Vent und Gurgl, die seinerzeit verwaltungsmäßig nach Schnals gehörten.

Schon Tage zuvor hacken und schaufeln die Hirten den Weg aus dem Firnschnee und Eis heraus, aber beim zehnstündigen Übergang ist schon

Auf der Unteren Gföhler-Alm im Schladminger Untertal.

manches Schaf abgestürzt, und auch nicht wenigen Hirten stieß ein Unglück zu.

Früher einmal wurden jährlich 6.000 Tiere über diesen extremen Weg geführt; heute sind es an die 1.000, aber ihre Zahl ist wieder im Steigen begriffen.

AM LIEBSTEN FRISST DIE ZIEGE DEN SPEIK...

Die Ziege ist zweifellos das intelligenteste und auch nützlichste Haustier, wenn man es richtig einsetzt. Beachtet muß werden, daß sie der größte Waldfeind ist, weil sie aufwachsende Jungkulturen aller Baumarten auffrißt und vernichtet. Andererseits verwertet sie Almpflanzen, die kein anderes Tier zu sich nimmt; sogar die eine oder andere für Rind und Schaf giftige Pflanze kann die Ziege ohne Gefahr zu sich nehmen. Im Verhältnis zum Körpergewicht und zur Futteraufnahme liefert eine Ziege dreimal so viel Milch wie eine Kuh. Die Ziege verwertet das Isländische Moos (Graupen) sowie alle möglichen anderen Flechten; auch die bekannte Bartflechte, die im obersten Waldsaum wie Schleier von den Ästen hängt, ist ein beliebtes Ziegenfutter. Alle nur denkbaren Kräuter werden von der Ziege aufgenommen. Am liebsten frißt sie den Speik, wobei eigenartigerweise die Milch nicht nach Speik riecht. Wenn Ziegen aber Wacholder fressen, merkt man dies beim Milchgenuß.

An die Heilwirkung der Ziegenböcke im Stall glauben viele. Dies gilt besonders auch für Rauschbrandschäden (Tierseuche) auf den Almen, und so ist es sogar heute noch üblich, daß man einen Ziegenbock gegen „Unreim" (Krankheit) im Stall hält.

Übrigens weiß man, daß gehörnte Ziegen im Gebirge gegen Witterungsextreme, besonders Kälte, weniger empfindlich sind als ungehörnte.

Die Bauern schätzen die Gemsfarbe der gealpten Ziegen nicht besonders, da solche Tiere, wenn die Alpe gegen Herbst zu rötlich wird, kaum noch zu sehen sind; man gibt daher mindestens immer eine gescheckte zur Herde. Gegen Regenwetter ist die Ziege sehr empfindlich, sie hat auch einen sicheren Wetterinstinkt. Wenn schlechte Witterung eintritt, steigt sie ins Tal ab, um von da wieder rechtzeitig aufzusteigen. Die Almbauern sagen mit Recht, sie „riecht" das Wetter.

Die Ziege ist die futterdankbare „Kuh des kleinen Mannes" im wahren Sinne des Wortes – zwei dieser Tierchen vermögen eine ganze Familie mit Milch zu versorgen.

Ziegenkäse ist besonders schmackhaft, er wird nur leider bei uns spärlich in den Handel gebracht, weil viel zu wenig Ziegen gehalten werden. Auf manchen Almen gibt man der Kuhmilch etwas Ziegenmilch bei, weil der Käse dadurch schmackhafter wird.

In der Schweiz kommt ein Teil der Alpgeißen jeden Abend heim ins Dorf, um von dort jeden Morgen wieder den langen Aufstieg zur Alpe zu machen. Die Ziege ist an sich schutzbedürftiger als das Schaf, daher darf man sie nicht auf so rauhen Alpen weiden lassen wie die Schafe.

Von forstlicher Seite wurde der Ziege immer wieder der Krieg erklärt – teilweise zu Recht. Man nannte sie seinerzeit die „Brigantin der Gebirge". Schon vor hundert Jahren wurden gegen sie Schriften mit folgendem Titel verfaßt: „Das Verderblichste für den Wald ist die Geißenweide". Selbstverständlich muß wegen des offenkundigen Waldschadens, den die Ziege infolge ihrer beispiellosen Begierde und Naschhaftigkeit anrichtet, mit Recht das Hüten der Ziegen verlangt werden.

In früheren Zeiten war es gar nicht selten üblich, daß alle Kühe eines Bauernhofes während des Sommers auf der Alm waren, während einige Ziegen im Tal zurückblieben, um die Familie des Bauern mit Milch zu versorgen.

Übrigens: Beim Zweikampf stellen sich Ziegenböcke auf die Hinterbeine, um im Herabfallen die Köpfe gegeneinander zu stoßen. Schafböcke hingegen stoßen mit blitzschnellem Anlauf die Köpfe in waagrechter Richtung nach Art eines Rammbockes zusammen.

SENNER ODER SENNERIN?

Der Beruf eines Hirten oder einer Sennerin wird seit eh und je als ein zwar schwerer, aber auch besonders schöner Beruf gewertet. Natürlich sind die Menschen auf der Alm den Unbilden der Natur am meisten ausgesetzt, aber sie sind wohl auch deren Schönheit am nächsten. Trotz recht guter Entlohnung finden sich wohl deswegen heute nur wenige Menschen für diesen Beruf bereit, weil der Älpler die technische Zivilisation am meisten entbehren muß.

> *„Wo s' schöne Menscha hab'm,*
> *Hab'm s' schiachi Küa,*
> *Weil s' allweil auf d'Buama schaun*
> *Und auf d'Küa nia."*

Die Geschlechterverteilung des Almpersonals zeigt traditionell einen deutlichen Gegensatz zwischen Tirol und Vorarlberg auf der einen und den übrigen Bundesländern auf der anderen Seite. In Tirol und Vor-

Voller Freude präsentiert die Sennerin ihren Käse (Gesäuse, Stmk.).

arlberg ist der Senner, also die männliche Arbeitskraft, auf den Almen tätig, in den anderen Bundesländern sind es die Sennerinnen. – Diese Situation ist historisch begründet. Am Beginn des 18. Jahrhunderts war nämlich das Geschlechterverhältnis auch in Tirol und Vorarlberg ausgeglichen bzw. waren die Sennerinnen in der Überzahl. Später verschwanden jedoch auf Drängen der katholischen Volksmissionare die weiblichen Arbeitskräfte auf den Almen Tirols und Vorarlbergs weitgehend! Es gibt jedoch auch noch eine andere Begründung: Seit Einführung der Schweizerkäseerzeugung in Vorarlberg – vor etwa 140 Jahren – mußte wegen des Gewichtes der Käselaibe das weibliche Alppersonal durch männliches ersetzt werden.

Die Kosten für das Almpersonal sind in den letzten Jahrzehnten enorm gestiegen: 1960 mußte ein Landwirt 1.020 Liter Milch verkaufen, um einen Melker bezahlen zu können, 1990 waren es 4.300 Liter, und im Jahre 2000 mußten 5.500 Liter aufgewendet werden.

Früher wäre es kaum denkbar gewesen, daß Bäuerin und Bauer auf die Alm gehen; das waren immer andere Familienmitglieder oder Angestellte. Seinerzeit arbeiteten auch drei- bis viermal soviel Leute auf einer Alm wie heute.

Nun sind es oft die Altbauern, welche diese wichtige Tätigkeit übernehmen. Aber auch Rentner, Pensionisten und „Aussteiger auf Zeit", die vom Stadtleben genug haben, findet man auf den Almen. – Bei den Recherchen für das vorliegende Buch in den letzten drei Jahren haben die Autoren unter anderem arbeitslose Mittelschulprofessoren, Studenten, einen pensionierten Metzger, sich dem „einfachen Leben" verpflichtet fühlende Lehrer, eine Bar-Servererin, die die Nase vom ungesunden Leben und Nachtdienst voll hatte, sowie einen Schriftsteller und freien Mitarbeiter des ORF als tüchtige Sennerinnen und Senner angetroffen – um nur einige aufzuzählen. An sich allerdings lauter Leute, die von Kindesbeinen an mit der Viehwirtschaft vertraut sind. In der Schweiz gibt es aber im Kanton Graubünden eine Landwirtschaftsschule, wo sich „Aussteiger" für die Alm-Sennerei ausbilden lassen können. In den letzten Jahren waren es je 48 Personen, und, wie man hört, die Hälfte davon sind Akademiker; nicht wenige kommen aus dem süddeutschen Raum.

SENNERIN – SCHWOAGERIN – ALMDIRN – BRENTLERIN

Allein in der Obersteiermark sind alle vier Ausdrücke, der Gegend nach unterschiedlich, gebräuchlich. Im oberen Ennstal heißt sie Sennin (Sennerin), in der Gegend von Öblarn, im mittleren Ennstal und über Liezen hinaus heißt sie „Brentlerin", im Paltental und im unteren Ennstal treffen wir auf der Alm die „Schwoagerin", und im Ausseer-Gebiet ist es die „Almdirn".

„Schwaigerin, Schwoagarin, Schwoagrin" hört man östlich der ungefähren Linie Zirbitzkogel – Unzmarkt – Hohenwart – Liezen, in Teilen Oberösterreichs und in Niederösterreich, aber auch in Tirol ist diese Bezeichnung zu finden. Das Wort ist eine Ableitung aus mhd. sweige, ahd. sweige („Viehhof").

„Brentlerin, Brentlarin" schließt westlich daran an, streut etwas ins mittlere Salzatal und sehr stark in die Ramsau bei Schladming. Der Ausdruck reicht nach Kärnten hinein; er gehört zu mhd. brente, nordital. brenta („Holzkübel"), gilt im Süden des deutschen Sprachraumes von Lothringen bis in die Steiermark und im Norden bis zur Linie Worms – Nürnberg. Das Wort ist angeblich weder romanisch noch germanisch!

„Sennin, Sennerin" findet sich im obersten steirischen Ennstal, im Großachatal (Nordosttirol), in Defreggen (Osttirol) und im Passeiertal (Südtirol). Die Form „Sendin" streut im obersten steirischen Murtal und ist in Oberkärnten, dem Lungau, dem Tennengau und in der Gosau (OÖ) gebräuchlich. Das Wort ist aus ahd. senno („Schafhirte") abgeleitet, dem alpenromanische Wörter entsprechen. Als Grundlage von ahd. senno ist ein gallisches sanion („Melker") anzunehmen.

HARMONIE ZWISCHEN MENSCH UND TIER

Ein guter Hirte braucht keine Peitsche, keine Schläge und kein Gebrüll. Jedes Einzeltier und die ganze Herde folgen ihm zu den Stallungen. Jede Kuh kennt ihren Namen und kennt den Hirten an dessen Gestalt und Stimme. Sie kommt zu ihm, wenn er sie ruft. Kein Tier ist scheu vor ihm. Aller

„Almfrieden".

Umgang mit dem Vieh geschieht still und ruhig, und die Herde folgt sichtlich mit Freude. Ja, man kann tatsächlich feststellen, daß sie ihren Hirten liebt, weil er gut und verständig mit ihr umgeht.

Durch stetes Beobachten des Tierlebens auf einer Alm erkennt der Mensch auch im Rind das Geschöpf eigener Art, Bestandteil des Welträtsels, unlösbar wie der eigene Sinn seines Daseins.

So hat ein frommer Mann, der das Almleben besonders gut kannte, folgenden Aufruf getan: „Seid gut und bleibt gut zu euren Tieren und Herden, ihr Hirten! Ihr habt mit eurem harten Älplerberuf ein Stück vom Schlüssel zum Paradies in der Hand und werdet einst hoch stehen, höher als viele Eitle und Hochgestellte!"

Die Pinzgauer sind die schönsten...

Das ist freilich nur die ganz persönliche Meinung der beiden Autoren, denen die Rinder der Pinzgauer Rasse mit ihrer dunkel-rotbraunen, kräftigen Farbe auf den Almen eben am besten gefallen. Daß sie auch die besten Almweide-Tiere sind, soll damit natürlich nicht ausgedrückt werden.

Ja, „es gibt nichts, was es nicht gibt!" Noch vor wenigen Jahren wäre es undenkbar gewesen, aber heute grast auch schon Schwarzbuntes Niederungsvieh (Holstein-Friesen) friedlich auf unseren Almen – „wo sie doch mit ihrer Farbzeichnung gar nicht in die Landschaft passen!" Noch vor nicht allzulanger Zeit hat man den „Preißn-Kiahn" (wie die Bayern wegen ihrer schwarzweißen Farbe sagen, die auch die alten Nationalfarben Preußens sind) jede Gebirgs-

Rinder der Pinzgauer Rasse.

tauglichkeit abgesprochen. Und siehe da: Unterhält man sich mit Almleuten, kann man erfahren, daß die „Schwarzbunten" besonders harte und geländetaugliche Klauen haben und auf der Alm mit den anderen Rassen durchaus mithalten können.

Es ist überhaupt schwierig, zu beurteilen, welche Rinderrassen für das rauhe Almgelände am besten geeignet wären. Jeder Bauer schwört auf seine eigene Rasse; daß sich aber das Tiroler Grauvieh oder die Pinzgauer – beides uralte Alpenrinder – auch im schwierigen Gelände wie die Gemsen bewegen, ist unbestritten. Dazu kommen noch einige Besonderheiten wie das schwarzrötliche Tux-Zillertaler Rind, die hornlosen „Jochberger Hummeln" oder gar die „Pustertaler Sprintzen", von denen es aber reinrassig je nur wenige Hundert gibt.

Da werden dann die Fleckvieh- und Braunviehhalter (beide Rassen haben den höchsten Prozentanteil in Österreich) zurecht meist böse, wenn man nur die anderen lobt, stellen diese beiden Rassen bei uns ja auch den Hauptanteil des gealpten Viehs.

„Gamsl" und „Scheckl"

Einzelne Namen sind glücksbringend und dürfen bei einer Rinderherde nicht fehlen. Andere wieder leiten sich vom Aussehen des Tieres, vor allem von der Färbung her ab. Blumen und Tiere der Almwelt haben immer schon die meisten Anregungen gegeben. So heißen viele Kühe „Kohlrösel", „Edelweiß", „Rauschel", aber auch „Gamsl", „Recherl", „Hirschl", „Fuchsl", „Scheckl" oder „Schatzl".

Mit dem Ruf „hedo Mo'nla" oder „hedo, meine Mondl" holte man sie herbei. Auch heute noch locken die Sennerinnen mit zärtlichem Ruf „Kuahla hedo, kimmts, meine liabn Dirndla!" Manche Kühe „rean z'ruck", ihr Muhen zeigt an, daß sie den Ruf gehört und verstanden haben.

Eine besondere und rücksichtsvolle Behandlung verlangen die Ziegen: „A Goaß muaß an jedn Tag neun g'stollene Bissn hobn", fordert eine alte Erfahrung. Die Ziegen sind ausgesprochene Feinschmecker und müssen mit großer Geduld karessiert werden. Werden sie gescholten, so nehmen sie gekränkt Reißaus und kommen dann auch nicht zum Melken heim. Wenn sie viel Milch haben und ihnen dann wohl auch die Euter schmerzen, folgen sie dem Halter schon auf einen Pfiff und kommen eilig daher.

Geschmiedete Glocken sind wertvoller als gegossene

Besonders auf den Hochalmen in Vorarlberg und Tirol sowie in der benachbarten Schweiz trägt jede Kuh und auch das meiste Galtvieh seine Glocke, damit die Tiere bei Nebel und Schlechtwetter sowie im unübersichtlichen Gelände jederzeit gefunden werden können. Stark prägt sich das allenthalben auf den Almen zu vernehmende melodische Geläute und Gebimmel dem Besucher ein – ein nicht mehr wegzudenkender stimmungsvoller Bestandteil des Almtages.

Im Stall wird das Geläute abgenommen, und es ist wohl zu hoffen, daß alle Tiere normalerweise nur mit leichten Glocken versehen sind. Wichtig ist, daß jede Glocke oder Schelle einen eigenen Ton besitzt, durch den sie sich von allen anderen unterscheidet, denn nur so hat das Geläute einen Sinn. Erfahrene Almwirte berichten immer wieder von ihren Beobachtungen, daß die Tiere mit Geläute gesammelter und hingegebener weiden und offensichtlich ihre

Die Glocken für den Almabtrieb werden oft durch Generationen weitergegeben (Weißkirchen, Stmk.).

Glocken und das Geläute lieben. Die Alpung erhält dadurch wohl auch für uns Besucher der Almen eine freundliche und besonders heitere Note. Große Glocken, wie sie beim Almabtrieb oder bei Ausstellungen üblich sind, passen selbstverständlich nicht als tägliches Geläute. Sie sind auch zu unhandlich, und ihre Beschädigung wäre zu kostspielig. Außerdem schlagen sie am Unterkiefer der Tiere an und belästigen diese oder hindern sie gar am Fressen. – Die geschmiedeten Glocken haben einen anderen Klang und sind beim Aufschlagen auf Felsgestein weniger empfindlich als gegossene Glocken.

Ob Glocken den Blitz anziehen, konnte noch nicht eruiert werden, und es liegt kein Beweis vor, daß ein durch Blitz gefallenes Tier der Glocke wegen getroffen wurde.

Die älteste Almglocke dürfte die im Museum Ferdinandeum in Innsbruck gezeigte aus dem Jahre 1693 sein.

Hirtenstecken und Goaßl

Der „Hirtenstecken" ist auch heute noch ein wichtiges Gerät zur Stütze am Steilhang und für den Viehtrieb. Seit uralten Zeiten wird dazu ein kerzengerader, 2 Meter langer Haselnußstecken am Wurzelende abgeschnitten, so daß sich eine Verdickung ergibt, in die man alles mögliche hineinschnitzen kann.

Früher gab es auch den Ringstecken, bei dem an einer eisernen Öse 7 bis 9 kleinere eiserne Ringe hingen. Durch Schlag, Wurf oder bloßes Rasseln wurden damit die Tiere geleitet, angeblich auch besänftigt.

Die Peitschen, in den österreichischen Alpenländern allgemein „Goaßln" genannt, dienen vornehmlich nur zum Schnalzen und nicht zum Züchtigen der Tiere. Bekannt sind die langen Peitschen, die beim „Aperschnalzen", aber auch als „Begleitmusik" beim Almabtrieb eingesetzt werden. In manchen Teilen Tirols heißen sie übrigens die „Schnöller".

Diese kurzstieligen Peitschen sind 6 Meter lang und werden „gedrehte" Peitschen genannt, wenn sie aus Hanf und „gezopfte", wenn sie aus Kuh- oder Schweinsleder hergestellt werden. Den Knall erzeugt ein feines Garn oder Seidenschnürchen am Ende des Stricks.

JA, WENN DAS HANDMELKEN NUR EINFACHER WÄRE...

Auf den Hochalmen, den „Hochlägern", wie sie in Tirol heißen und meist auf Seehöhen zwischen 1.800 und 2.000 Metern liegen, ist es manchmal noch nötig, mit der Hand zu melken – aber auch auf der Hauptalm kann das Stromaggregat einmal ausfallen...

Zuerst wischt man das Euter mit einem weichen Tuch ab und massiert so auf sanfte Weise das Gewebe. Sodann tätigt man mit Zeigefinger und Daumen auf einer Euterseite einen „Ringschluß", wie die Fachleute sagen. Man schiebt die Hand leicht nach oben, so daß sich die Zitzen füllen können, und drückt nun mit den anderen Fingern und dem Handballen die Milch heraus. Während aus einer der beiden Zitzen die Milch in scharfem Strahl herausgedrückt wird, füllt sich die andere, und so kommt es zu einer rhythmischen, schnellen Reihenfolge.

Ein geschickter Handmelker benötigt für 6 Kühe immerhin eine Stunde. – Das Melken mit der Maschine funktioniert übrigens gleich gut wie das mit der Hand, nur daß es wesentlich rascher vor sich geht.

Kein Ziehen an den Zitzen

Bei ungenauem Hinsehen meint man, die Milch würde durch Ziehen an den Zitzen herausbefördert; dem ist aber nicht so. Die meisten Anfänger beginnen so und werden als „Zipfler" verspottet, außerdem gibt die Kuh bei derartiger Mißhandlung kaum Milch ab. Der Milchfluß dauert vom Beginn des Melkvorganges an, übrigens nicht unbeschränkt lange, sondern muß relativ zügig beendet werden. „Die Kuh zieht sonst die Milch auf!" wie die Bauern sagen. Das bedeutet für ungeübte Melker oft ziemliche Milchverluste.

Melken zu zweit oder Aller Anfang ist schwer...

Gar nicht selten versuchen sich auch ungeübte Romantiker auf den Almen als Melker. Die beiden Autoren trafen vor ein, zwei Jahren zwei „almbegeisterte" Lehrerinnen, die eingestanden, daß sie das Melken noch „nicht richtig im Griff" hätten: „Wir melken daher gleichzeitig zu zweit; jede auf einer Seite der Kuh, damit es rasch genug geht!"

Das Festhalten der Situation mit dem Fotoapparat wurde uns leider verwehrt...

Eigentlich wird die Kuh beim Melken betrogen

Eine richtig behandelte Kuh gibt ihre Milch absolut selbstzufrieden ab, und man merkt an ihrem gelegentlichen Schnaufen das Wohlgefühl, das sie dabei empfindet. Dabei nährt ihre Milch, zweckentfremdet, den Menschen und nicht den eigenen Nachwuchs. Beim Melkvorgang verspürt sie aber zweifellos die Illusion des Saugens durch das Kalb.

„Seichriedel" und „Milchloaterl"

Das hölzerne Melksechterl mit Holzreifen ist seit einem halben Jahrhundert wohl überall dem Blech- und neuerdings dem Plastikeimer gewichen und kaum noch auf einem Hof anzutreffen. Das altertümliche Seihverfahren hat sich aber bis in die jüngste Zeit gehalten. Früher einmal wurden sachkundig bearbeitete Wurzeln des Riedelgrases als sogenannte „Seichriedel" verwendet. Den Haar- oder Drahtsieben voran gingen früher auch sogenannte Seichflecke, die im Bauernhaus selbst hergestellt wurden. Hiezu wurden die langgewachsenen Haare des Kuhschwanzes abgeschnitten, sorgfältig gereinigt und versponnen. Und aus dem Gespinst flocht die Bäuerin die Seichriedel, die sich sehr gut bewährten. Daneben kannte man aber auch Seihflecke aus handgesponnenem Leinen.

Der Seihtrichter ruhte in einem „Milchloaterl", welches über das offene Faß gelegt wurde. – Beide Geräte kommen aber wohl immer mehr außer Gebrauch.

„Milchstötzl" und „Rahmzweck"

Unter den Aufrahmgefäßen, die vor der Einführung der Zentrifuge häufig verwendet wurden, kann man zwei Formen unterscheiden. Die einen sind hölzerne, gedrehte Milchschüsseln und die anderen die aus Dauben und hölzernen Reifen gebundenen „Milchstötzl". Solche Stötzl wurden im Keller oft übereinandergestellt.

Zum Abrahmen benützte die Sennerin früher den Rahmablasser oder „Rahmzweck", ein Gerät aus Hartholz. Mittels dieses hölzernen Messers wurde der Rahm entweder abgehoben oder beim Abfließen der Magermilch im Stötzl zurückgehalten. Seit der Erfindung der Milchzentrifugen werden diese Geräte zwar nicht mehr benötigt, sind aber im „Inventar" vieler Almhütten noch zu finden.

Meist ist der Rahmzweck liebevoll mit Bildern aus dem Almleben, aber auch mit religiösen Motiven oder mit Verslein verziert. Auf manchen dieser Rahmzwecken sind Kreuze aneinandergereiht, sogenannte „Neunkreuzer" oder „Hexenmesser", die als Abwehrmittel gegen Verhexung jeder Art dienten. Nach altem Volksglauben konnten sie auch den „Kaswurm" abwehren, der die Vorräte an Käse, Butter und Schotten (Ziger) fraß.

Mancher Rahmzweck war aber auch eine Gabe an die Herzallerliebste oder zumindest an eine verehrte Sennerin, auch wenn nicht viel Aussicht auf Erwiderung der Zuneigung bestand. Darauf weist zum Beispiel auch nachstehender „Rahmzweck-Spruch" hin:

> *„Ich lieb, was fein ist,*
> *ob's schon nicht mein ist*
> *und nicht mein werden kann,*
> *so hab ich doch Freud daran."*

Die Sennerin durfte sich selbst die „Rührmoasn" behalten

So wie die Namen und Bezeichnungen der Almstallungen und der Hütten auf sehr alte Arbeitsmethoden hinweisen, so erinnert auch der Wortschatz im Bereich der Milchverarbeitung an die alte Zeit. Wenn die Sennerin das Butterfaß auf verschiedene mechanische Art betätigte, um so die Butter auszufällen, so hieß das und heißt es auch heute noch allgemein „Butterrühren". Das Butterfaß wird daher heute noch als „Rührkübel" bezeichnet. Ist die Butter schließlich in Brocken zustande gekommen, so gilt es, diese zu waschen und die Buttermilch daraus zu entfernen.

Über die Wirkung der Buttermilch sagt dieser Spruch sehr treffend:

> *„Rührmilch aus'n Kübel*
> *Heilt alle neun Übel.*
> *Aber wenn s' a Weil steht,*
> *Dann schau, wie's dir geht!"*

Die Sennerin nimmt ein kleines Stück Butter und klatscht es mit Schlägen zwischen ihren Händen zusammen, wäscht es wieder und klatscht nochmals, bis die Butter genügend frei von Buttermilch und Wasser ist. Mehrere dieser kleinen „Strutzen" kommen in eine Schüssel, und hier werden sie wiederholt hochgeworfen, bis sich ein gleichmäßiger Striezel bildet. Früher durfte sich die Sennerin nach jedem Rühren ein Butterstück, in der Steiermark „Rührmoasn" genannt, behalten. Die Buam, die am Sonntagnachmittag auf die Alm kamen, wurden eingeladen, sich ein Stück von der Rührmoasn („Moasn" leitet sich vom slaw. „Masla" = Butter ab) abzuschneiden. Natürlich hat die Sennerin diese Rührmoasn nicht als glattes Stück Butter aufgewartet, sondern es zuvor sehr hübsch verziert. Mit einem Zweckel, einem dünnen, am Ende gezackten Span, oder einem eigens dafür geschnitzten Butterkampel bildete sie die Butter zu einem Zirbenzapfen aus, oder sie verzierte den ganzen Strutzen mit kleinen Einstichen. Auch ein verziertes „Butterradl" war diesem Zweck sehr dienlich.

Nach wie vor in Gebrauch sind aber die Buttermodel, welche der Butter verschiedene kunstvoll geschmückte Verzierungen einprägen.

Damit sich die Butter von der Model löst, muß die Sennerin zuerst ihre Hände und dann auch die Model in heißes und danach in kaltes Wasser eintauchen. Alle gängigen Motive sind auf diesen Modeln zu sehen: Von den Arbeiten auf der Alm, von Jägern, Wild und Blumen bis hin zu religiösen Motiven und den typischen alpenländischen Ornamentverzierungen. Zur Verzierung des Butterstriezels dienen auch heute noch oft verschieden gestaltete Aufdruckmodel, und es ist gute Sitte, daß man beim Herunterschneiden von so einem verzierten Butterstriezel nicht mutwillig die Ornamente zerstört, sondern sie nur Schnitt für Schnitt reduziert.

„Emoasln" – kleine Butterstückchen, die dem Gast vorgesetzt werden – auf der Tuchmoar-Alm (Kleinsölk, Stmk.).

„Emoasl" und „Sennerin-Halsen"

Eine besondere Spezialität des Butterverzierens findet sich im oberen Ennstal. Es geschieht dies mit dem sogenannten „Emoasbrettl" („Emoasl" = „Ehrenmoasl"). Diese etwa 15 bis 30 cm langen und 8 bis 10 cm breiten Brettchen sind auf beiden Seiten mit Kerbschnittmustern verziert. Die Sennerin streicht nun Butter auf das Brettchen. Dazu hält sie es schräg und hebt vorsichtig an einem Ende den Butterstreifen ab, der sich durch die Neigung löst und zusammenrollt, und läßt ihn nun in ein Gefäß mit Wasser fallen. So können diese verzierten Röllchen erhalten bleiben, bis sie den Gästen vorgesetzt werden. – Um diese Emoasbrettlfiguren ranken sich auch verschiedene Bräuche. Wenn sich z.B. ein Almgeher ein Stück Butter abschneidet und das „Emoasl" dabei umfällt, dann, so heißt es heute immer noch, wird es zum „Sennerin-Halsen". Man muß der Sennerin einen Kuß geben. So kommt es häufig vor, daß die Sennerin bestimmten Gästen diese Emoasl nicht vorsetzt, anderen jedoch wieder besonders gerne; man kann sich denken, warum.

Auf den Almen der Sölktäler, z.B. auf der Tuchmoar-Alm, erhält man heute noch Emoasln vorgesetzt!

Milchleitung und Butterstock

Auf mehreren übereinanderliegenden, größeren Almen geschah früher einmal der Milchtransport von den höchstgelegenen zu den tiefergelegenen Almen, wo dann eine Verarbeitung zu Butter und Käse möglich war, mittels „Trockenschlitten", wie man sie sonst nur im Winter kennt. Dies konnte natürlich nur im besonders steilen Gelände geschehen, und der Rücktransport des leeren Schlittens war schweißtreibende Schwerstarbeit.

Die moderne Technik macht auch nicht vor dem Milchtransport auf den Almen halt:

Eine besondere Art der Erschließung stellen die sogenannten Milchleitungen dar. Es gibt in Österreich ca. 130 Milchleitungen mit einer Gesamtlänge von rund 400 km. Die längste Milchleitung findet sich in der Gemeinde Imsterberg (Tiroler Oberland) mit beinahe 5 km Länge und einer Höhendifferenz von annähernd 1.000 m. Die Abschlauchung von 700 l Milch dauert etwa eine Stunde.

Auf den großen Vorarlberger Alpensennereien wurden auch schon in alten Zeiten täglich größere Buttermengen hergestellt. Was dabei auf der Alpe an Butter nicht gebraucht wurde und auch bei den Bauern keine Abnahme fand, formte man zu viereckigen, 5 kg schweren Butterblöcken und verkaufte diese an Großabnehmer.

Die Butter wurde hiezu in Form eines sogenannten „Butterhutes" aufbewahrt und die frisch gewonnene Butter täglich auf den „Butterstock" aufgestrichen (s. Dias-Alpe, S. 48).

DIE ALMKÄSEREI

Unser Wort Käse kommt vielleicht vom lateinischen „Capsa", was soviel wie rundliche Form bedeutet. Die Römer verwendeten aber auch schon den Ausdruck „caseus" für Käse. Bereits Cäsar berichtet im „Bellum Gallicum" von „Käse", meinte damit aber mit ziemlicher Sicherheit den Topfen (= Quark), ein wichtiges Nahrungsmittel der Kelten und Germanen. Der in den romanischen Sprachen verwendete Ausdruck „fromage" oder „formaggio" leitet sich vom vulgärlateinischen „formaticus" (Formkäse) ab.

Die Almmilch wird in den kleinen Almsennereien – erfreulicherweise auch heute noch, und das ist die große Attraktion für den Alm- und Bergwanderer – zu Butter, Käse und Schotten (auch Ziger genannt) verarbeitet. Sauermilchkäse und Schotten sind wichtige Selbstversorgererzeugnisse für die bäuerlichen Familien und werden natürlich gerne auch auf den Almjausenstationen abgegeben. Früher einmal bekamen solche Bauernhöfe viel leichter Arbeitskräfte als jene, auf denen nur mit Schweinefett ohne „Schottsuppen" und ohne „Käsebrösel" gekocht wurde.

Der köstliche Bergkäse

Wie wird er hergestellt? Nachfolgend eine Kurzinformation:

Die Milch wird direkt von den Kühen in den Käseraum gebracht (also nicht abgerahmt, denn es wird ein Vollfettkäse erzeugt), in den großen Kupferkessel geschüttet und auf 32° C erwärmt.

Bei einer bestimmten Temperatur wird Lab zugegeben, damit die Milch gerinnt. Die eingedickte Milch wird anschließend mit der sogenannten Käseharfe geschnitten und sodann sorgfältig auf 52° C erwärmt.

Durch ständiges Rühren sondert sich der „Käsebruch" von der Molke ab, wird aus dem Kessel mit einem Tuch herausgehoben und in eine Form gefüllt, die dem Käselaib entspricht. Nach einem Preßvorgang von 24 Stunden ist der Laib geformt und wird für drei Tage in ein Salzbad gelegt.

Die Käselaibe, die ein Gewicht von 30 kg und mehr erreichen können, werden dann in der Ablage weitergepflegt, was ein ein- bis zweimaliges Abwaschen pro Woche und ein Umdrehen erfordert.

Nach 4 Monaten ist der Käse ausgereift, aber nach noch längerer Lagerzeit wird sein Aroma immer besser.

Heute wird in der altertümlichen Alpsennerei das Lab noch wie seit Urzeiten bereitet, nur nimmt man meist junge Kälbermägen dazu, weil die besseren Zickleinmägen fehlen. Der Magen wird einige Zeit in säuerlicher Molke eingeweicht, dann geräuchert, fein zerhackt und mit Salz und Gewürzen in einem gedeckten Behälter gegoren, hierauf zu einer Wurst gedreht, von der abgeschnitten wird. In Nordeuropa kennt man neben dem Magenlab vor allem auch das Labkraut, welches auch bei uns in mehreren Arten gedeiht. Die bäuerliche Rundlaibkäserei mit Laiben von 10 bis 20 kg und mit Labgerinnung arbeitet mit aufgelöstem Labpulver, wenn nicht Naturlab aus Kälbermägen verwendet wird.

Über offenem Feuer wird die Milch für den „Steirerkas" erhitzt, und die Käselaibe reifen im selben Raum.

Das Labkäsen für größere Laibe erfordert weit mehr Sachkenntnis als das Sauermilchkäsen. Je größer die Milchmenge und je schwerer daher die Laibe, um so genauer muß gearbeitet werden. Sauberes Milchgeschirr, sauberes Melken, gesunde Euter und reiner Stall sind die Voraussetzungen für das Verkäsen von Milch. Trotz aller Sorgfalt ist aber die Herstellung gut geratener Rundlaib-Hartkäse in Alpensennhütten nicht gesichert, vor allem dann nicht, wenn die Käselaibe auf der Alpe voll ausreifen sollen. Mangelnde Wärmeregulierung im Gärkeller und Speicher sind meist die Ursachen.

Hartkäserei auf den Almen ist heute nur in hochspezialisierten Sennereien möglich; solche finden sich heute vor allem noch in Vorarlberg (Bregenzerwald) sowie in den benachbarten Teilen Tirols. Dort und da werden sie sogar nach modernsten Grundsätzen der Molkereitechnik neu gebaut, denn der große Vorteil, daß die Milch sofort frisch verarbeitet werden kann und daß die Temperaturen auf den kaum unter 1.500 Meter Seehöhe liegenden Almen viel niedriger sind als in den Molkereien der Talniederungen, wird auch heute noch zu Recht geschätzt.

Der begehrte Ennstaler Steirerkas

Wenn bei der Rahmgewinnung genug saure Magermilch zusammengekommen ist, so geht es an das „Kasmachen". Über dem offenen Herdfeuer wird in einem großen, peinlich blank geputzten Kupferkessel die Sauermilch erhitzt. Wallt sie endlich auf, so rührt die Brentlerin um, und nach dreimaligem Aufwallen schöpft sie – heute geschieht das mit einem Metallgefäß – den „Kas", wie er jetzt schon heißt, ab. Über einem Faßl ruht in der sogenannten „Schottwiagn" ein Haarsieb, durch das der noch flüssige Kas gegossen wird. Dann wickelt sie den Kas in ein Tuch und drückt ihn in der Schottwiege aus.
Nun wird der Käse zerkrümelt, gepfeffert und gesalzen, und danach wird er mit der geballten Faust in den sogenannten „Kaskee" oder „Kasstotz" (dies ist ein Gefäß mit hölzernen Reifen und gelöchertem Boden) hineingestampft. Zuletzt kommt ein Deckel drauf, und dann wird diese Käsepresse mit einem Stein beschwert (es gibt auch Konstruktionen mit hölzernen Preßspindeln). So bleibt vorerst der frische Käse im Herdraum bis zum nächsten Morgen stehen. Dann wird er aus dem Kaskee auf ein Brett gestürzt, wegen der Fliegen außen nochmals gepfeffert und in einem entsprechend warmen Raum so lange aufgestellt, bis die Rinde springt. Erst danach kommt er in den Keller und ist bei warmem Wetter schon nach zwei bis drei Wochen genießbar.

Der „Graukäse" – Tirols traditionsreichster Käse

Aus der zuvor entrahmten Sauermilch wird der „Graukas" gewonnen, auch „Sauerkas" genannt.

Durch einfaches Stehenlassen der Milch bei Temperaturen um 25° C entsteht dieser Käse. Als Folge natürlicher Säuerung und ohne Zusatz von Lab schwimmt der Topfen schließlich obenauf, wird abgeschöpft und geformt und braucht im Durchschnitt nur 10 Tage zur Reifung. Er muß dann aber bald verzehrt werden und gilt bei vielen Tirolern mit Essig, Öl und Zwiebeln als große Delikatesse.

Auf manchen Almen übernimmt die Wasserkraft das Butterrühren.

Will man Graukäse für längere Lagerung bereiten, läßt man die Molke abtropfen, preßt den Käse in Formen und muß die Laibe dann ein- bis zweimal pro Woche einsalzen.

Der Schotten ist eine Art Topfen der Buttermilch

Der längst nicht mehr überall bekannte Schotten entsteht als eine Art Topfen der Buttermilch. Je nach der anfallenden Menge, meist zweimal in der Woche, kocht die Sennerin im Kessel die Rührmilch auf, wobei sie ständig mit dem Schottenquirl umrührt. Nach dem Aufkochen seiht sie durch das Schottuch, das in der Schottwiagn liegt. Langsam tropft das Wasser aus dem Schotten. Der ausgekühlte Schotten wird dann in der Schottenbrentl gesalzen und mit dem dort schon aufbewahrten zusammengeknetet. Das Gefäß wird mit dem Schottentuch zugedeckt.

Spruch vom Schotten-Abklopfen:

> *„Ih woaß net, trupfaz da Schott'n*
> *oder hör ih die Glock'n*
> *Oder juhizt mein Bua*
> *Auf die Almhütt'n zua."*

SIG, DIE SCHOKOLADE DES BREGENZERWALDES

Der sogenannte „Sig" wird durch Eindicken von Klarschotte gewonnen und darf als eine Köstlichkeit bezeichnet werden, die mancherorts schon in Vergessenheit geraten ist. Etwa 50 Liter Schotten werden hiezu einige Stunden lang unter ständigem Umrühren gekocht, bis die Flüssigkeit braun eindickt, wobei der Milchzucker karamelisiert wird. Dann gibt man Butter und Rahm – und in unserer Wohlstandszeit auch noch etwas Zucker – hinzu und formt aus dem dunkelbraunen Gemisch die „Siglaibchen" mit etwa 10 cm Durchmesser. In die weiche Masse wird dann oft eine Herzform oder ähnliches eingedrückt.

„SAM-TRUCHN" UND „TRAGSCHAFFL"

Früher einmal wurden bestimmte Regeln für das zwischenzeitliche Heimbringen der Almerzeugnisse auf den Bauernhof eingehalten. Eine eigene „Sam-Truchn" faßte in einem Fach Schotten, im anderen Butter; der leicht zerbrechende Käse wurde aber in einem Sack vorsichtig auf Heu gelagert. Oft wurde dieses Heimbringen der Almerzeugnisse an überlieferten Bauernfeiertagen, etwa am Joggastag (Jakobstag) oder am

Liebevoll wird die Butter in Modeln geformt und mit dem Butterradl verziert.

Baschtlmätag (Bartholomäus), vorgenommen. Im Ausseerland und im Ennstal brachte noch vor wenigen Jahren die Sennerin selber zwischendurch die Erzeugnisse ihres Fleißes ins Tal hinunter, wobei ein mit Kreuzstichmustern hübsch verziertes Tuch das „Tragschaffl" bedeckte, obenauf lag meist ein Almbuschen aus Almrausch, Kohlröserln und verschiedenen anderen Almpflanzen.

Das beste Fett in den Alpenländern ist zweifellos die aus Alpenmilch erzeugte Butter. Um größere Mengen haltbar zu machen, wird daraus Butterschmalz gewonnen. Es wird nicht auf dem Feuer, sondern im 60gradigen Wasserbad langsam geschmolzen, so daß alle leicht flüchtigen Fettsäuren erhalten bleiben; dann ist das Butterschmalz wohl das zuträglichste Fett der Bauernküche.

TREMPEL, TRET UND SCHERM

Als Unterkünfte für Mensch und Vieh finden wir heute auf unseren Almen oft noch sehr urtümliche, deshalb aber auch um so anheimelnder wirkende Bauten. Sie geben uns meist direkt Aufschluß über manche Fragen der Hausbauforschung, denn zweifellos weisen Bauform und Bauart auf jene Zeiten zurück, in denen unsere Vorfahren auch in den Talniederungen ihre Gebäude errichteten. Noch weiter als der Baubestand weisen aber die mundartlichen Bezeichnungen in die Vergangenheit zurück. So heißt im oberen Ennstal der Stall auf der Alm häufig „Scherm", also Schirm. Dies weist wohl auf ein lediglich schützendes Dach hin. Auch in der Schweiz verwendet man für geschlossene Stallbauten, aber auch für nur wandlose Schutzdächer den Begriff „Scherm".

Der *Scherm* bezeichnet im obersten Ennstal dasselbe wie *tret*. In Saalbach im Pinzgau, in Tux, in Defereggen und in Teilen der Schweiz scheint das Wort in gleicher Bedeutung auf. Aus den mundartlichen Belegen und aus mhd. scherm, ahd. *skerm* (Schutzwehr, Schild) läßt sich ein ursprünglicher Wortsinn „einfaches Schutzdach aus Flechtwerk oder Fellen" erschließen.

Im Ausseerland heißt der offene Herd, auf dem das Feuer brennt, in Almhütten noch immer häufig „der Fuaßbrand", obwohl er schon auf einem erhöhten Steinsockel ruht; dies verweist wohl auf jene Zeit, als das Feuer noch direkt am Boden angefacht wurde.

Der *Tret* bezeichnet im Pongau und im Gebiet von Abtenau (Tennengau) den freistehenden oder eng mit der Almhütte verbundenen Stall. Das Wort greift in der letzten Bedeutung auch auf das oberste steirische Ennstal über. Es gehört zum Zeitwort ahd. *tretan*, mhd. treten, nhd. treten oder steht im Ablaut zu ahd. *trata* (Brachfeld), die im Gebiet von Obdach, im Koralpengebiet und in Teilen Kärntens den Platz zwischen Wohn- und Wirtschaftsgebäuden, in Oberösterreich ohne Salzkammergut und im westlichsten Niederösterreich das „Brachfeld" bezeichnet. – Im Zillertal ist *tret,* im unteren Tiroler Inntal *tred* der Grasplatz bei der Almhütte, in Tux bedeutet das Wort „Grasplatz vor dem Hause". Älteste Bedeutung ist demnach also „Auslauf".

Der *Trempel* findet sich in der Bedeutung „freistehender Almstall" im Ennstal, ferner in der Gosau und in Bad Goisern in Oberösterreich. In Radstadt, Pongau, bedeutet das Wort „Stall", im Brixental in Nordosttirol „Viehstall abseits vom Haus". *Trempel* ist vielleicht vom Zeitwort *trampeln* abgeleitet, das aber erst später bezeugt und von Norden eingedrungen ist. Die Bezeichnung ist daher möglicherweise jung. Grundbedeutung wäre dieselbe wie bei *tret*.

Das *Kühedach,* mdal. *khiada,* findet sich im Ausseerland und im südlichen oberösterreichischen Salzkammergut. Dieser Stall ist an die Almhütte an- oder in sie hineingebaut.

Der *Pfärrech* und *pfarach* (oberstes Murgebiet westlich von Murau mit Ramingstein, Krakau, Gebiet um St. Lambrecht) erscheint auch im mittleren steirischen Ennstal als *pfara,* dort aber für „eingezäunte Wiese vor der Almhütte". Im Kärntner Nockgebiet tritt die Variante *pfarf* „Stall der Zuhube (Lehen)" auf. – Das Wort ist herzuleiten aus mhd. pfärrich, ahd. *pfarrih* (Einfriedung), spätlat. *parricus* (Gehege, Pferch, 8. Jahrhundert, Ribuarisches Gesetz). Die Wortwurzel ist wohl iberisch.

Innfänge, Gleckgartl und Pfader

Neben den Hütten gab es eingefriedete „Innfänge" oder „Gleckgartln". Meist aber war das Weidegebiet in der Umgebung der Hütten nicht eingezäunt; gelegentlich bildete nur ein Steinwall aus Findlingen die Grenze zwischen zwei Almen. Natürlich befanden sich bei gefährlichen Felslöchern (Dolinen) Abgrenzungen aus Steinen oder Stangen, und in der Umgebung des Sandlings im Ausseer Land gab es salzhältige Quellen, die vor allem wegen der Schafe mit einem Zaun unzugänglich gemacht werden mußten, um die Tiere vor übermäßig schädlichem Salzgenuß zu bewahren.

Im Kalkgebirge spielt die Wasserversorgung der Almen die allergrößte Rolle; so wurden dort besonders auch die sogenannten „Schneelöcher" (Stellen, an denen der im Winter eingewehte Schnee sich bis in den Hochsommer hinein hielt) genau registriert und an die Almberechtigten streng aufgeteilt. Bei jedem Loch stand ein sogenannter „Pfader", das war eine Art Schneeschmelzbühne, unter der sich zum Auffangen des Wassers ein Holztrog befand. Oft wurde auch das Regenwasser in zisternenartigen „Wasserstuben" gesammelt.

Von der Lahn unbeschädigt verschoben

Als Hüttenbauplatz wählte man eine möglichst lawinensichere Stelle, die auch nicht gerade am besten Weidegrund lag, um die Weidefläche möglichst wenig zu verringern. Beim Hüttenneubau konnte man immer mit Nachbarschaftshilfe rechnen; eigene Handwerker wurden, mit Ausnahme der Zimmerleute, hiefür früher kaum eingesetzt.

Die meisten Hütten wurden in Rundholz-Blockbauweise errichtet. Die ersten vier Stämme, der „Fuaßkranz" aus Lärchenholz, wurde möglichst waagrecht auf vier Ecksteine ausgelegt, und die Pfosten wurden aus Rundholzlagen hochgezogen, wobei an den Ecken Kammverbindungen mit vorstehenden Köpfen hergestellt wurden. Untereinander wurden die Stämme häufig mit Holzdübeln verbunden. Die Fugen zwischen den Stämmen wurden mit Moos abgedichtet, und für die Türöffnungen setzte man senkrechte Türpfosten mit Versatzzapfen ein. Die

Mensch und Tier gehen auf der Alm echte Freundschaften ein (Sölkpaß, Stmk.).

folgenden Rundhölzer hat man dann meist in eine Keilnut des Türpfostens eingelegt. Als Lichtöffnungen wurden in geeigneter Höhe die Fensterluken ausgeschnitten.

In der Regel wurden Almhütten immer sehr stabil gebaut; es gibt Berichte, nach denen Hütten nach Lawinen und Murenabgängen fast unbeschädigt über viele Meter verschoben wurden und einfach zu neuen Hüttenplätzen gezogen werden konnten.

Das Holzschindeldach

Uns Besuchern der Almen fallen aber besonders die Bedachungen auf, und es gibt eigentlich nichts Schöneres und Harmonischeres als das Holzschindeldach. Wird es aus der Lärche hergestellt, dann hat es eine Lebensdauer von bis zu 50 Jahren. Die Schindeln werden dreifach übereinander verlegt und sind pro Stück meist 40 cm lang. Mit einem solchen Dach erspart man sich eine Volldachschalung, und auch die darunterliegende Dachpappe ist nicht notwendig. Für 15 m^2 Schindeldach wird allerdings 1 fm Holz benötigt. Auch die verschiedenen Eternit- und Asphaltschindeldächer sind für unser Auge noch durchaus angenehm, während das leider gar nicht so selten anzutreffende Blechdach zwar relativ billig ist, aber oft gar nicht in die Landschaft passen will. Lediglich bei in den Hang hineingebauten Stallungen, wo das Dach gleichzeitig als Lawinenbahn dient, hat das Blechdach seine selbstverständliche Berechtigung.

Die Arbeitsmethode der „Schindelmacher" hat sich seit Jahrhunderten bis auf den heutigen Tag unverändert erhalten. Sie fällen einen Baum, von dem sie vermuten können, daß er gut spaltbares Holz aufweist. Der

Wenn das Schindeldach mit Steinen beschwert ist, heißt es „Schwerdach" (Sellrain, Tirol).

brauchbare Stammteil wird entrindet und in Teilstücke zerlegt, die in den „Bretterbock" passen. Mit einem speziellen Stemmeisen, dem „Kletzeisen", werden nun die Holzstücke „übers Brett" gespalten und die bessere Brettseite mit dem Reifmesser „geputzt". Die Bretter (Schindeln) haben eine Länge von 40 cm bis 1,20 m und müssen längere Zeit vor dem Aufdecken getrocknet werden. Hiezu wird der Stapel mit Steinen beschwert, damit sich die Bretter nicht verziehen.

Seinerzeit wurden die Schindeln mit Holznägeln befestigt, sie wurden dann durch die teuren, handgeschmiedeten Eisennägel und schließlich durch die maschinengefertigten Drahtstifte ersetzt. – An vielen Almhütten findet man heute noch hölzerne Dachrinnen sogenannte „Traufrinnen".

In den großen Alphütten Vorarlbergs und Tirols befindet sich häufig inmitten des Dachraumes ein einbruchsicherer Speicher – aus schweren Holzbalken gezimmert, oft noch mit einer kunstvollen Stangenverriegelung. In ihm hinterließ man früher den Winter über Gerätschaften und Inventar. Da in harten Wintern auch Triebschnee in das Innere der Almhütte gelangen konnte, war der Speicher extra mit Bretterschindeln gedeckt, und so entstand ein „Haus im Haus".

Schwenden und Reuten

Unter Schwenden (= Schwinden machen) oder Reuten bzw. Roden versteht man speziell auf den Almen die Beseitigung von Pflanzen mit verholzten Stengeln, welche die Weidefläche einschränken, aber auch die Gewinnung nutzbaren Bodens etwa durch Schwenden der Legföhre (Latsche). Dazu kommt das Stockroden, d.h. das Entfernen der nach dem Absägen zurückgebliebenen Baumstrünke samt den Wurzeln. Pflanzen, die früher einmal stark geschwendet wurden, sind der Almrausch, das Heidekraut, die Alpenerle, der Wacholder, die Latschen und auch angeflogene Fichten- und Lärchenbäumchen. Eine ganze Reihe verschiedener Werkzeuge und Gerätschaften wurde hiezu entwickelt, so z.B. der Allgäuer Schwendgerter, die Sensenaxt, der Erlenkarst, die Doppelte Reuthaue, die Kreuzhaue, der Kreuzpickel und der sogenannte Geißfuß.

Stärkere Holzteile entfernte man zuerst oberflächlich mit einer sogenannten Schwendaxt, weniger starke Pflanzen beseitigte man mit einer kräftigen, dazu besonders geeigneten Sense, und hernach kam die sogenannte Reuthaue zur Anwendung, die den Stumpf samt der Wurzel gründlich entfernte. Diese Reuthaue hat Pickel- oder Hackenform. Die geschwendeten Pflanzen ließ man zwecks Trocknen an Ort und Stelle liegen; sie wurden später gesammelt und als Brennholz genutzt. – Auch heute noch sieht man solche Schwendmaßnahmen auf Almen in ganz Österreich.

Im Hochsommer wurde an heißen Tagen das zurückgebliebene Unholz oder Gestrüpp auch durch Feuer entfernt. Das Abbrennen ist aber bezüglich der Aushagerung des Bodens als sehr bedenklich zu bezeichnen.

ALM UND JAGD

Bis vor einigen Jahrzehnten herrschte die landläufige Meinung vor, daß die Almwirtschaft Unruhe im Jagdrevier erzeuge und zum Rückgang der Wildbestände führe. In jüngster Zeit wurde diese weitverbreitete Irrmeinung allerdings gründlich widerlegt, denn der Rückgang der Almwirtschaft ließ nirgends jagdliche Paradiese entstehen, sondern bewirkte auch eindeutig Abnahmen beim Wildbestand. So gibt es heute viele Jagdpächter, die richtigerweise im Gebirge nur dann eine größere Jagd pachten, wenn dort auch entsprechender Viehauftrieb auf die Almen gegeben ist.

Für die Jagd ist das durch die heute gegebene Reduzierung der Almwirtschaft hervorgerufene „Zuwachsen der Weiden" sehr bedenklich, weil das Almgebiet dem Wild als wichtige Äsungsfläche dient. Vor allem nach dem Almabtrieb werden die abgegrasten Weiden, auf denen dann häufig noch frischer Pflanzenwuchs aufkommt, vom Wild bevorzugt, und im Herbst sind die offenen Almflächen beliebte Brunftplätze.

Durch das Aufgeben der Almwirtschaft in vielen Gebieten unserer Alpen ist das Wild gezwungen, andere Äsungsplätze aufzusuchen und abzuwandern. Von vielen Forstfachleuten wird darin auch einer der Gründe für die bedenkliche Zunahme von „Schälschäden" und „Verbiß" in den Wäldern gesehen. Sicher ist jedenfalls, daß das Wild häufig dem Almvieh in tiefere Lagen nachzieht und dann auch sogar bis zu den Häusern der Bauernhöfe vordringt, so daß es neuerdings zu Klagen über Wildschäden auf Äckern und Wiesen der Bauern im Tal kommt. Darüber hinaus hat aber auch der Jäger zusätzliche Schwierigkeiten, weil das Wild zur Abschußzeit stärker wechselt und die Fütterung mit Wildheu in den Hochlagen immer beschwerlicher und aufwendiger wird. Auch die Böschungen neuer Forstaufschließungswege oder die neuentstandenen Schipisten sind kein Ersatz für aufgelassene Almflächen.

ALMABTRIEB – DAS ERNTE-DANKFEST DER ALMBAUERN

„Aufgekränzter Almabtrieb": Haller-Alm bei Bad Goisern.

Genau beobachten Sennerin und Bauer die Weidegründe und wohl auch deren natürliche Pflanzengesellschaft. Solange der Hahnenfuß, die „Schmalzbleaml" (Butterblumen) und das „Manterlkraut" (der Frauenmantel) blühen, gibt es noch genug gutes Futter auf der Alm. Wenn aber der „Milchdieb" (der Augentrost) auftaucht, dann geht die Milch zurück. Auch die vielen blauen Blütchen der Glockenblumen sind nicht sehr erwünscht, und so lautet der diesbezügliche Spruch: „A jeds Gleckerl (Blütenglöcklein) nimmt an Tropfn Milch!" Die „Milchdiapn" (Augentrost) erscheinen ab dem Jakobstag („Joggas-Tag"), und so macht man auch die Kalenderheiligen für den Milchrückgang verantwortlich:

> *„Der Jockel tuat kostn,*
> *da Lenz tunkt in Boscht (Bart) ein,*
> *und der Baschtl (Bartholomäus) fallt ganz drein."*

Während sich also der heilige Jakobus noch damit begnügt, die Milch zu kosten und so einen Teil wegnimmt, taucht der Laurentius schon seinen Bart hinein, und der Bartholomäus fällt gar in das Milchschaff.

Der wichtigste Almfeiertag ist auch heute noch der Jakobstag, der 25. Juli, in anderen Gegenden der 26. Juli, „Anna", bzw. das Wochenende danach. Zum Jakobstag oder am „Anna-Sonntag" gehen jung und alt auf die Alm, und dort geht es dann lustig zu, da wird gesungen und getanzt.

Die Almabfahrt, wie der Almabtrieb auch heißt, geht nachweisbar auf sehr frühe Ursprünge zurück. Im Lauf der Jahrhunderte hat sich der Brauch entwickelt, das Vieh „aufzukränzen", d.h. mit bunten Kränzen und Flitter zu zieren. Dieser Schmuck war ursprünglich sowohl beim Auf- als auch beim Abtrieb üblich, und dies ist in Ansätzen gegendweise auch heute noch so geblieben, obwohl meist nur der Almabtrieb festlich begangen wird. Es ist eine weitverbreitete und unausrottbare Irrmeinung, daß das „Aufkränzen" ein Schutz gegen böse Geister war und ist. Dem kann man folgendes entgegenhalten:

Erstens war es seinerzeit (bis ins frühe 19. Jahrhundert) Brauch, nur die Leitkühe, den Stier und den Glockenochsen zu schmücken. Alle anderen wären also den Dämonen ausgeliefert gewesen.

Zweitens werden die Kühe in Jahren, in denen es auf der Alm oder am Hof bereits ein Unglück gab, nicht aufgekränzt.

Drittens wird bei besonders steilen und gefahrvollen Wegen der Schmuck von der Sennerin im Korb getragen, damit die Tiere freie Sicht haben.

Schon lange vor dem Almabtrieb müht man sich darum, den festlichen Schmuck für die Heimfahrt vorzubereiten. In manchen Gegenden wird noch ein sehr ursprünglicher Schmuck aus Speik, Almrausch, Wacholder, Zirben- und Fichtenzweigen angefertigt. Häufig wird aber heute sehr viel mit buntem Kreppapier, mit Flitterwerk usw. geschmückt.

In den letzten acht Tagen vor dem Abtrieb hielten die Almleute in manchen Gegenden die sogenannte „Schoppwoche" ab, in der es lustig zuging, wenig gearbeitet, dafür aber um so mehr gegessen und getrunken wurde. Es hat dies mit der alten „Abschlußrast" am Ende der Sommerzeit zu tun. Besonders in Tirol war es üblich, die letzte Nacht auf der Alm – dort „Grunacht" genannt – feuchtfröhlich zu feiern. Auf einigen Almen der steirischen Sölktäler geschieht dies heute noch.

Die erste urkundlich belegte Erwähnung vom Schmücken des Almviehs stammt aus einem Pustertaler Inventar von 1746; der Brauch ist aber sicherlich wesentlich älter.

Fröhlicher Almabtrieb im Bregenzerwald.

Es wird „aufgekränzt"

Besonders schön „aufgekränzt" wird die „Glockkuh", die zur Heimfahrt wieder die schwere, große Fahrglocke oder „Pumpel" trägt, während oft eine zweite Glockkuh mit der kleineren „Weideglocke" („Woadglockn") geht. Die „Glockkuh" ist immer eine erfahrene, ältere Kuh, die auch die Angewohnheit haben muß, den Kopf richtig zu heben und zu senken, damit die Glocke richtig klingt. Diese Leitkuh ist sich beim Almabtrieb zweifellos ihrer Würde bewußt. Mehreren Tieren wird über die Hörner ein tütenförmiger Schmuck, die „Hörnerschoad" (Hörnerscheide), gezogen. Vorne tragen sie, häufig mit einem Spiegel verziert, das „Stirnbörtl". Und der „Glockriam" ist mit dem „Halsbörtl" geschmückt. Kunstvoll zurechtgeschnittene und gefaltete Papierstreifen auf den Börteln, lange, flatternde Bänder an den Hornspitzen lassen die Kühe stolz einherschreiten. Den Kälbern wird ein Kranz um den Hals gelegt, und selbst die Ziegen werden ein bißchen geschmückt.

Ist aber auf der Alm ein Stück Vieh abgestürzt oder sonstwie umgekommen, so fällt der Schmuck meist ganz weg, und höchstens die Glockkuh trägt eine bescheidene Zier. Wenn jedoch im Verlauf des Jahres von den Bauersleuten jemand gestorben ist, dann tragen die Tiere in manchen Gegenden Österreichs Trauerschmuck, schwarze, blaue oder violette „Klagkränze". Beim Tod eines Kindes wurde früher nur *eine* Kuh dunkel aufgekränzt. Die Klagkränze werden übrigens über Generationen hinweg im Haus aufbewahrt.

Wenn starker Schneefall zu überstürzt früher Heimfahrt zwingt, dann kann die Sennin meist nur einige Kühe ein wenig schmücken, denn für das „Aufkränzen" der Herde bleibt keine Zeit.

Nach dem Almabtrieb auf der Heimweide.

Der schöne Schmuck der Leitkuh wird daheim abgenommen und für das nächste Jahr aufbewahrt.

Ging früher ein Stier im festlichen Zug mit, so trug er einen stattlichen „Stierboschn" oder „Stiergrössing". Auf einem kleinen Holzjoch wurde ein Fichtenbäumchen, eine kleine Zirbe oder ein Wacholder (Kranawett) angebracht, an dem farbige Bänder flatterten. Das Festbäumchen kam dann daheim an den Brunnenständer oder über die Stalltür und blieb dort über die Tage hinaus, in denen der „Weihnachtsgrössing" am Tor die Weihnachtszeit ankündigte.

Der Stier trug früher manchmal eine „streberne" (aus Stroh geflochtene) Glocke an einem „strebernen Riam" (Riemen), in der ein hölzerner Klöppel schwang. An vielen Orten geleitete ihn der „Stiertreiber". Das war ein Almhalter oder Knecht, dem die Sennin Bärlapp und grüne Blätter auf das Gewand nähte und der vom Kessel Ruß holte, um sich Gesicht und Hände zu schwärzen, wodurch er unterwegs zum Schrecken der Weiberleut wurde. Den Abschluß des Zuges bildete früher einmal gelegentlich ein sogenannter „Protzwagen", der mit Reisig, Zirbenkränzen und Flitter geschmückt war und das reinlich gescheuerte Almgerät und die gewonnenen Käse- und Buttermengen barg. Manchmal schlossen sich diesem Zug noch mehrere andere Wagen an. Näherte sich die Kolonne dann dem Heimhaus, so wurde sie von den Daheimgebliebenen festlich mit Böllerschüssen, Musik und im Salzburgischen auch mit Peitschenknall, einem Rest alter Unholdenabwehr, empfangen.

Sautreiber und Säuling

Den Almabtriebszug begleitete früher häufig der „Sautreiber". Wo er ein weibliches Wesen erspähte, das den festlichen Zug ansehen wollte, suchte er es zu haschen und zu schwärzen. Aus seiner Tasche teilte er aber „Raunkerln" (Almabtriebsgebäck) aus, und seine Stimmung hob sich unterwegs wohl durch den ständig angebotenen Schnaps. In den Eisenerzer Alpen nennt man das Almabtriebsschmalzgebäck „Säuling".

Der „Almsäuling" ist einem Faschingskrapfen ähnlich. Wenn die Sennerinnen mit ihren Tieren das Dorf erreichen, dann haben besonders früher die aufgereihten Dorfbewohner alle nach dem Säuling gefragt. – Auch heute wird diese Sitte noch, in etwas eingeschränktem Umfang, aufrechterhalten.

Woher kommt die Bezeichnung „Säuling"? Besonders beim Almabtrieb verursachten früher, aber auch heute noch die Schweine, die man zur teilweisen Buttermilchverwertung auf der Alm mithatte, Probleme. Ihr Abtrieb war immer mit großen Strapazen verbunden, sie gingen über keine Brücke und mußten darübergetragen werden; entdeckten sie unterwegs Wasser, so suhlten sie sich darin und wurden kaum wieder herausgebracht, und so machten sie zehnmal mehr Mühe als die Rinder. Aber weil schließlich doch immer wieder alles gutging und alle Tiere ihre Heimathöfe erreichten, taufte man die Schmalzkrapfen zur Erinnerung an die doch eher lustigen Begebnisse beim „Schweinealmabtrieb" eben „Säulinge".

„Sautreiber"
(Almabtrieb Donnersbach, Stmk.).

Almnudeln, Fedlkoch und Almraunkerln

Eine interessante und auch „nahrhafte" Sitte zum Almabtrieb sind die verschiedenen „Brauchtumsgebäcke":

Ist der Sommer ohne „Unreim", d.h. ohne Unglück beim Vieh durch Krankheit, Absturz usw. glücklich vorbei, so daß es zur freudig-festlichen Almabfahrt kommt, so hat die Sennin nicht nur einen großen Wäschkorb von „Fedlkrapfen" für die Erwachsenen, sondern auch ein Körbl *Schnurausbeerla* für die Kinder zu backen.

Die Schnurausbeerla werden aus den von den Fedlkrapfen rundum abgeschnittenen Teigresten gemacht. Man knetet diese zusammen, rollt lange, fingerdicke Würste, die „Schnüre", daraus und schneidet mit Messer oder Schere lauter kleine, dreieckige Zipferln, die „Beerla", davon herunter, legt sie auf ein Sieb und taucht sie mit diesem ins heiße Schmalz zum Backen.

Jeder Erwachsene, der dem fröhlichen Heimzug des Almviehs begegnete, erhielt früher zwei Fedlkrapfen, jedes Kind eine Handvoll Beerla, ebenso jeder Erwachsene und jedes Kind des Heimhofes.

Jeder, der die Sennin im Sommer auf der Alm besucht und ihr, wie üblich, für die Bewirtung ein kleines Gastgeschenk – ein Kaffeehäferl, ein Kopftüchl usw. – mitbringt, wird ebenfalls mit zwei Fedlkrapfen bedacht. Am Tag nach der Heimfahrt ist die Sennin unterwegs, um diese Brauchtumsschuld an Krapfen abzutragen.

Auch das „Fedlkoch" wird, wie das „Weinbeerlkoch", von der Sennerin zur Almabfahrt gekocht, oft schon acht Tage im voraus gemacht (bei Gebrauch mit etwas Milch aufgewärmt) und als Bewirtungskost und als Gabe für jeden in der Hofgemeinschaft des Heimhauses verteilt („fedeln, feteln" heißt in der Obersteiermark soviel wie „mit Hab und Gut übersiedeln").

Vielfach werden beim Heimfahren auch Almraunkerln verteilt; nachstehend das Rezept:

„Almraunkerln" oder „Rumpelnudeln":

1.000 g Mehl, 200 g Butter, 200 g Zucker, ¼ l saurer Rahm, Prise Salz, Zimt, Backfett

Aus den Zutaten einen Mürbteig bereiten, nach dem Rasten auswalken, mit einem Ausstecher („Raunkerlmodel") Herzformen ausstechen oder von einer Teigrolle fingerdicke „Nudeln" abschneiden und diese in heißem Fett backen.

Almraunkerln, Fedlkoch und Almnudeln – die speziellen „Brauchtumsspeisen" beim Almabtrieb (Mößna / Großsölk, Stmk.).

Schabab-Schiwou-Sträußerln

Zum Almabtrieb in den Eisenerzer Alpen binden die Sennerinnen mit bunten Bändern geschmückte Almkräutersträußchen, welche allen Besuchern, die zum Abtrieb auf die Alm heraufkommen, überreicht werden. Hievon gibt es zwei Gattungen: ein normales Sträußerl und ein anderes, in welches das „Schiwoukräutel" hineingebunden wird. Dieser Begriff „Schiwou" ist eine Verballhornung der Bezeichnung „Schabab", die sich auf abschaben, geringer werden, nachlassen, im speziellen auf das Nachlassen der Milchleistung bei den Kühen bezieht. Verantwortlich für das Versiegen der Milch ist dieses bestimmte Kräutl, das hier in den Eisenerzer Alpen eben Schiwou-Kraut genannt wird. Es handelt sich um das Bärenkreuzkraut, das zur Familie der Kreuzkrautgewächse gehört, nur auf Kalkuntergrund gedeiht und im Hochsommer kräftig gelb blüht. Dieses Schiwousträußerl erhalten beim Almbesuch nun „boshafterweise" jene Männer überreicht, bei denen angeblich „nichts mehr los" ist, oder solche, die sich den Sennerinnen gegenüber allzu spröde verhalten haben.

ALMRANZEL, KASAMANDL, GSTRAPALIER

Vor dem Almabtrieb legen die Almleute gerne auf dem Herd zwei Holzscheite über Kreuz. Auf dem Tisch wird je ein Stück Käse, Butter und Brot für den „Almranzel", den sagenhaften Wintersenn, zurückgelassen, der nun auf den einsamen Almen in die Hütten einzieht. Sein Vieh bleibt meist unsichtbar, seine Anwesenheit tut er aber durch Brüllen und Glockengeläute kund. Als „Kasamandl" begegnet er dem Gemsenjäger, und auch des Wilderers Nachtruhe kann er stören. Vor dem „Almranzel" schützt den einsamen Besucher der verlassenen Almhütten ein Amulett, ein „Gstrapalier" oder „Skapulier", wie es im berühmten Lied vom „Kasamandl" und „Kasaweibl" heißt:

Kasamandl
(Fürthermoar-Alm, Sbg.).

„*Auf der Umbrückler Alm ischt a Kasermanndl,*
des hockt ganz verstohln hintern Eis'npfannl.
A ganz kloans Löderl, des kocht dir a Muas,
ja und wennscht davon ißt, hascht du's Gsicht voller Ruaß.
Den derwascht nimmer weg, da kannscht toan, was du willscht,
wenn d' nit in a Schüss'l an Weichbrunn eifüllscht.
Vor alle beasn Geischter und beasn Weiber und söllern Zuig,
des da ummerlafft, verschone uns in Ewigkeit...

Auf der Höttinger Alm ischt a Kaserweibl,
des hat auf die Zottlan a wullas Häubl.
Und wenn d' di z'gleim hinhockscht und 's Gsicht ummibiagscht,
ja da kunnts dir passiern, daß d' an Hex'nschuß kriagscht.
Den derbringscht nimmer weg, da kannscht toan, was du magscht,
wenn d' nit a Skapulier unterm Leibl drein tragscht.
Vor alle...

Aber des is no gar nix! In Oberdorf obn,
da steaht a kloans Häusl ganz g'leim unterm Grabn.
Da ischt a kloans Ganggerl mit kohlschwarze Aug'n,
ja da sigscht bald an Himm'l, bald die Höll außerschaugn.

Der Ruaß und da Hexnschuß war no a Leicht's.
Hat di de in de Krall'n, da hilft dir nix G'weicht's!
Vor alle... "

In Tirol und im Salzburgischen gibt es aber auch gutmütige Kasermandln. Sie verstehen sich auf die Zubereitung von Käse und lehren die Sennen diese wichtige Kunst.

DIE „TOTALP-SAGEN"

Unzählige Sagen gibt es über heute verödete Stein- und Gletscherflächen, auf denen früher prächtiges Almgelände gewesen sein soll. Schuld daran trug das sorglose Leben der Sennerinnen und Halter, welche leichtsinnig und frevlerisch waren, Milch und Butter vergeudeten und auch sonst leichtfertig lebten. Da zog dann ein Unwetter auf und begrub Menschen, Viehhütten und Grünflächen unter ewigem Eis oder unter Felslawinen.

Dieser Mechanismus „Frevel – Strafe – mißlingende Erlösung" zieht sich als roter Faden durch alle „Totalp-Sagen". Sie sind typische Warnsagen; man erkennt in ihnen aber wohl auch Erinnerungen an extreme Klimaverschlechterungen mit rapiden Gletschervorstößen, wie sie etwa die „Kleine Eiszeit" des Mittelalters mit sich brachte. Die Menschen früherer Zeiten empfanden solche Naturkatastrophen selbstverständlich als göttliches Strafgericht. Aber auch das ständige menschliche Drama um Verschwendung und Geiz, vergeltende Liebe und Lieblosigkeit wird in diesen Sagen in den großartigen Rahmen der Bergwelt gestellt. Interessant ist, daß der christliche Begriff der Vergebung in diesen Sagen überhaupt nicht vorkommt, was darauf schließen läßt, daß sie vorchristliche Wurzeln haben.

In Tirol hat die Almregion auch wichtigen Anteil am frühen, weitverbreiteten Aberglauben um die „Wilden Leute". Unter ihnen gibt es die „Geißler, Küher und Ochsner", große, schwarze Männer, die nach dem Almabtrieb ihre gespenstische Tätigkeit in den dunklen Almhütten aufnahmen. Es sind „umgehende Sennen", die ihre Sünden abzubüßen haben. In der Nacht vor Martini jagen sie von den Almen herab durch die Täler hinaus, und wer ihnen begegnet, kann Gesundheit und Leben verlieren.

Das Bichmandli als Almwichtel

Im ganzen Paznauntal, im äußersten Westen Österreichs, sind Sagen vom Almwichtel geläufig:

Im Weiler Außerlangesthei hat voralters ein „Bichmandli" zwei Sommer hindurch die Ziegen geweidet, und zwar zur größten Zufriedenheit der Bauern. Niemals vor- und nachher haben die Tiere so viel Milch gegeben, und während der gesamten Zeit, in der dieses Männlein Hirte gewesen ist, ist kein Stück der Herde zugrunde gegangen. Doch hat das Bichmandli auch seine Grillen gehabt, denn es hat die ihm anvertrauten Ziegen spätabends nur bis zum Hochegg getrieben und sie frühmorgens wieder von dort abgeholt. Für das scheue Hirtlein, dessen nicht leicht jemand ansichtig geworden ist, haben die Bauern jeden Morgen nach der „Road" (Reihenfolge) die Kost in ein Tüchlein gegeben und dieses einer Ziege um den Hals gebunden; abends ist das Tuch immer leer gewesen. Weil unter den Bauern auch die Rede gegangen ist, das Bichmandli, ihr bester Hirte, den sie je gehabt haben, der außer dem Mittagessen keine Belohnung beansprucht hat, sei nahezu nackt, so haben sie beschlossen, von Mitleid gerührt, demselben für das nächste Frühjahr ein rotes Wams machen zu lassen.

Das fertige Kleid haben sie eines schönen Morgens einer Ziege auf den Rücken gebunden. Kaum hat das Männlein dasselbe erblickt, so ist es vor Freude ganz außer sich geraten, ist in den neuen Staat geschlüpft, hat ihn wohlgefällig besehen und auf einem Stein von Hochegg in den nahen Weiler Außerlangesthei hinuntergerufen:

> „Bibi (schön) Edelmonn
> Hot a rots Röckli on (an),
> D'Gaß hüata numma konn,
> I lof dervon!"

Den Abschied von der Alm haben viele Volkslieder und Gedichte zum Inhalt, so z.B.:

Obschied va da Olm

„Hiaz, Schwoagrin, sperr dei Hüttn zua, da Schneewind waht vom Joch
Da Nußkrah schreit in d' Hollerstaudn, da Dochs schliaft in sei Loch,
Da Jaga paßt scho umanond und hätt dich längst gern los.
Er möcht's schon still hob'n auf da Olm, da Hirsch röhrt ent im Moos.

Die Peitschn schnolzt, die Glockn scholln, es juchzt da Hüatabua.
Es glöcklt durch'n Wald bergo und auf da Alm wird Ruah!
Da Stoll is laa', da Herd is kolt und d' Hüttn is vaspirrt.
Die Krah und Geia bleibn alloa bis wieder Fruahjoahr wird!"

Martha Wölger

Und zum Schluß ein wenig

ALMSTATISTIK

Nahezu ein Fünftel der Gesamtfläche Österreichs sind Almen.

16.000 Quadratkilometer, das sind fast 20 % des Bundesgebietes, entfallen auf Almen.

Anzahl der Almen je Bundesland:
Tirol 2.163 (1997 waren es 2.199), Steiermark 2.095 (2.253), Kärnten 2.010 (2.044), Salzburg 1.816 (1.818), Vorarlberg 596 (558), Oberösterreich 210 (228), Niederösterreich 81 (91). – Wie die Statistik zeigt, ist in den letzten 10 Jahren die Anzahl der Almen nur unwesentlich zurückgegangen.

Reihenfolge der Bundesländer in der Größe der Futterflächen je Alm:
Tirol, Salzburg, Kärnten, Steiermark, Vorarlberg, Oberösterreich, Niederösterreich.

Gealptes Vieh:

	Milchkühe	Rinder und Mutterkühe	Schafe	Ziegen	Pferde
Tirol	34.000	76.000	48.000	4.000	3.000
Vorarlberg	10.000	27.000	4.000	1.000	1.000
Salzburg	10.000	59.000	13.000	1.000	3.000
Steiermark	2.000	49.000	5.000	–	1.000
Kärnten	2.000	51.000	10.000	1.000	2.000
Ober- und Niederösterreich	marginal				

In Tirol und Vorarlberg werden fast zwei Drittel der Milchkühe auf der Alm gehalten.
Die durchschnittliche Größe einer Alm beträgt in Vorarlberg 125 ha, in der Steiermark und in Salzburg je 95 ha, in Kärnten 86 ha und in Tirol 75 ha.

(Erhebungsstand sämtlicher Daten 2007.)

Viele Almen sind zu entlegen, als daß sie einigermaßen rentabel geführt werden könnten (Hochschwabgebiet, Stmk.).

ABER DIE ALMREGION IST GEFÄHRDET

Das Alpengebiet ist in den letzten Jahrzehnten durch menschliche Eingriffe so weitgehend verändert worden, daß dieser einmalige Lebens- und Kulturraum schwer bedroht erscheint. Es gibt die Schreckensvision einer Art „Vorortelandschaft" zwischen München und Mailand.

Natürlich kann man die Alpen nicht zu einem einzigen großen Nationalpark und die darin lebenden Menschen zu Museumswärtern machen, aber wir tragen unseren Nachkommen gegenüber die Verantwortung, daß dieser ganz besondere Lebensraum im Herzen Europas in seiner unverwechselbaren und einmaligen Wesensart erhalten bleibt.

Es ist zu befürchten, daß selbst für die entfernteste Almlandschaft schon Schilifte, Hotels, Straßen und Tennisplätze projektiert werden. – Erleichterungen durch einen notwendigen Straßenbau in der Almregion für das Almpersonal und die Bauern „ja", als Geschäftsobjekt für den Massentourismus aber „nein"!

Es ist von vielen Fremdenverkehrsmanagern absolut kurzsichtig, wenn sie glauben, daß die sogenannte „gut erschlossene" Bergregion Anziehungspunkt für die Erholungsuchenden ist. Im Gegenteil: Der Städter wird künftig noch viel stärker als heute eine gar nicht oder sparsam erschlossene Gebirgslandschaft bevorzugen.

Als warnendes Beispiel muß die „total erschlossene" Schiregion in Savoyen genannt werden: Hier spricht man im Sommer von „Geisterstädten", denn die Bauern sind längst alle abgesiedelt, und es fehlt der Almwirt mit seinem Vieh. So gibt es auch fast keinen Sommerfremdenverkehr. Daran ändert auch die Tatsache nichts, daß man nun im Sommer Rinder aus mehr als 100 Kilometer entfernten Regionen ins Gebiet bringt und ihnen sogar Glocken umhängt, was dort nie üblich war.

Im letzten Jahrzehnt wurde die echte Almregion ein immer stärker bevorzugtes Ausflugsziel. Gerade für die Mehrzahl der wenig bergerfahrenen Urlaubsgäste bietet das Erlebnis eines Almbesuches – für den man gerne den durchschnittlich 1½ bis 2stündigen Aufstieg auf sich nimmt – vielfach die einzige Möglichkeit, das Gebirge in die Erholungsaktivitäten einzubeziehen. Darüber hinaus sind der Kontakt mit den herzlich-rauhen Almleuten und das Angebot von direkt erzeugter Milch, Butter und Käse ganz besondere Anziehungspunkte.

Entscheidend ist dabei, daß eine Alm auch „bewirtschaftet" ist. Mehr als 50% aller bewirtschafteten und nur 20% der nicht bewirtschafteten Almen werden laut Statistik vom Fremdenverkehr genutzt. Befragungen von Urlaubsgästen haben ergeben, daß 95% aller Gäste während ihres Urlaubs in Österreich wenigstens einmal auch eine Alm besuchen wollen.

Daher erscheint auch eine Förderung der Almwirtschaft von seiten der öffentlichen Hand aus volkswirtschaftlicher Sicht von größter Bedeutung. Der – besonders im Gebirge – wirtschaftlich so schwer ringende Bauernstand muß also aus vielerlei Gründen unterstützt werden. Schließlich führt auch nur das in einem bergbäuerlichen Familienbetrieb vorhandene „Denken in Generationen" zu einer „nachhaltigen" Bewirtschaftung und zu einem naturpflegenden und ökologisch richtigen Verhalten im Bergland.

Bewahrt unsere Almen!

Die heile Welt der Almen scheint im Verschwinden begriffen. Aber dennoch: Sie sind ein Stück uralter Lebensform, immer noch in beachtlicher Zahl erhalten geblieben und von unseren Bergbauern mit Zähigkeit und Liebe zum Almleben gepflegt.

Die Almen sind ein Stück österreichischer Identität.

Die Bauern brauchen ihre Almen, und wir verstädterte Menschen brauchen sie ebenfalls. Unternehmen wir gemeinsam alles, damit sie auch unseren Kindeskindern erhalten bleiben!

LITERATUR

Eva Lechner, *Tiroler Almen,* Edition Löwenzahn, Innsbruck 1995

John Frödin, *Zentraleuropas Alpwirtschaft,* Band I. Instituttet for Sammenlignende Kulturforsking, Oslo, 1940

John Frödin, *Zentraleuropas Alpwirtschaft,* Band II. Instituttet for Sammenlignende Kulturforsking, Oslo, 1941

R. Schutzmann, *Betrieb der Sennerei – eine Volksschrift.* Druck und Verlag von J. J. Christen, 1876

Rober Sieger, *Almen in Österreich.* Verlag von Ulrich Mosers Buchhandlung (I. Meherhoff), 1925

J. Spann, *Alpwirtschaft.* Verlag Dr. F. P. Datterer u. Cie, 1923

Prof. A. Thallmaner, *Österreichs Alpwirtschaft.* Selbstverlag von Robert und Hugo Hitschmann, 1907

Das Joanneum. Steirische Verlagsanstalt, Graz, o. J.

Die Alp- und Weidewirtschaft in der Schweiz. Herausgegeben vom Bundesamt für Land- und Forstwirtschaft, 1982

P. Schuppli, *Viehhaltung und Alpwirtschaft.* Verlagsbuchhandlung Paul Parey, Berlin, 1909

Dr. F. Greif und Dipl.-Ing. Dr. W. Schwackhöfer, *Funktionen von Almen und ihre Messung.* (Unter Mitarbeit von Dipl.-Ing. K. M. Ortner – Landeskammer für Land- und Forstwirtschaft in Steiermark.) Wien, 1983

Almwirtschaft in der Steiermark. Herausgegeben vom Heimatmuseum Trautenfels am Landesmuseum Joanneum, 1962

Agraroberbaurat Dipl.-Ing. G. Kirchner, *Die Almwirtschaft.* Verlag Georg Fromme & Co, 1957

Richard Wohlfarter, *Entwicklung, Stand und Zukunftsaussichten der österreichischen Alm- und Weidewirtschaft.* Im Selbstverlag des Amtes der Tiroler Landesregierung, Agrartechnischer Dienst, Innsbruck, 1973

O. Brugger - R. Wohlfarter, *Alpwirtschaft heute.* Leopold Stocker Verlag, Graz, 1983

Fritz Schneiter, *Alpwirtschaft.* Leykam-Verlag, Graz – Wien, 1948

Franz Zwittkovits, *Die Almen Österreichs.* Im Selbstverlag, Niederösterreich, 1974

Adolf Gstirner, *Das „Gericht" oder die „Stift" in Steiermark.* Verlag Kohlhammer, Stuttgart 1935

Hugo Penz, *Die Almwirtschaft in Österreich.* Verlag Michael Lassleben, Kallmünz, 1978

Dr. Ing. Rudolf Zillich, *Der richtige Almbetrieb.* Erzherzog-Johann-Verlag, 1948

Bauen – wohnen – gestalten. Festschrift f. Oskar Moser zum 70. Geburtstag. Trautenfels, 1984

Volkskundliches aus dem steirischen Ennsbereich. Festschrift f. Karl Haiding, Liezen, 1981

Österr. Freilichtmuseum: *„Die Alphütte v. Mittelargen".* V. Pöttler, 1982

Volkskunst aus dem steirischen Ennstal. Trautenfels, 1978

Hannes Gasser, *Erlebnis Ötztal.* Leopold Stocker Verlag, Graz, 1975

BILDNACHWEIS

Foto Schutzumschlag: Kluppen-Alm bei St. Jakob am Brenner im Schmirntal; S. 238: Johann Jenewein, Innsbruck.

S. 17, 36, 37, 47, 249, 252, 275: Max Moosbrugger, Andelsbuch/Vlbg.

S. 12/13, 35: Tourismusverband Nenzing, Vlbg.

S. 243 (Foto Scholz), 254 (Foto Mehlig), 259 (Foto Kuchlbauer): Fa. Mauritius, Wien.

S. 48 (rechts unten): Bernhard Matthes, Wolfsberg (BRD)

Sämtliche übrigen Fotos: Hilde und Willi Senft, Graz.

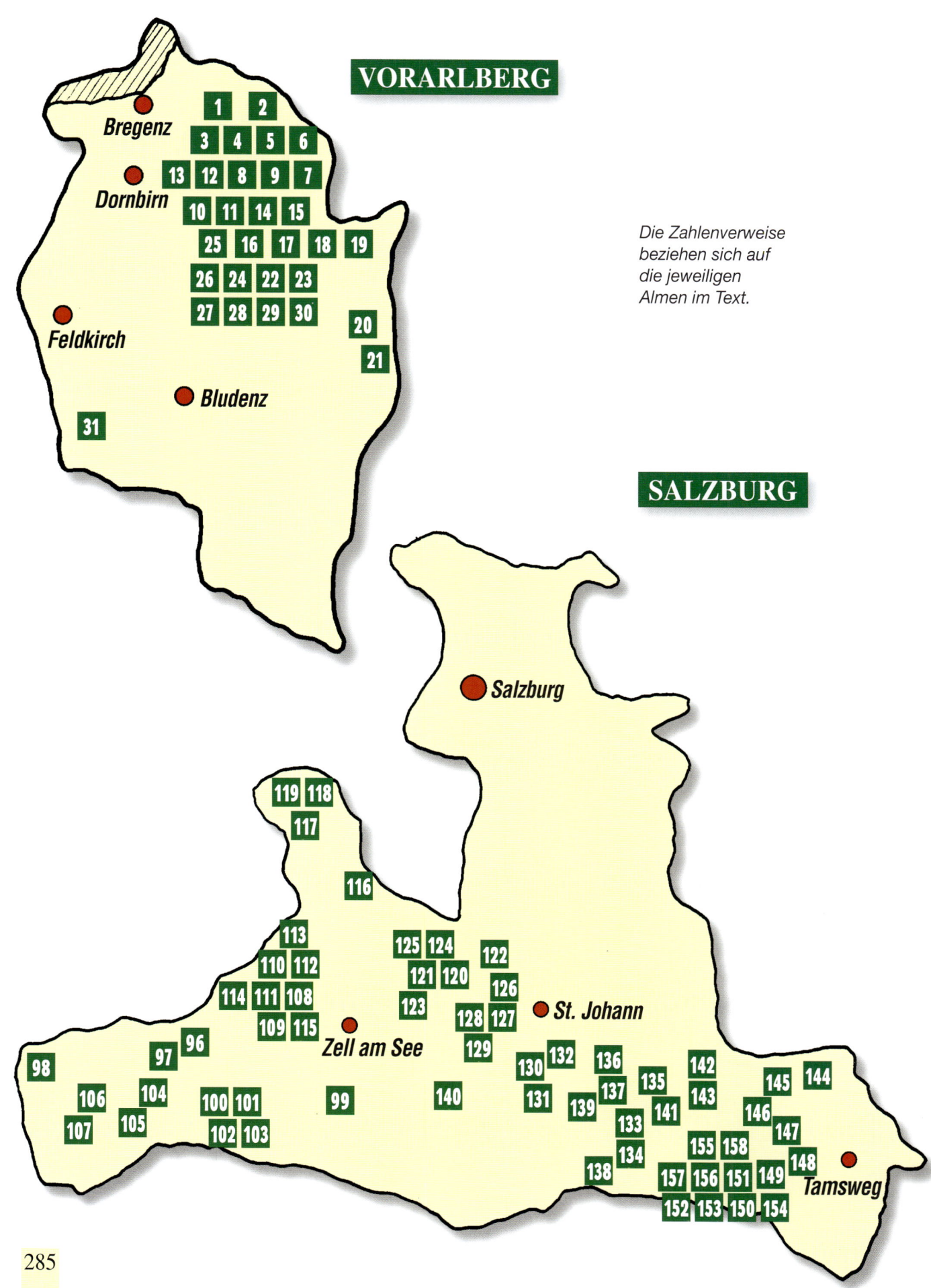

VORARLBERG

SALZBURG

Die Zahlenverweise
beziehen sich auf
die jeweiligen
Almen im Text.

Bregenz

Dornbirn

Feldkirch

Bludenz

Salzburg

St. Johann

Zell am See

Tamsweg

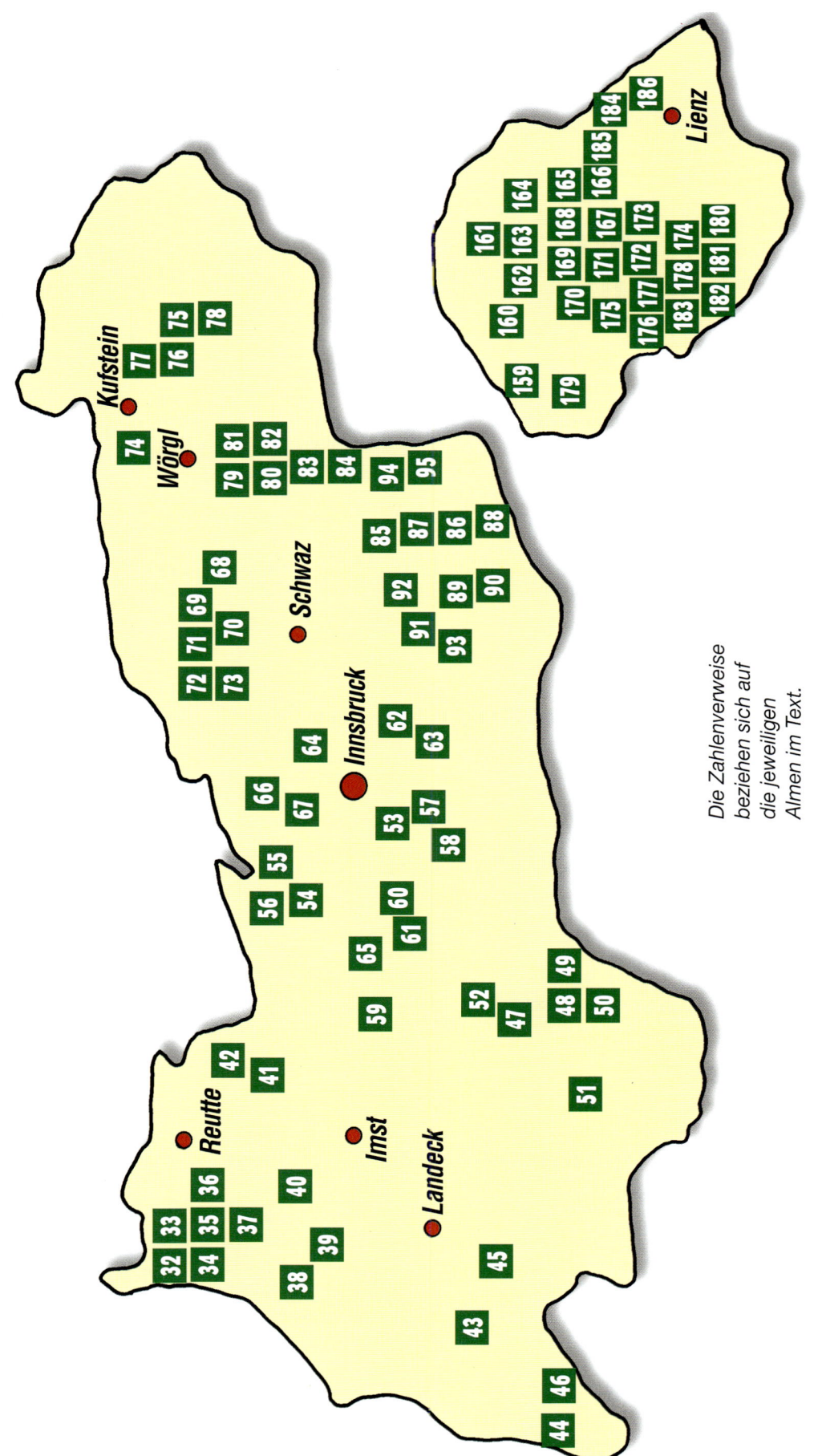

TIROL / OSTTIROL

Die Zahlenverweise
beziehen sich auf
die jeweiligen
Almen im Text.